Peter Lechner / Sandra Rauch

LOGENPLÄTZE

zwischen Bad Reichenhall und Kochelsee

Kleine Berge mit großen Aussichten und ruhige Wege mit Wow-Effekt: Selbst in so beliebten Wandergebieten wie Isarwinkel oder Chiemgau gibt es noch einiges zu entdecken. Abseits der vielbegangenen Ziele warten stille Gipfel mit grandiosem Panorama-Blick – ausgesprochene Logenplätze, die selbst viele Einheimische nicht kennen.
Oder entlang des Wegs finden sich geheimnisvolle Höhlen, heilige Wasser, Denkmäler oder alte Markierungen, die uns ihre Geschichte erzählen. Dieser Wanderführer lädt dazu ein die oberbayerischen Berge neu zu entdecken.

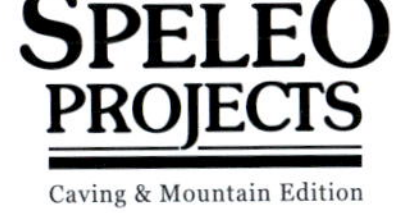

Impressum

Verlag/ Herausgeber: Speleo Projects
Hannberger Weg 35, 91091 Großenseebach
www.speleoprojects.com
E-Mail: contact@speleoprojects.com
Autoren: Peter Lechner, Sandra Rauch
Bildnachweis: Alle Fotografien Archiv Peter Lechner / Sandra Rauch
Abbildungsnachweis: Alle Wegskizzen gezeichnet von Sandra Rauch.
Karten: Alle Karten wurden von Inkatlas.com erstellt.
Copyright OpenStreetMap contributors (openstreetmap.org), OpenTopoMap (CC-BY-SA).

Druck: Druckerei & Verlag Steinmeier GmbH & Co. KG
Gewerbepark 6, 86738 Deiningen
Internet: www.steinmeier.net
Telefon: 09081/29640
Fax: 09081/296429

1.Auflage, März 2018
ISBN 978-3-947642-00-7

Die Beschreibung der Touren und Wege erfolgt nach bestem Wissen und Gewissen. Ungeachtet der sorgfältigen Recherche und Erstellung der Texte und Abbildungen übernehmen die Autoren, Verlag und Herausgeber oder sonstige am Werk beteiligten Personen keine Gewähr für die Richtigkeit und Vollständigkeit der Angaben. Die Benutzung dieses Tourenführers erfolgt auf eigenes Risiko. Soweit gesetzlich zulässig, wird eine Haftung für etwaige Unfälle und Schäden jeder Art aus keinem Rechtsgrund übernommen.

Korrekturen, Anregungen, Lob und Kritik bitte an den Verlag.

Foto Titel: Blick von der Wasserwand zum Heuberg

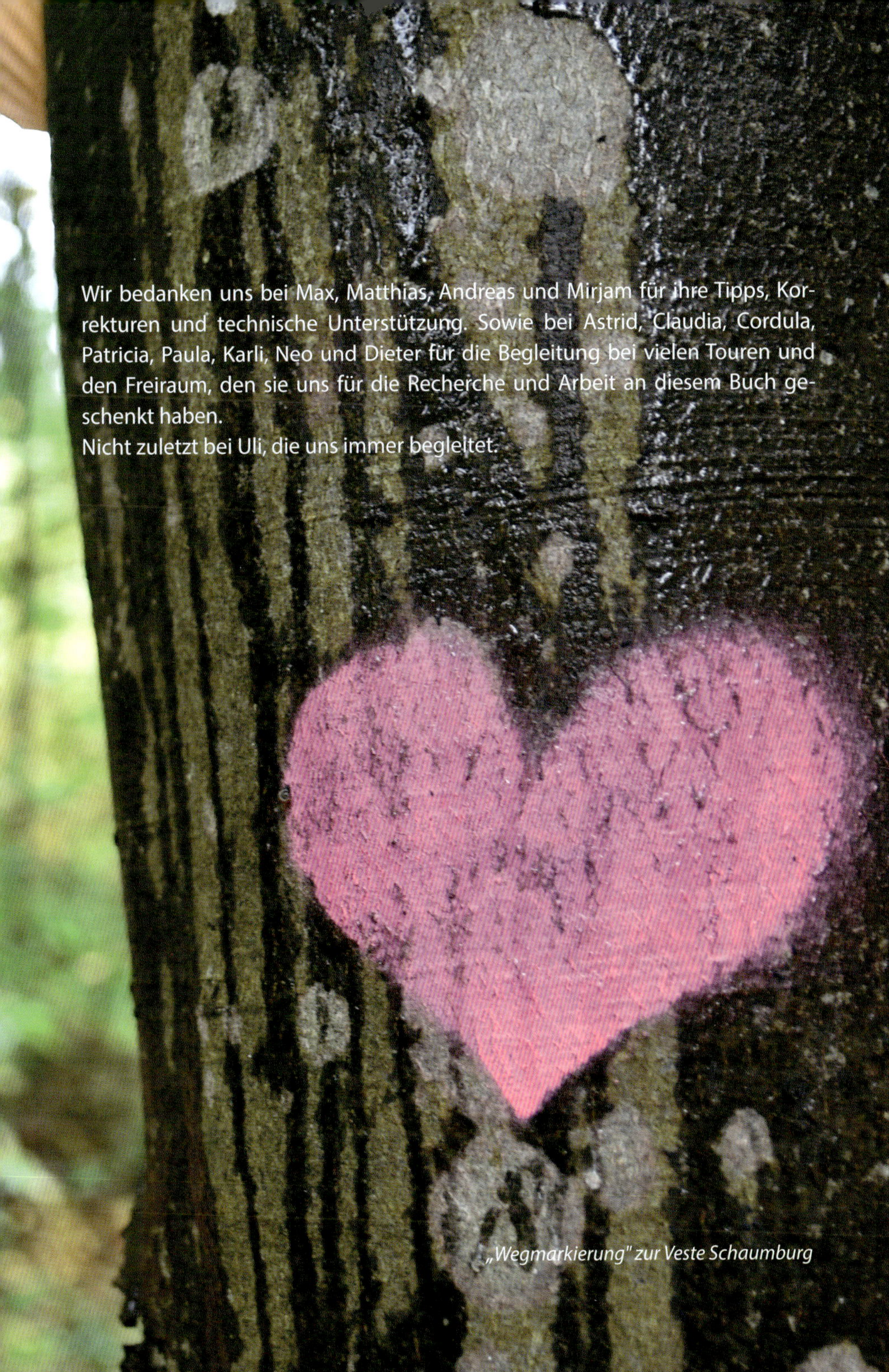

Wir bedanken uns bei Max, Matthias, Andreas und Mirjam für ihre Tipps, Korrekturen und technische Unterstützung. Sowie bei Astrid, Claudia, Cordula, Patricia, Paula, Karli, Neo und Dieter für die Begleitung bei vielen Touren und den Freiraum, den sie uns für die Recherche und Arbeit an diesem Buch geschenkt haben.
Nicht zuletzt bei Uli, die uns immer begleitet.

„Wegmarkierung" zur Veste Schaumburg

Inhalt

Bayerische Alpen

Die Autoren

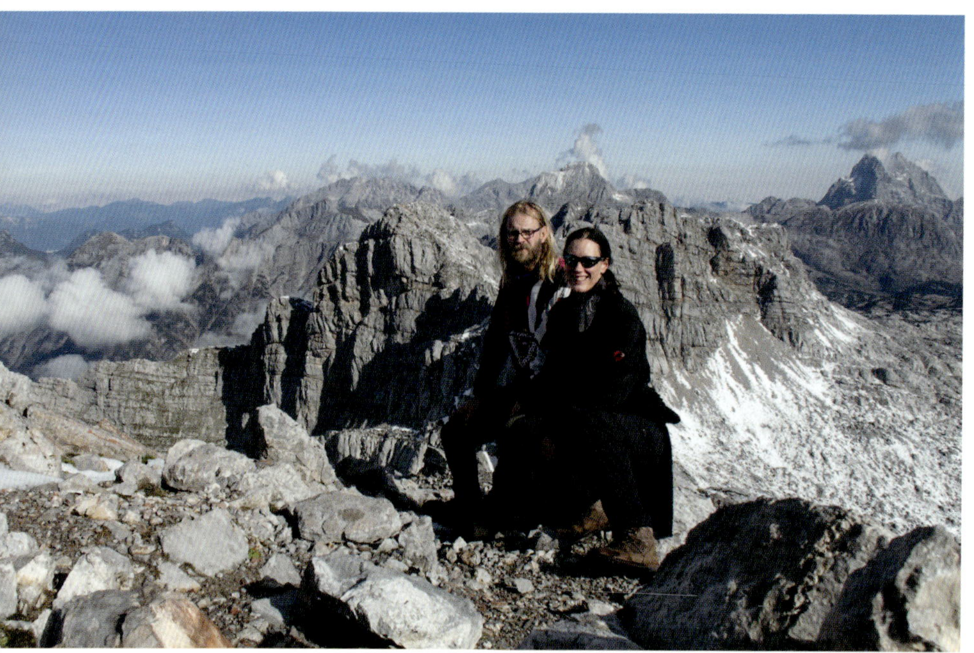

Peter Lechner, Jahrgang 1970, ist in vielen Alpinsportarten zu Hause. Bergwandern, Mountainbiken, Klettersteige, Canyoning und Skitouren. Nie extrem, doch oft weglos, was ihn zu einem exzellenten Kenner der Voralpen macht.

Sandra Rauch, Jahrgang 1977. Die Journalistin hat die Berge zu ihrer Wahlheimat gemacht. Wann immer es geht, ist sie draußen unterwegs und freut sich über sportliche Herausforderungen in der Natur – ob zu Fuß, mit dem Radl, Ski oder Kletterseil.

Zu Beginn

Wir sitzen unter dem Gipfelkreuz des Braunecks. Es ist Januar, das Skigebiet schließt und es wird ruhig. Der Blick streift über den Geierstein. Im Winter sieht man die vielen neuen Forststraßen besonders gut. Wie schade. Stück für Stück wird alles erschlossen.

Langsam wird es dunkel. Wir schnallen die Ski an und blicken noch einmal ins Tal. Ein riesiger Wurm von Autorücklichtern zieht aus den Bergen hinaus.

Gefühlt haben wir alle Gipfel am Alpenrand bestiegen, alle Hütten besucht. Der Wunsch nach neuen Zielen wächst. Doch wo sind diese? Muss man sich ins Auto setzen und weiter in die Berge hineinfahren – um dann auch im Stau zu stehen?

Wir haben angefangen in der Nähe zu suchen. Sind Pfaden nachgegangen, an denen wir jahrelang vorbeiliefen, weil sie doch scheinbar nirgendwohin führen. Sind auf Geschichten gestoßen, die noch einmal eine ganz andere Perspektive des Wanderns öffnen. „Wow", haben wir immer wieder gedacht, wenn wir etwas Neues entdeckt haben. Einen Gipfel mit herrlicher Aussicht, ein gemütliches Bankerl oder ein verstecktes Gipfelkreuz. Richtige Logenplätze!

Es hat viel Zeit gekostet und manchmal auch einen zweiten und dritten Anlauf. Doch ehe alle Pfade unter Forststraßen begraben werden, suchen wir sie und die kleinen Logenplätze, zu denen sie führen. Die Plätze, die wir so lange übersehen haben und die doch so nah sind.

Wir wünschen Euch viel Spaß beim Wandern und Entdecken!

Bad Tölz, im März 2018

Peter Lechner und Sandra Rauch

Einführung

Die hier vorgestellten Tourenbeschreibungen sollen Lust machen die Berge zwischen Bad Reichenhall und Kochelsee ein Stück weit neu zu entdecken. Natürlich gibt es in diesem von Wanderern und Freizeitsportlern stark frequentierten Gebiet längst keine weißen Flecken mehr auf der Landkarte, doch die meisten der beschriebenen Gipfel werden eher wenig begangen – obgleich sie grandiose Ausblicke bieten.
Selten begangen heisst aber auch oft: nicht markiert. Zum Teil muss man also etwas suchen und sich im Gelände orientieren – was aber aus unserer Sicht gerade den Reiz ausmacht und anhand der Beschreibung kein Problem sein sollte. Und wer gerne mit technischer Unterstützung unterwegs ist, kann sich die GPS-Tracks herunterladen.
Das Gros der Touren richtet sich an erfahrene Bergwanderer, da oft Trittsicherheit oder besondere Orientierung im Gelände nötig sind. Gleichwohl finden sich aber auch leichtere Touren. Einsteigern empfehlen wir mit als „einfach" klassifizierten Zielen zu starten. Bei jeglichen Zweifeln, sei es aufgrund des Wetters, nassen oder vereisten Untergrunds, des eigenen Könnens oder der Kondition, sollte auf angemessene Touren ausgewichen werden. Gegebenenfalls muss auch ein Umkehren in Betracht gezogen werden.
Mit den angegebenen Gehzeiten, der Einordnung als Bike & Hike-Tour oder für Kinder geeignet sowie den Angaben zu Orientierung, Kondition und Schwierigkeit wollen wir die Tourenplanung unterstützen. Natürlich muss sich hier jeder selbst einordnen. Wo „Schnellgeher" vielleicht eine Stunde brauchen, sind Genusswanderer unter Umständen doppelt so lang unterwegs. Mit Kindern verhält es sich nicht anders: Motivierte Kinder wandern schneller, bleibt die Lust am Wandern auf der Strecke, wird mehr Zeit benötigt.

Gehzeiten

Die angegebenen Zeiten sind lediglich eine Orientierung, da diese stark vom individuellen Tempo abhängen. Gemessen sind sie entweder einfach bis zum Gipfel oder als Gesamtzeit bei Rundtouren, jeweils als reine Gehzeit ohne Pausen. Wichtig: Bei Bike & Hike-Touren setzt sich die Angabe aus der Fahrzeit mit dem Radl und der benötigten Zeit zu Fuß zusammen.

Karten

Die im Buch abgebildeten Karten stellen lediglich Wegskizzen dar. Zur genauen Orientierung empfiehlt sich die Nutzung von Wanderkarten im Maßstab von 1:50.000 oder größer. Allerdings sind viele Wege und zum Teil auch Gipfel der vorgestellten Touren auf Karten nicht vermerkt.

Wandern mit GPS

Zu den Touren können GPS-Tracks auf der Internetseite des Verlags heruntergeladen werden:

www.speleoprojects.com/project/logenplaetze/ Passwort: kr6weL9

Sie dienen als Ergänzung der Beschreibungen und können bei der Tourenplanung und Orientierung vor Ort helfen. GPS-Tracks sollten nicht als ausschließliche Informationsquelle auf der Tour genutzt werden. Die eigenständige Beurteilung der Geländesituation vor Ort ist unbedingt nötig. Die GPS-Daten wurden von den Autoren sorgfältig erhoben. Trotzdem kann es zu aufnahmebedingten Fehlern und Abweichungen kommen. Ebenso können sich Wegverlauf oder andere Gegebenheiten in der Natur ändern.

Eignung für Kinder

Auch hier gilt: Jedes Kind ist anders und Eltern wissen am besten Motivation und Können einzuschätzen. Als uneingeschränkt kindergeeignet sind in diesem Buch Touren klassifiziert, die kurz und abwechslungsreich sind, also keine monotonen Wegstrecken enthalten und viel Potenzial für kleine wie große Entdecker bieten. Daneben finden sich „bedingt kindergeeignete" Touren, die mit wanderfreudigen Kindern ab etwa acht Jahren in der Regel machbar sein sollten. Hier müssen Eltern jedoch unbedingt die individuellen Voraussetzungen beachten und vor allem auch deutlich mehr Zeit als angegeben einplanen.

Bike & Hike

Bei als Bike & Hike gekennzeichneten Touren dient das Radl (Mountainbike) als Mittel zum Zweck, um längere Passagen auf Forststraßen abzukürzen.

Schwierigkeit

Alle in diesem Führer vorgestellten Touren sollten für bergerfahrene, trittsichere und schwindelfreie Wanderer ohne weitere Ausrüstung machbar sein. Müssen einfache Kletterpassagen überwunden werden, ist dies im Text unter Bezug auf die UIAA-Schwierigkeitsskala für Kletterrouten vermerkt.
Definition UIAA I: „Geringe Schwierigkeiten, einfachste Form der Felskletterei (jedoch kein leichtes Gehgelände). Die Hände sind zur Unterstützung des Gleichgewichts erforderlich. Anfänger müssen am Seil gesichert werden. Schwindelfreiheit ist erforderlich."
Definition UIAA II: „Mäßige Schwierigkeiten. Hier beginnt die Kletterei, welche die Drei-Punkt-Haltung (beide Hände und ein Fuß oder beide Füße und eine Hand haben festen Kontakt zum Fels) erfordert."

Wetter und Gefahren

Die angegebenen Schwierigkeiten beziehen sich auf ideale Bedingungen hinsichtlich Wetter und Wegbeschaffenheit. Regen bzw. nasser Fels, Schnee und Eis oder schlechte Sichtverhältnisse können die Schwierigkeit und Ernsthaftigkeit enorm erhöhen – was bei der Tourenplanung unbedingt beachtet werden sollte. Das Wandern der vorgestellten Touren erfolgt auf eigene Gefahr. Die Charakteristik der Wege und ihre Beschaffenheit kann sich durch Unwetter, Waldarbeiten oder Ähnliches entscheidend ändern – bis hin zur Unpassierbarkeit. Trotz sorgfältiger Recherche können die Autoren daher keine Gewähr für die Richtigkeit der Angaben übernehmen.

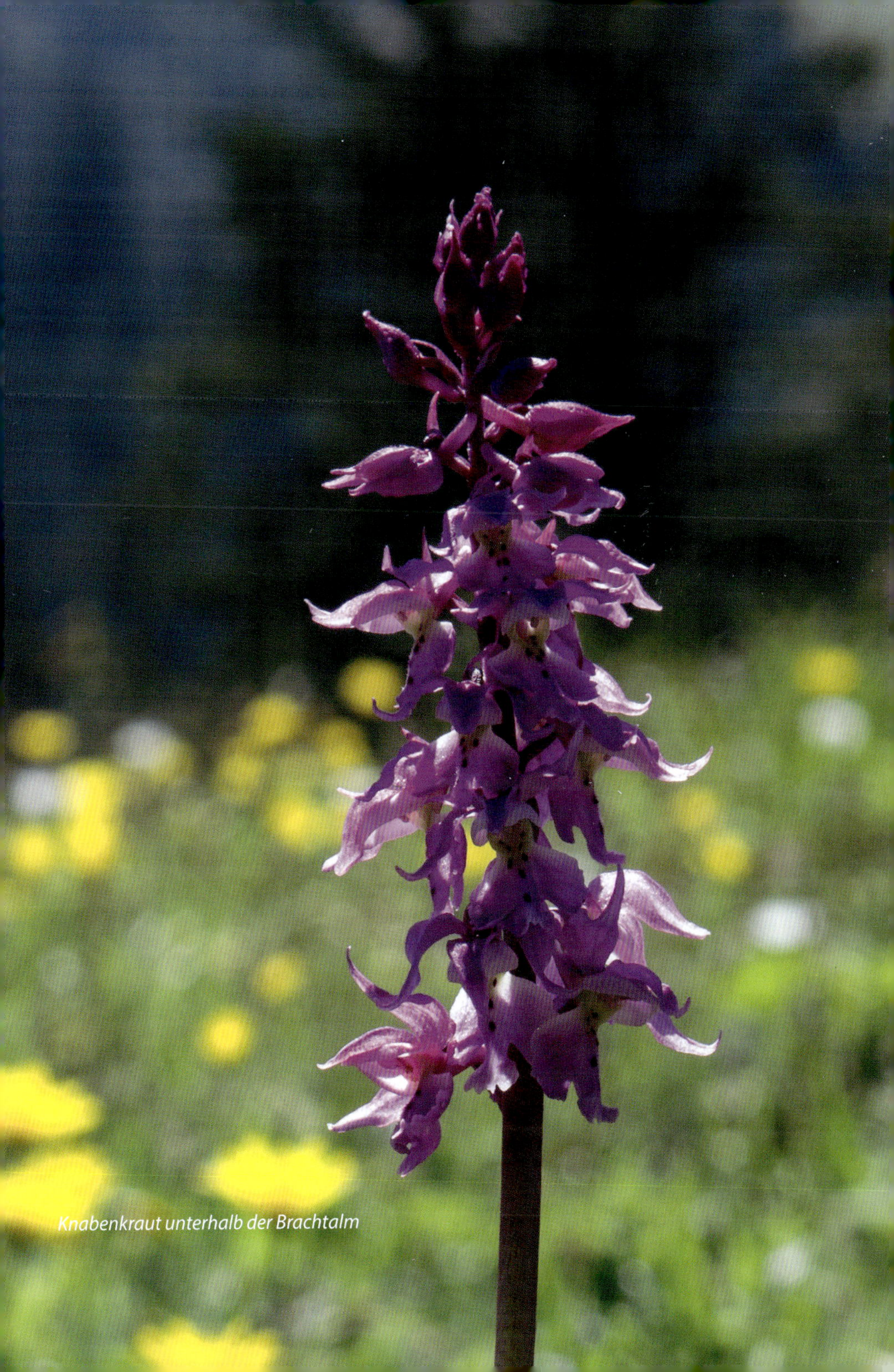

Knabenkraut unterhalb der Brachtalm

Was die Symbole bedeuten

Logenfaktor

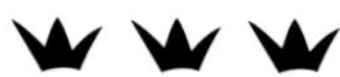

360 Grad-Rundumblick mit faszinierender Fernsicht und/ oder besonderes Touren-Schmankerl

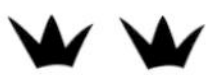

Panorama-Blick in mindestens zwei Richtungen

Schöne, kürzere Tour mit überraschendem Ausblick

Bike & Hike

Bike & Hike-Tour – wer nicht übermäßig lange auf Forststraßen laufen will, sollte das Radl mitnehmen.

Kombination mit dem Radl ist möglich. Jedoch müssen evtl. Passagen geschoben oder eine Alternativroute benutzt werden.

Kindereignung

Familientaugliche Tour, auch mit kleineren Kindern möglich

Tour eignet sich bedingt für Kinder (Alter, Kondition, Bergerfahrung sind zu beachten)

Strecke und Zeit

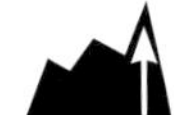

1400 Hm

Höhenmeter gesamt

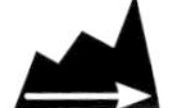

11,9 km

Wegstrecke gesamt

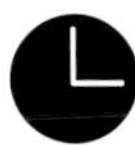

1h Gipfel / 2h Runde

Gehzeit bzw. Zeit für Bike & Hike einfach bis zum Gipfel oder gesamt bei Rundtouren

Anforderungen

Orientierung

●○○

Problemlos, komplett markiert

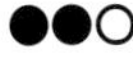

Wegfindung erfordert Aufmerksamkeit

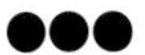

Wegfindung anspruchsvoll

Kondition

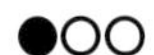

Kurze Tour auf mäßig steilen Wegen

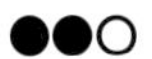

Halbtagestour, teilweise kann es steiler werden

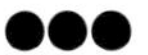

Lange Tour mit Gegenanstiegen bzw. länger anhaltend steilem Gelände

Schwierigkeit

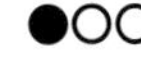

Einfach zu begehende Wege

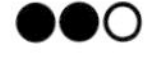

Trittsicherheit erforderlich

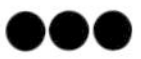

Anspruchsvoll, z.T. ausgesetztes Gelände, Kletterstellen UIAA I bis II, Trittsicherheit und Schwindelfreiheit nötig

Was wir mit Pfad & Straße meinen

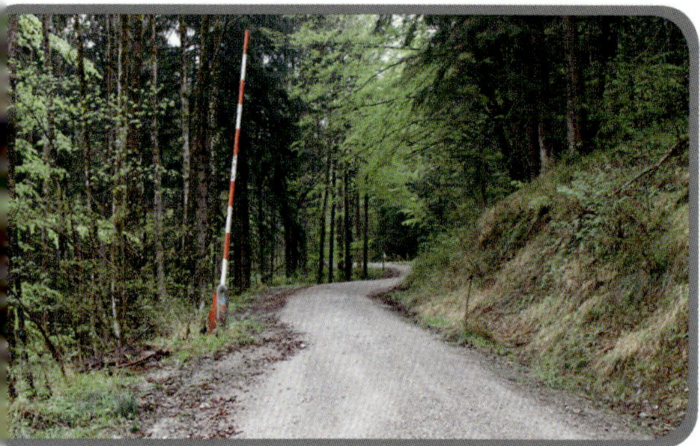

Forststraße
Mit Kies oder Schotter angelegte Straße

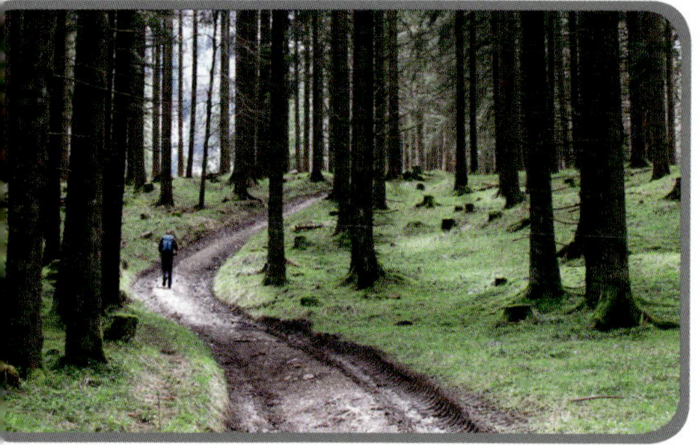

Forstweg
Nicht befestigte Straße

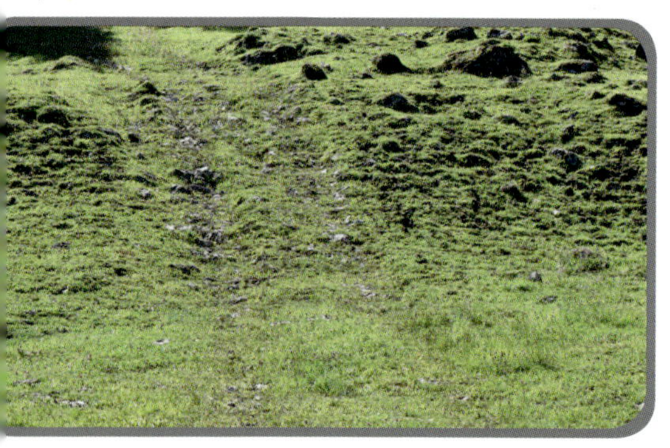

Karrenweg
Forstweg von schlechter Qualität, oft nur zwei Fahrspuren erkennbar

Wanderweg
Markierter Weg
Pfad
Unmarkierter Weg

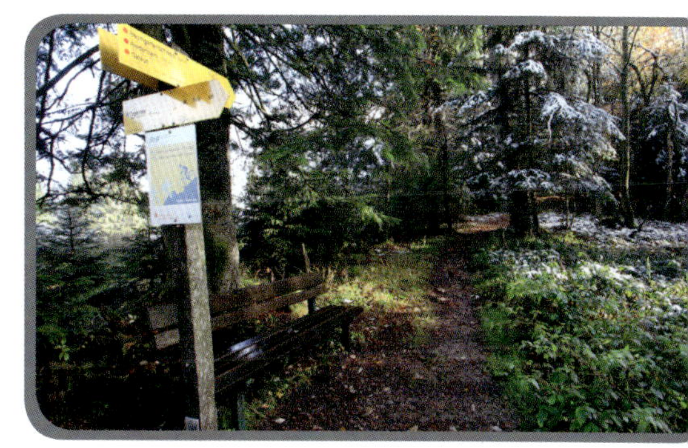

Steig
Pfad oder Wanderweg auf steinigem Untergrund

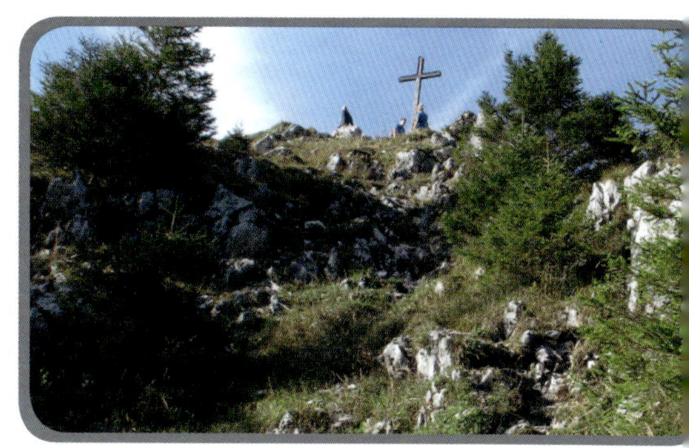

Wegspuren
Unmarkiert und nicht durchgehend

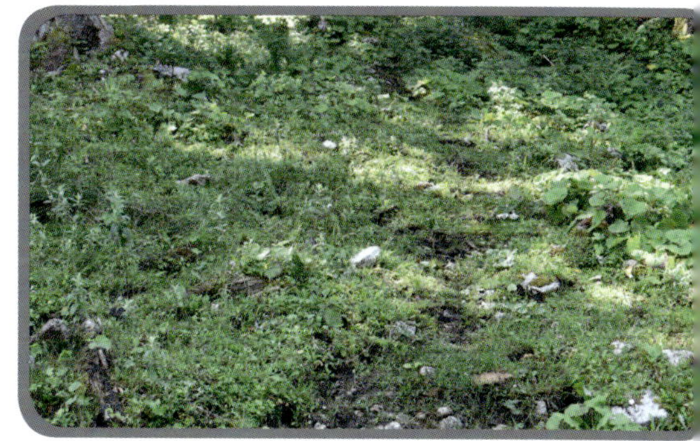

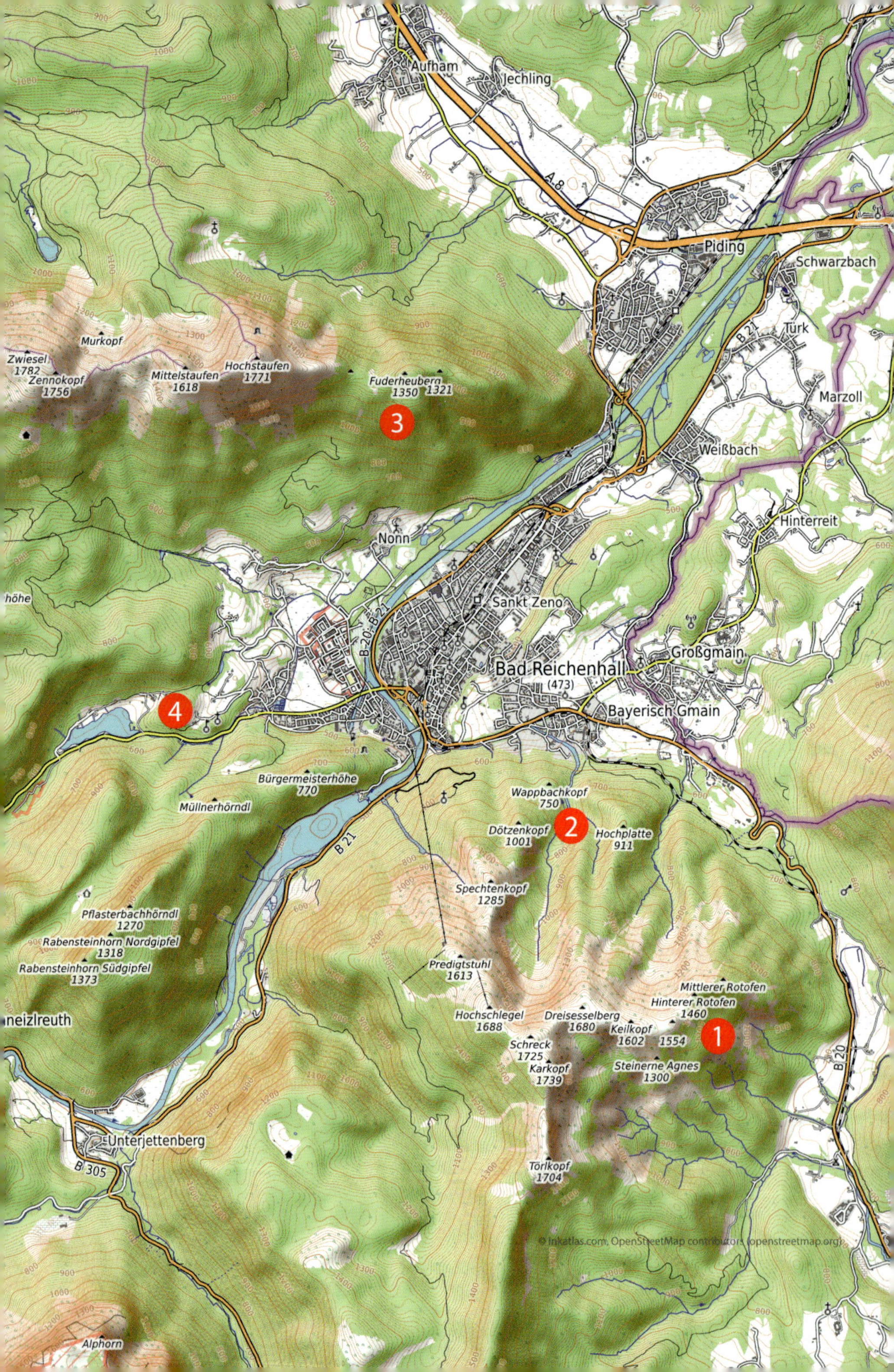
Aufham
Jechling
A8
Piding
Schwarzbach
Türk
B 21
Marzoll
Weißbach
Hinterreit
Zwiesel
1782
Zennokopf
1756
Murkopf
Mittelstaufen
1618
Hochstaufen
1771
Fuderheuberg
1350
1321
3
Nonn
Sankt Zeno
Bad Reichenhall
(473)
Großgmain
Bayerisch Gmain
höhe
B 20 · B 21
4
Bürgermeisterhöhe
770
Müllnerhörndl
Wappbachkopf
750
2
Dötzenkopf
1001
Hochplatte
911
B 21
Spechtenkopf
1285
Pflasterbachhörndl
1270
Rabensteinhorn Nordgipfel
1318
Rabensteinhorn Südgipfel
1373
Predigtstuhl
1613
Mittlerer Rotofen
Hinterer Rotofen
1460
Hochschlegel
1688
Dreisesselberg
1680
Keilkopf
1602
1554
1
neizlreuth
Schreck
1725
Karkopf
1739
Steinerne Agnes
1300
B 20
Unterjettenberg
B 305
Törlkopf
1704
© inkatlas.com, OpenStreetMap contributors (openstreetmap.org)
Alphorn

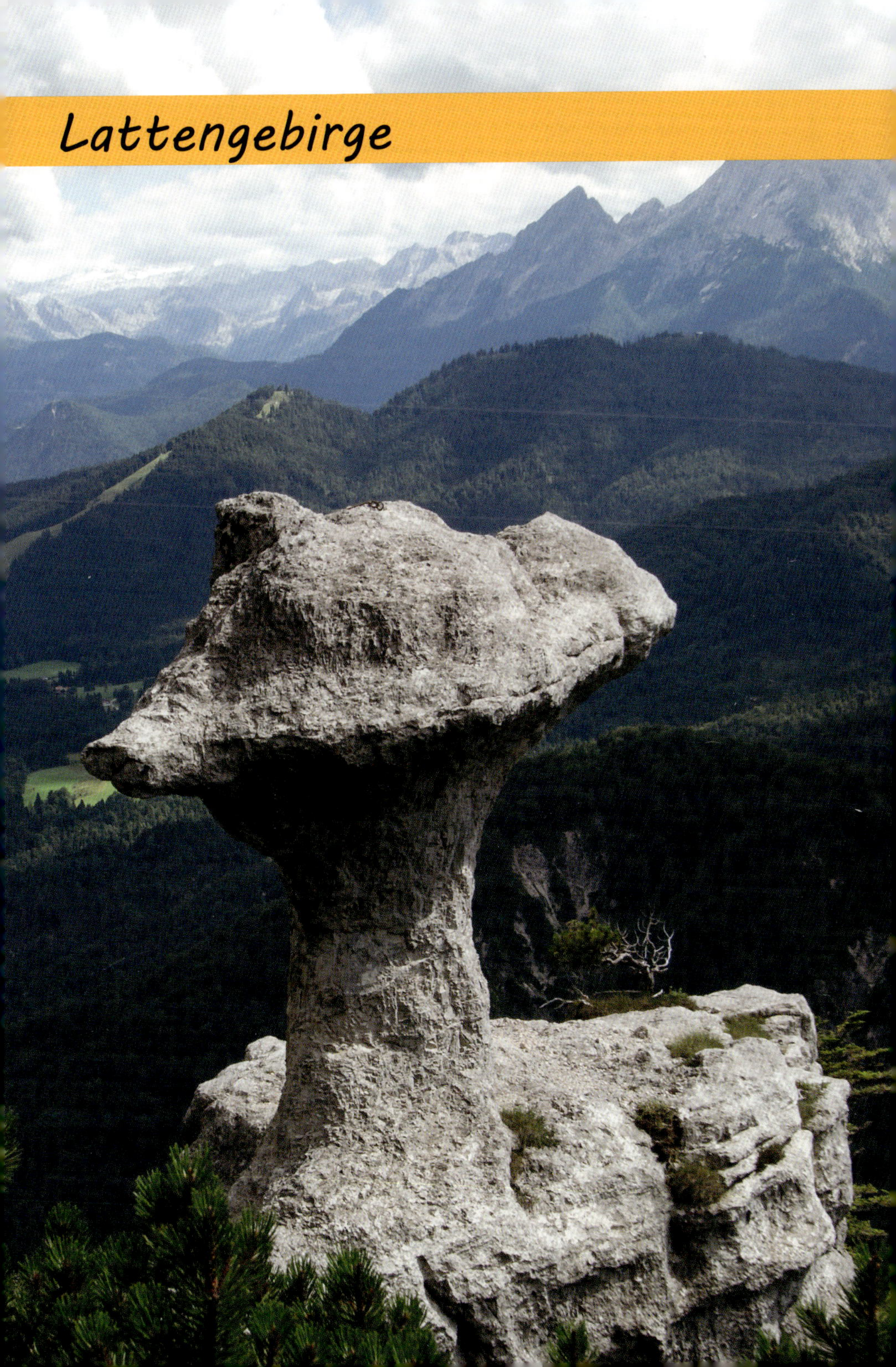

Lattengebirge

Steinerne Agnes

Ließ sich doch einst eine Sennerin vom Teufel verführen ihr uneheliches Kind zu töten. Die Strafe Gottes folgte rasch und die Agnes wurde in Stein verwandelt. So die Sage. Mit ein wenig Fantasie kann man in dem Felsturm die Sennerin mit ihrem Hut auch gut erkennen. Die durch Erosion entstandene Naturschönheit ist eine der auffälligsten Felsformen im Berchtesgadener Land.

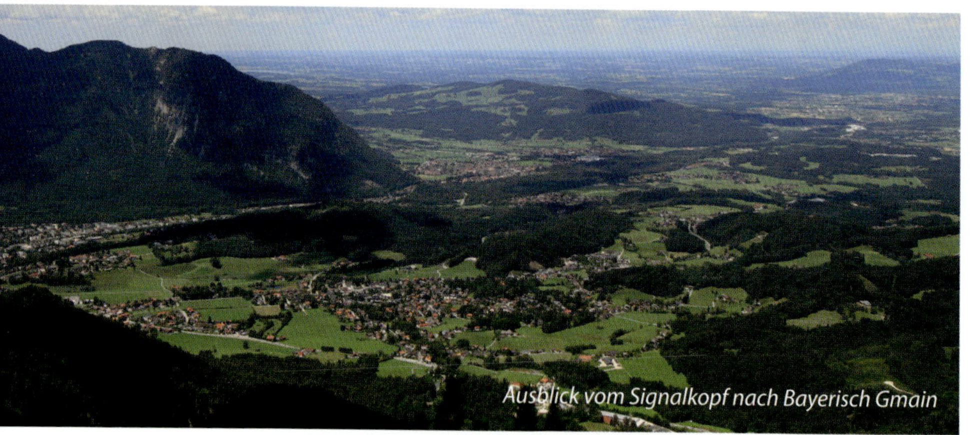
Ausblick vom Signalkopf nach Bayerisch Gmain

Vom Parkplatz auf der Forststraße bis der Weg nach rechts in den Bergwald abzweigt. Dieser zieht mal flacher, mal steiler, mal mit Treppenstufen hinauf zwischen Kinn und Busen der Schlafenden Hexe, genauer gesagt: zum Rotofensattel. Hier können wir nun als Abstecher nach rechts dem unbeschilderten Pfad über den Grat folgen. Eine steile Flanke führt uns zu einem Absatz, der über ein schmales und ausgesetztes Band hoch in die Felsen und auf den Busen der Hexe führt: den Mittleren Rotofen oder Signalkopf. Von hier öffnet sich ein herrliches 360-Grad-Panorama mit Blicken von Bad Reichenhall bis zur Nordspitze des Königssees und dem sich anschließenden Hochgebirge. Oder man schaut einfach den Kletterern am gegenüberliegenden Kinn der Hexe, dem Vorderen Rotofen, zu.

Parkplatz:	B 20 Bad Reichenhall Richtung Berchtesgaden bis Hallthurm, Wanderparkplatz etwa 500 Meter nach dem Bahnhof	Höhe: 675 m N 47 41.787' E 12 56.122'
Gipfel:	Signalkopf (Mittlerer Rotofen)	Höhe: 1396 m N 47 41.655' E 12 55.154'
	Steinerne Agnes	Höhe: 1326 m N 47 41.199' E 12 54.541'
Charakter:	Aussichtsreiche Rundtour über die Schlafende Hexe zur Steinernen Agnes und Abstieg über den Bichlberg nach Winkl und Bichllehen. Ohne den Abstecher zum Signalkopf auch mit größeren Kindern gut machbar.	
Markierung:	Steinerne Agnes sehr gut ausgeschildert, Signalkopf nicht markiert	
Einkehr:	Die Sennerin bewirtschaftet leider nicht.	

950 Hm

10,2 km

5h gesamt

Orientierung

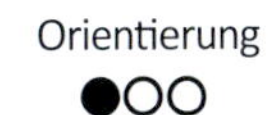

Kondition

●●●

Schwierigkeit

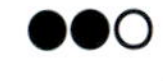

mit Signalkopf: Schwierigkeit

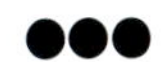

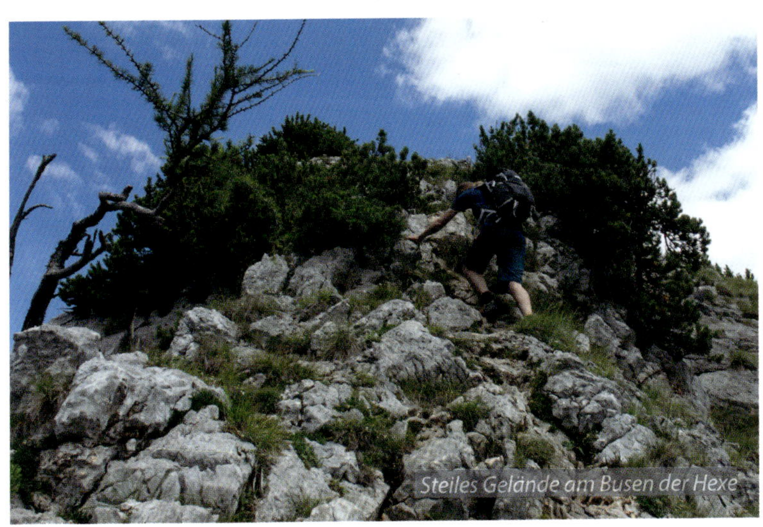

Steiles Gelände am Busen der Hexe

Zurück am Sattel folgen wir dem Wegweiser in Richtung Steinerne Agnes. Der Weg fällt erst leicht ab und zieht sich dann im Wesentlichen ohne Höhenverlust immer am Hang entlang. Kurz nach einem Abzweig ins Tal treffen wir auf eine Beschreibungstafel der Steinernen Agnes.

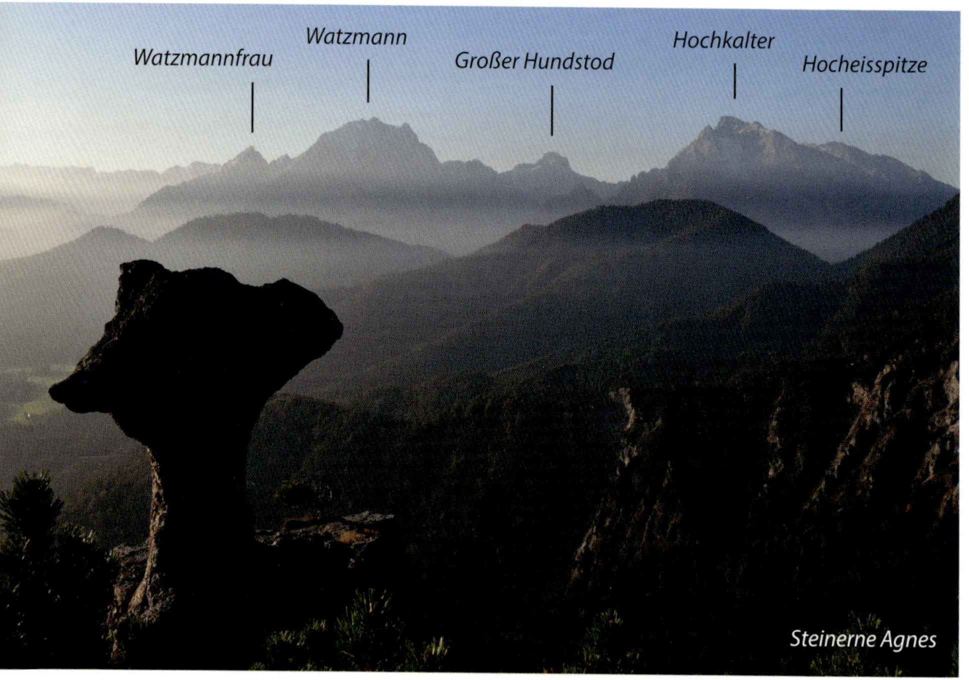

Steinerne Agnes

Um die Sennerin nun in voller Schönheit zu betrachten, steigen wir hier auf Pfadspuren nach oben und umrunden den Felsturm entgegen des Uhrzeigersinns mit etwas Kletterei auf brüchigem Untergrund. Doch es helfen genügend Latschen, um sicher nach oben zu gelangen.

Die Versteinerung war wohl eine harte Strafe, doch wenigstens gönnte Gott der Agnes ein herrliches Panorama: Wir blicken vom Hohen Göll über den Watzmann bis zum Hochkalter – einfach umwerfend.

Man erkennt die Silhouette der Steinernen Agnes auch gut, wenn man von der Tafel dem Weg Richtung Karkopf folgt und nach wenigen Minuten zurückschaut.

Absteigen können wir über den bereits erwähnten Abzweig ins Tal. Diesem folgen wir über den Bichlberg nach Winkl. In Bichllehen treffen wir auf den Panoramaweg, der nach links über eine kleine Bachbrücke führt. Von dort erreichen wir nach etwa einer halben Stunde wieder den Parkplatz in Hallthurm.

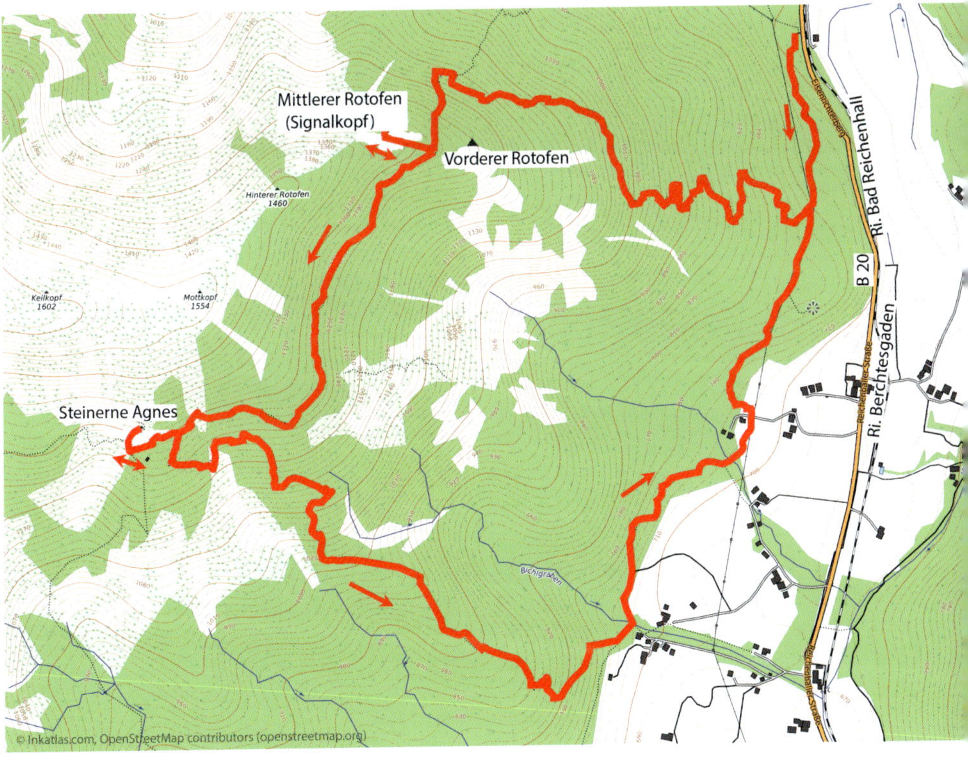

Dötzenkopf

Der Gipfel dieses „Gerade-so-Eintausenders“ ist schnell übersehen. Versteckt er sich doch im Lattengebirge unter der Schlafenden Hexe, die alle Blicke auf sich zieht.

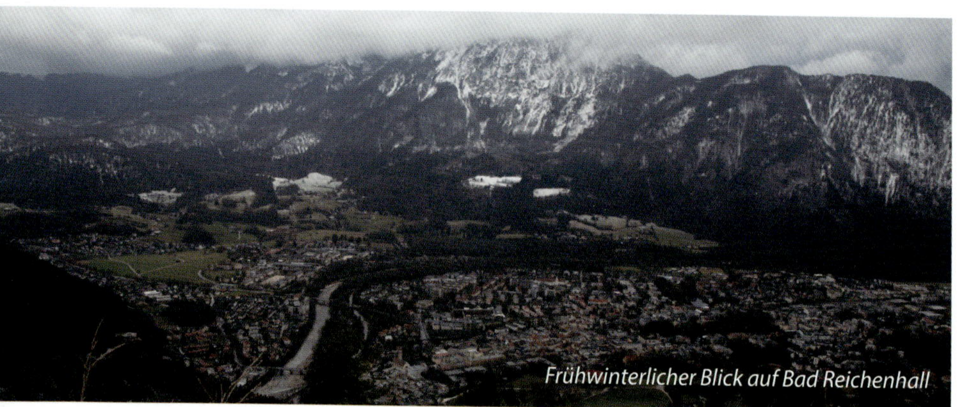

Frühwinterlicher Blick auf Bad Reichenhall

Parkplatz:	Von Bad Reichenhall kommend auf der B 20 kurz nach dem Ortsschild Bayerisch Gmain nach rechts in die Siedlung abbiegen und der Beschilderung bis zum Wanderzentrum folgen.	Höhe: 545 m N 47 42.933' E 12 53.895'
Gipfel:	Wappachkopf (auch Wappbachkopf)	Höhe: 750 m N 47 42.808' E 12 53.560'
	Dötzenkopf	Höhe: 1001 m N 47 42.572' E 12 53.277'
Charakter:	Abwechslungsreiche Rundtour für große und kleine Wanderer. Aufgrund der geringen Höhe oft auch im Winter machbar. Die Wege (und Eisenpassagen!) sollten jedoch schneefrei sein.	
Markierung:	Sehr gut ausgeschildert	

Vom Wanderzentrum folgen wir zunächst dem breiten Wanderweg in Richtung Alpgarten, bis wir nach rund zehn Minuten den Wappach erreichen. Dieser wird an einer beschilderten Abzweigung nach rechts überquert.

In einem Sattel zweigt bald nach rechts ein kurzer Abstecher zum kreuzlosen Wappachkopf ab. Nach etwa einer weiteren halben Stunde erreichen wir recht überraschend den Dötzenkopf, der

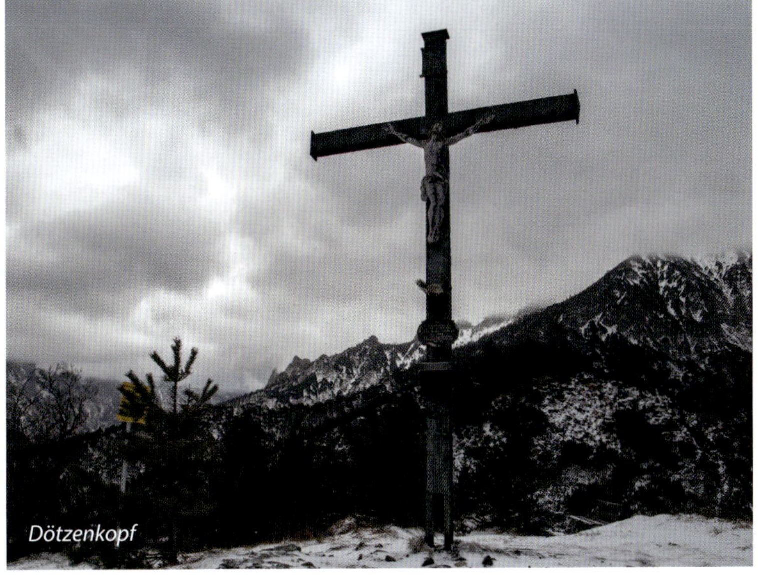

Dötzenkopf

550 Hm

7 km

1h
Dötzenkopf
2h30 Runde

Orientierung
●○○
Kondition
●○○
Schwierigkeit
●○○

eine schöne Sicht auf Bad Reichenhall und das Alpenvorland bietet. Um nicht auf dem gleichen Weg wieder zurückzugehen, entscheiden wir uns für eine kleine Runde, die recht spannend durch eine kleine, unwegsam wirkende Schlucht führt. Dazu folgen wir dem Weg zunächst vom Gipfel in südliche Richtung bergab in eine Scharte. Von dort geht es in stetem Auf und Ab weiter. Stahlbrücken, Stahlseile und eine Treppe sichern unseren Weg.

Nach etwa 20 Minuten ab dem Dötzenkopf zweigt vom Hauptweg nach links ein beschilderter Steig zum Spechtenkopf ab. Nach weiteren zehn Minuten erreichen wir den Abzweig zum Türmereck, einem Aussichtspunkt mit schönem Blick auf die Predigtstuhl-Seilbahn und den Saalachstausee.

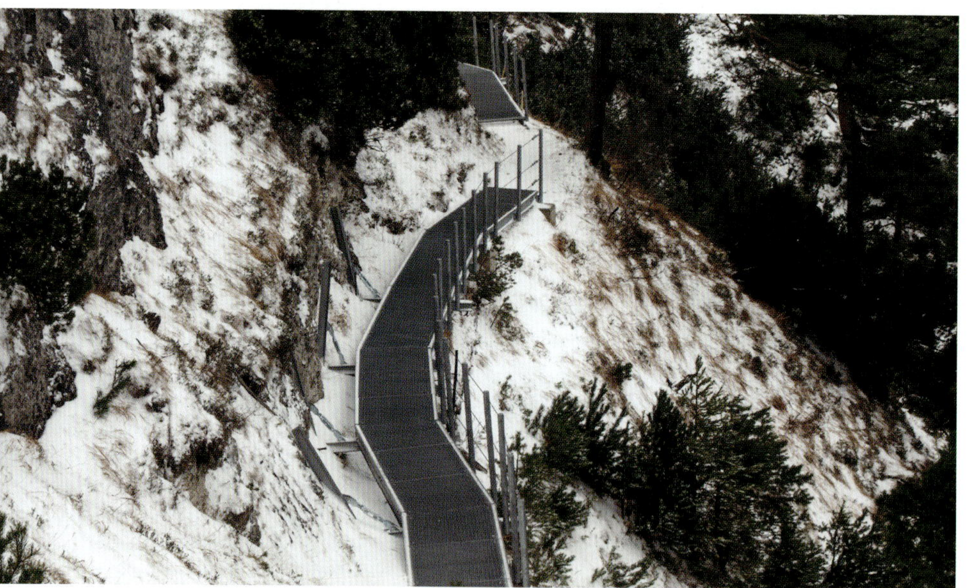

Wir folgen dem Weg im Abstieg weiter und erreichen eine Forststraße, der wir für wenige Meter folgen, um dann gleich wieder nach rechts in einen Waldpfad abzubiegen. Den gleich darauf folgenden Abzweig ignorieren wir und gehen geradeaus weiter. Bald passieren wir einen weiteren Aussichtspunkt und folgen dann dem Weg in Richtung Bayerisch Gmain. Dieser mündet in einen Forstweg, dem wir leicht ansteigend für wenige Meter folgen und dann nach links in einen Pfad einbiegen. Dieser führt uns nach Bayerisch Gmain, wo uns die Beschilderung zurück zum Wanderzentrum leitet.

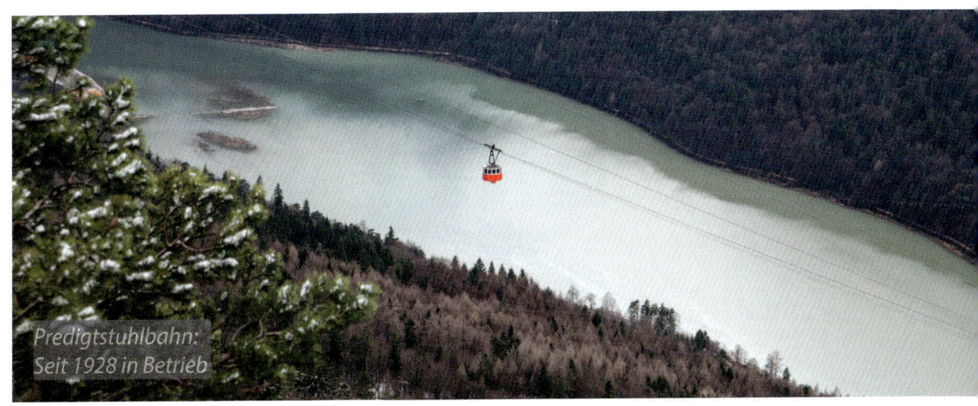

Predigtstuhlbahn: Seit 1928 in Betrieb

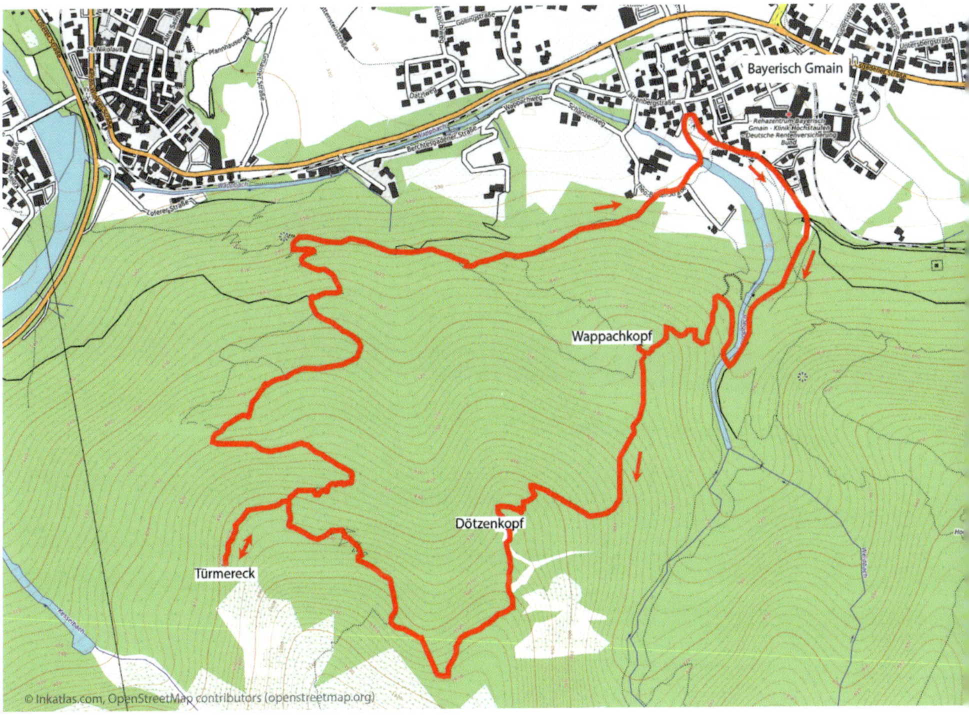

Bayerisch Gmain

Wappachkopf

Dötzenkopf

Türmereck

Fuderheustein

Von Bad Reichenhall wirkt der Gipfel wie ein kleines, in den Berg gesetztes Rechteck. Er will gar nicht den Grat überragen und man erkennt von unten nicht, dass es sich hier um eine echte Hammertour handelt.

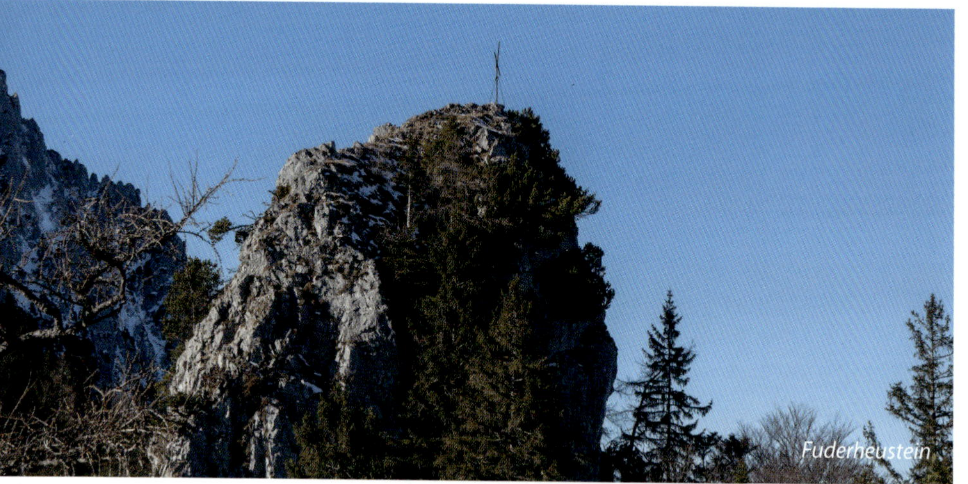
Fuderheustein

Parkplatz:	Von Piding kommend auf der B 20 vor Überqueren der Bahnlinie nach rechts Richtung Campingplatz abbiegen (Staufenbrücke). Nach wenigen Metern erkennt man zwei kleine Parkbuchten.	Höhe: 480 m N 47 45.078' E 12 54.127'
Gipfel:	Fuderheustein	Höhe: 1321 m N 47 45.221' E 12 52.575'
Charakter:	Stellenweise versicherter Weg mit sehr steilen, aber nie technischen Passagen. Trittsicherheit und Schwindelfreiheit erforderlich.	
Markierung:	Sehr gut ausgeschildert	

Direkt gegenüber den Parkbuchten weisen gelbe Wanderschilder den Steig Richtung Hochstaufen. Auf diesem passieren wir zwei Verzweigungen, dann zieht der Weg in Serpentinen stets gut weiß-rot-weiß markiert durch den Laubwald.

Im Tal rauscht die B 20 in überwältigender Lautstärke. Doch man hat wenig Zeit sich darüber zu ärgern, denn der Weg erfordert Aufmerksamkeit. Immer recht schmal und teilweise ausgesetzt führt er durch die Felsen. Nie schwer, doch stolpern sollte man nicht. Und glücklicherweise helfen einige Stahlseile über besonders rutschige Stellen hinweg. Nach etwa einer Stunde flacht der Weg ab und führt über einen bewaldeten Kamm, um dann nordseitig wieder in Serpentinen anzusteigen. Auch hier hilft ein Stahlseil über eine besonders rutschige Passage des meist laubbedeckten Wegs.

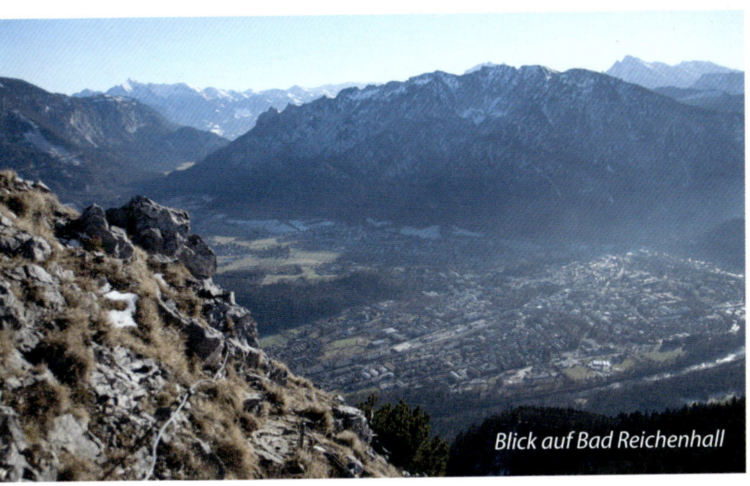
Blick auf Bad Reichenhall

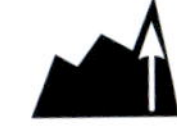
850 Hm

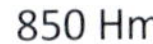

7,9 km

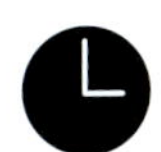
2h
Fuderheustein

Orientierung
●○○
Kondition
●●○
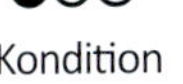
Schwierigkeit
●●○
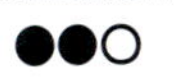

Danach wandern wir wieder auf der Sonnenseite und gelangen auf einen kleinen Gipfel, den die Einheimischen als einsames Ziel für sich entdeckt haben. Nach einer Viertelstunde führt uns der Pfad unter der schattigen Nordseite des Fuderheusteins vorbei. Wieder am Grat schlagen wir den Pfad nach links ein und steigen bald die letzten Meter sehr ausgesetzt, aber mit Stahlseil gesichert, zum Gipfelkreuz. Hier öffnet sich nun ein gigantischer Panoramablick: Vom Untersberg und Lattengebirge, über Reiteralm und Sonntagshorn bis zum Hochstaufen.

Der Abstieg folgt der Aufstiegsroute.

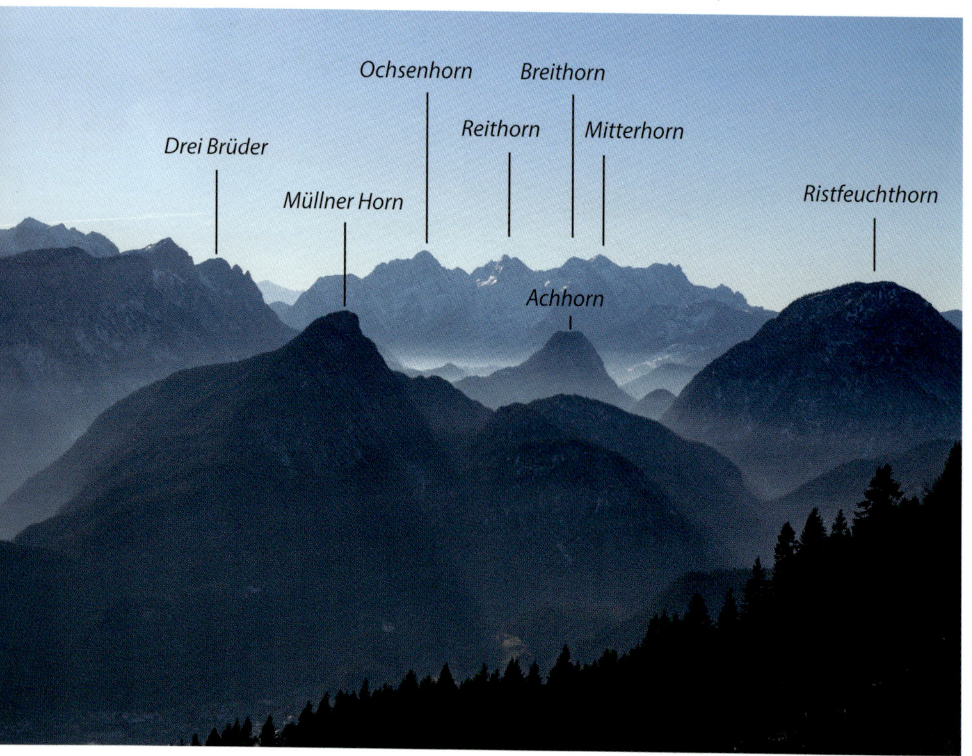

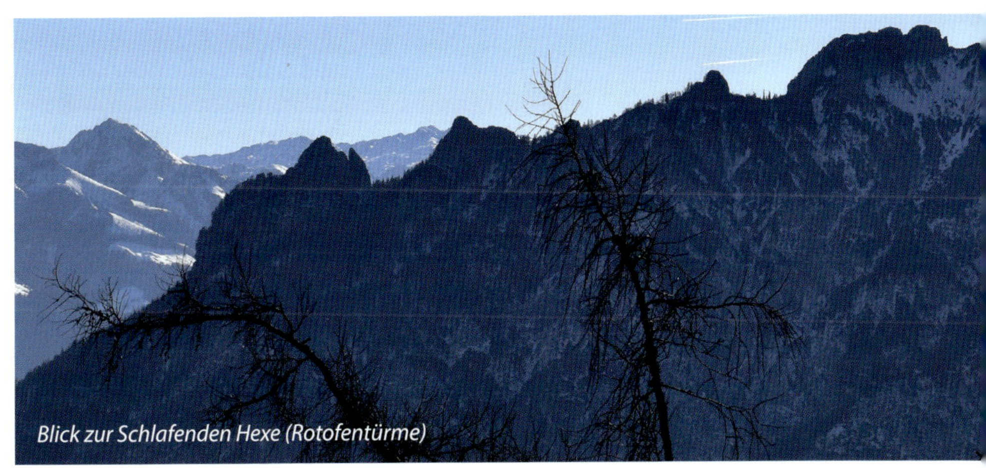

Blick zur Schlafenden Hexe (Rotofentürme)

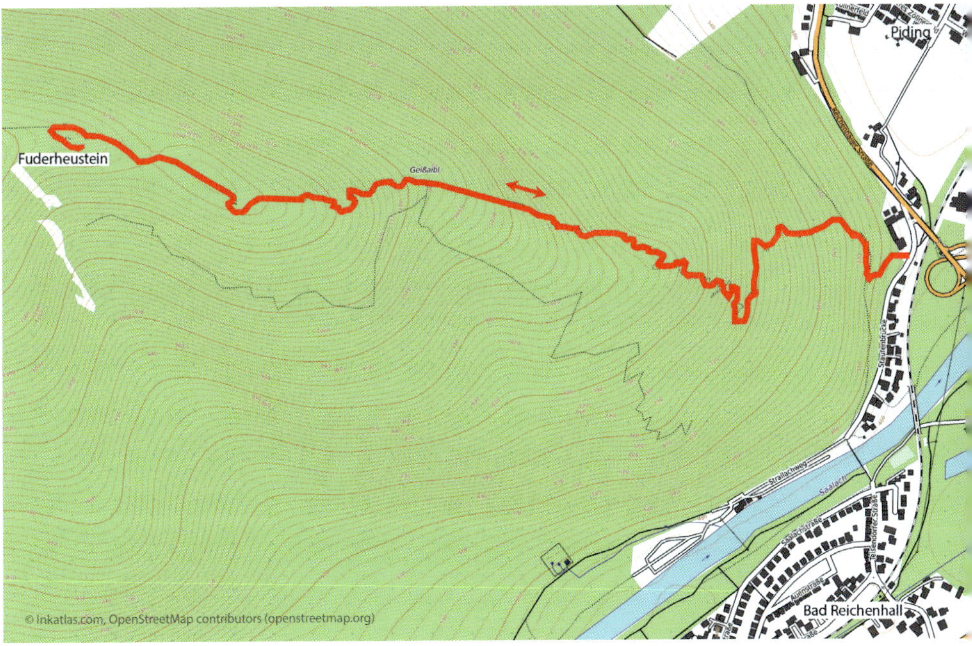

Karlstein

Östlich des Thumsees warten mit der Burgruine Karlstein und der Wallfahrtskirche St. Pankraz zwei Logenplätze mit überraschendem Blick aufs Stadtpanorama von Bad Reichenhall. Alles in allem ein kurzer Abstecher, der sich mit einem Bad im See verbinden lässt oder für einen kurzen Familienausflug genau das Richtige ist.

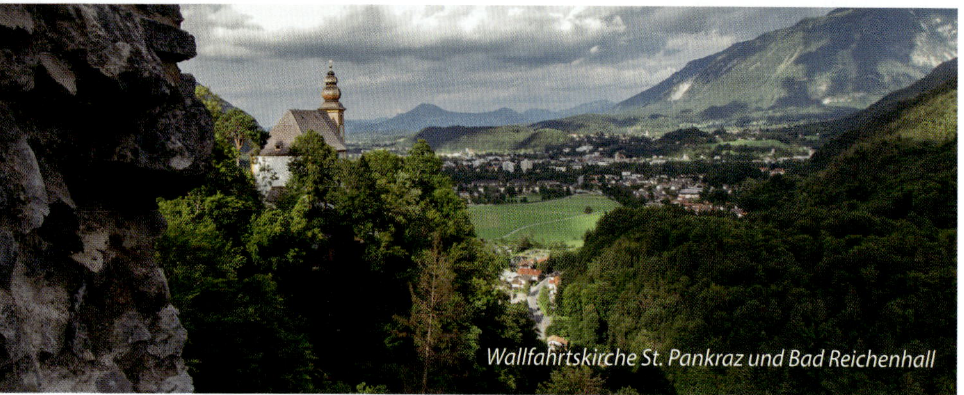

Wallfahrtskirche St. Pankraz und Bad Reichenhall

Parkplatz:	Von Bad Reichenhall auf der St 2101 zum östlichen Ende (Ablauf) des Thumsees	Höhe: 525 m N 47 43.074' E 12 49.855'
Logenplatz:	Burgruine Karlstein	Höhe: 611 m N 47 43.114' E 12 50.466'
	Wallfahrtskirche St. Pankraz	Höhe: 598 m N 47 43.161' E 12 50.558'
Charakter:	Spaziergang für die ganze Familie mit überraschendem Panoramablick auf Bad Reichenhall.	
Markierung:	Sehr gut ausgeschildert	
Einkehr:	Am Thumsee	

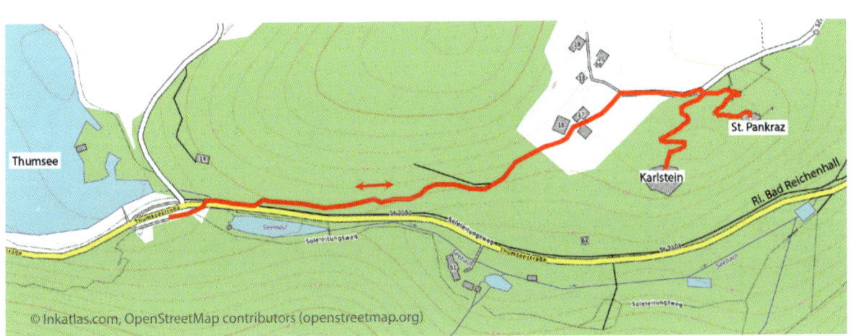

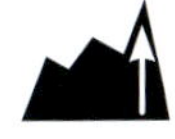

200 Hm

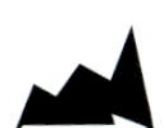

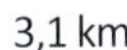

3,1 km

1h30 Runde

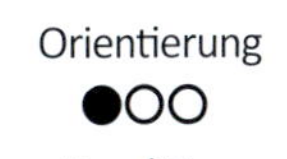

Orientierung ●○○

Kondition ●○○

Schwierigkeit ●○○

Vom Parkplatz am Ablauf des Thumsees gehen wir ein Stück die Bundesstraße in Richtung Bad Reichenhall auf dem Gehweg zurück. Bald zweigt ein ausgeschilderter Pfad nach links zum Karlstein ab. Dieser passiert ein Gehöft und mündet in eine asphaltierte Straße. Hier rechtshaltend wandern wir mit leichtem Höhenverlust zum Fuß des Karlsteins, wo die beiden Anstiegswege abzweigen. Links geht es zur Wallfahrtskirche St. Pankraz, rechts zur Burgruine. Beide Wege führen teilweise über Treppen.

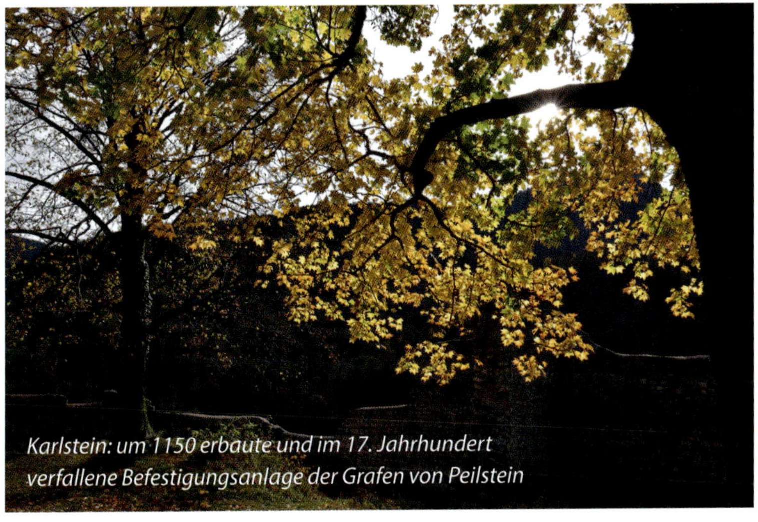

Karlstein: um 1150 erbaute und im 17. Jahrhundert verfallene Befestigungsanlage der Grafen von Peilstein

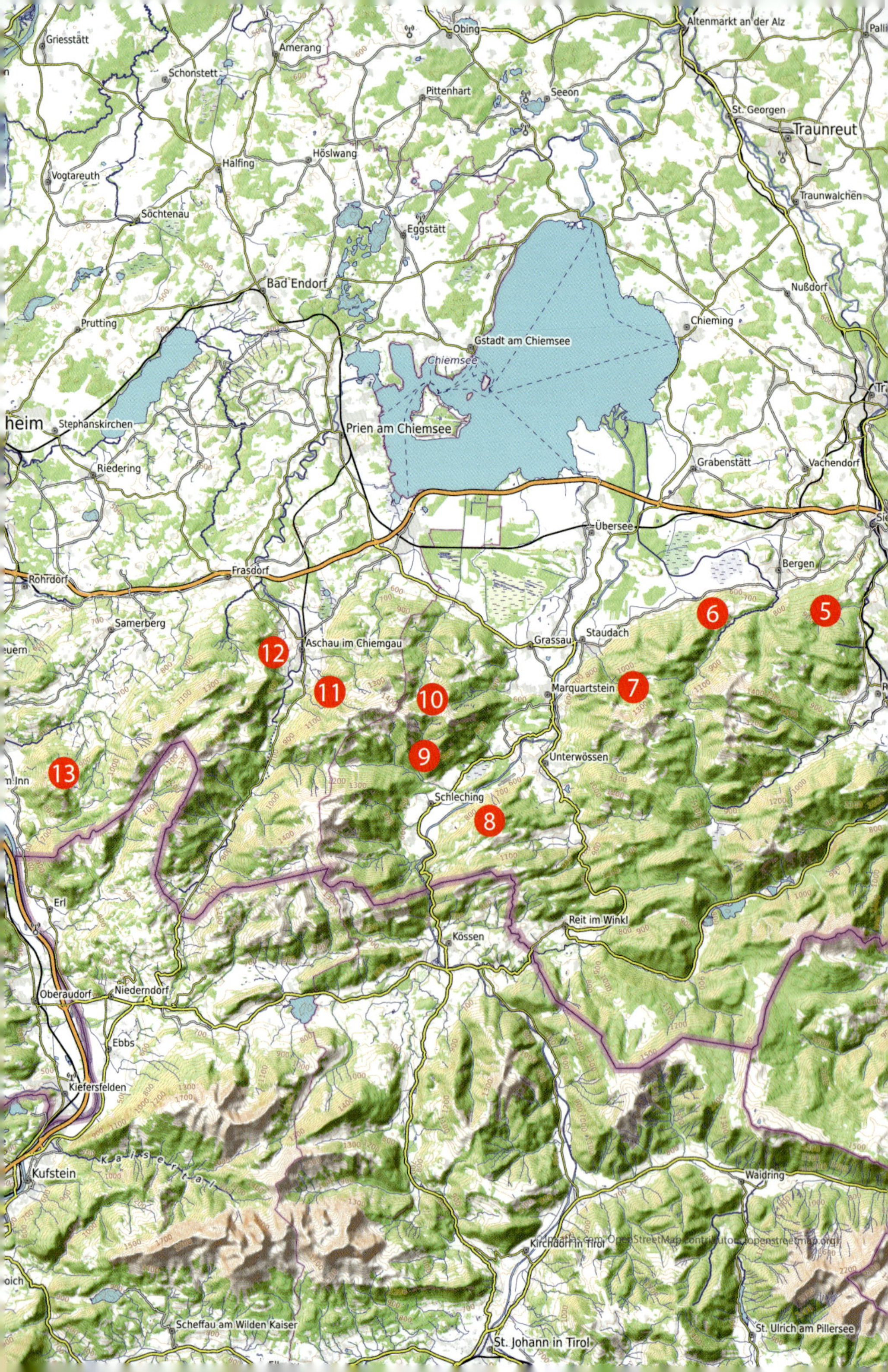

Griesstätt
Amerang
Obing
Altenmarkt an der Alz
Schonstett
Pittenhart
Seeon
St. Georgen
Traunreut
Vogtareuth
Halfing
Höslwang
Traunwalchen
Söchtenau
Eggstätt
Bad Endorf
Nußdorf
Chieming
Prutting
Gstadt am Chiemsee
Chiemsee
Stephanskirchen
Prien am Chiemsee
Riedering
Grabenstätt
Vachendorf
Übersee
Bergen
Rohrdorf
Frasdorf
Samerberg
Staudach
Grassau
Aschau im Chiemgau
Marquartstein
Unterwössen
Schleching
Erl
Reit im Winkl
Kössen
Oberaudorf
Niederndorf
Ebbs
Kiefersfelden
Kufstein
Kaisertal
Waidring
Kirchdorf in Tirol
Scheffau am Wilden Kaiser
St. Johann in Tirol
St. Ulrich am Pillersee
5
6
7
8
9
10
11
12
13

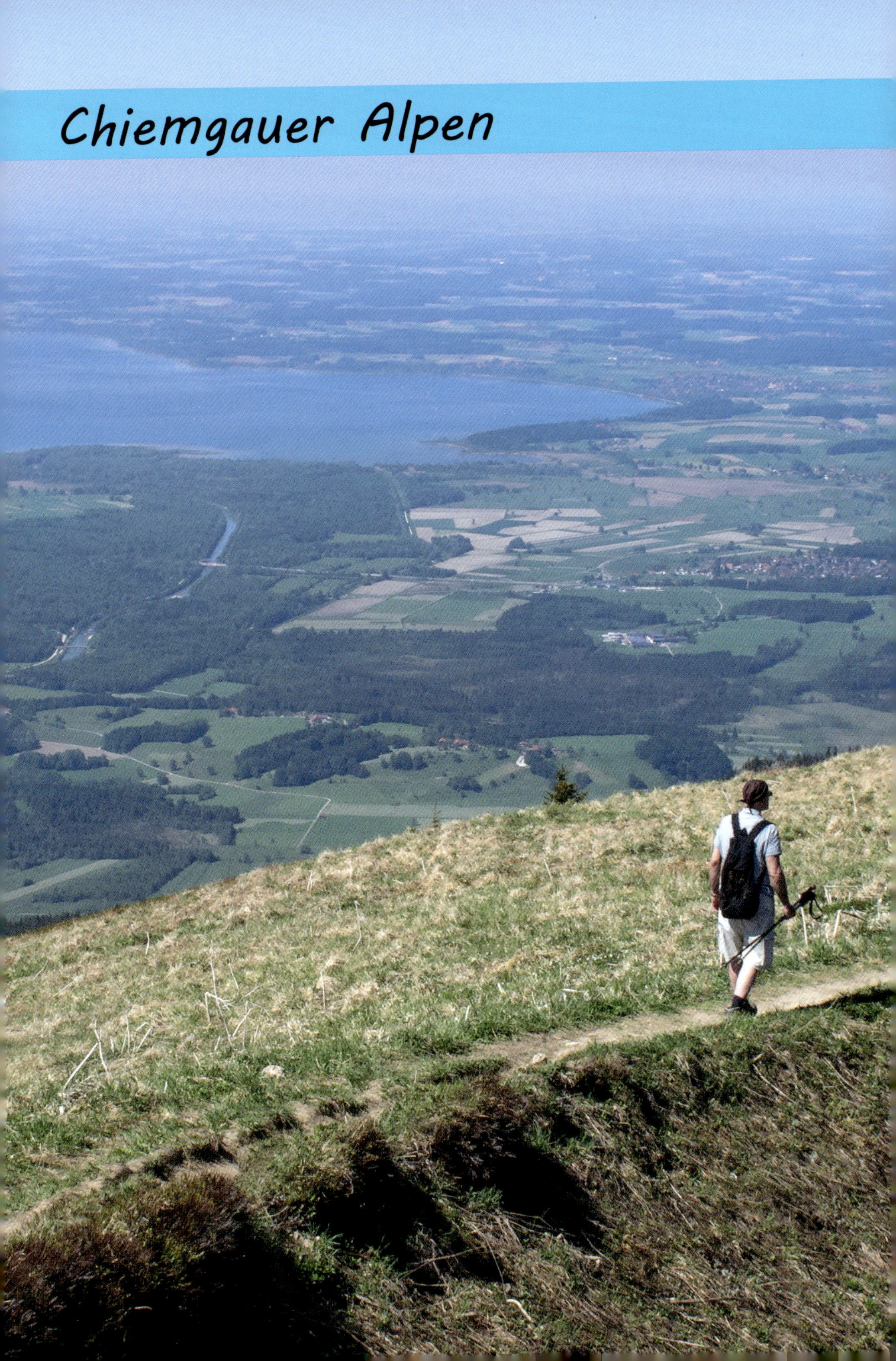
Chiemgauer Alpen

Rabenstein

Vom Kloster Maria Eck blicken viele nach Süden in die schroffe Nordwand dieses versteckten Aussichtsfelsens. Kaum einer wird das kleine Gipfelkreuz des Rabensteins entdecken. Und kaum einer wird uns entdecken, wenn wir in aller Ruhe vom Rabenstein zum Kloster schauen.

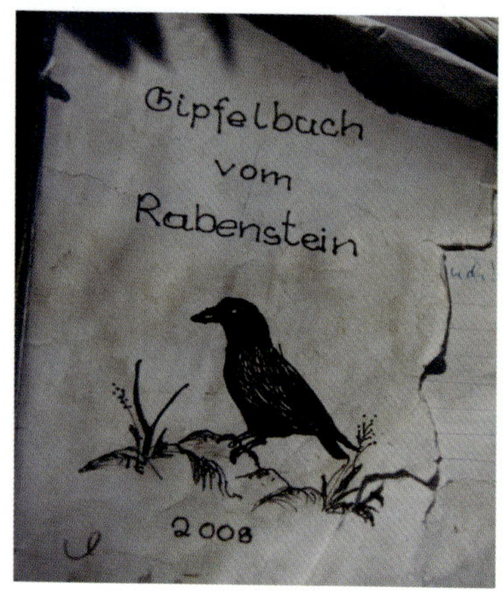

Parkplatz:	Von Siegsdorf zum Kloster Maria Eck	Höhe: 820 m N 47 47.722' E 12 37.304'
Gipfel:	Rabenstein	Höhe: 960 m N 47 47.147' E 12 37.100'
Charakter:	Kurze Rundtour mit exponiertem Aussichtsgipfel. Auch mit klettererfahrenen Kindern machbar, im Gipfelbereich sollte dann ggf. mit Seil nachgesichert werden. Bike & Hike bei Hin- und Rückweg über die Forststraße.	
Markierung:	Zum Teil beschildert	
Einkehr:	Maria Eck	

Vom unteren Ende des Parkplatzes gehen wir auf der Zufahrtsstraße zurück und biegen beim Haus Niederalm rechts ab (Schilder Eisenärzt/Scharam). Nach etwa 200 Metern nehmen wir bei einem Drehkreuz rechts den Schotterweg ins Tal, in Richtung der Diensthütte Diesselbachstube. Dort müssen wir uns entscheiden, ob wir auf kürzestem Weg zum Rabenstein wandern wollen oder eine Rundtour machen: Für die Rundtour nehmen wir die Forststraße mit Beschilderung Rabenstein, Alpine Route 1 h. Der direkte Weg führt links vom Forsthaus – entlang des Zauns und vorbei am Holzschuppen – in den Wald (unten als Rückweg beschrieben).

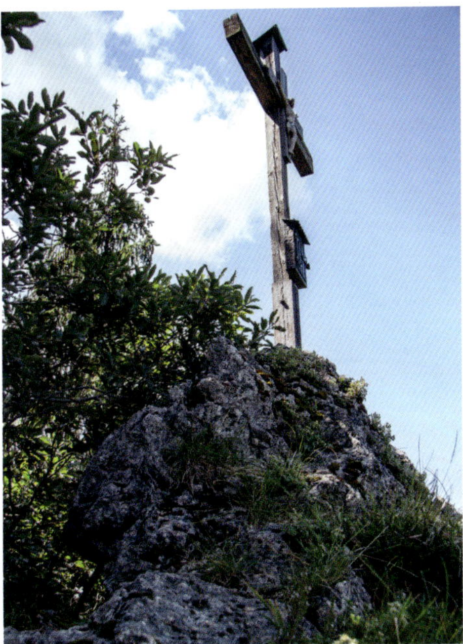

Wir entscheiden uns für die Rundtour und wandern gemütlich auf der Forststraße durch schattigen Wald bis zu einer Kreuzung. Hier biegen wir rechts ab (Beschilderung Rabenstein 40 Min.). Bei der nächsten Gabelung halten wir uns links (rechts geht es nach Maria Eck). In einer deutlichen Rechtskurve führt ein Forstweg geradeaus, wir bleiben jedoch auf der Forststraße nach rechts, welche bald endet. Wir sind nun schon fast am Ziel: Auf Höhe einer blauen Wegmarkierung „72" am Baum und Nordic Walking-Markierung am Baumstumpf führt ein Pfad nach rechts zum felsigen Gipfel des Rabensteins. Am Felsaufbau angekommen sind es zwar nur noch ein paar Meter bis zum Gipfel, doch die erfordern ein bisschen

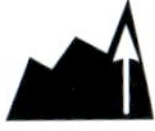

350 Hm

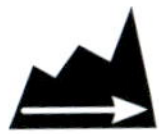

8,5 km

2h30 Runde

Orientierung ●●○
Kondition ●○○
Schwierigkeit ●●●

Kraxelei (UIAA II) und Schwindelfreiheit – zumal am Kreuz kaum Platz für mehr als zwei Wanderer ist.

Für den Rückweg gehen wir wieder auf den Pfad zurück und folgen ihm in westlicher Richtung. Nach etwa fünf Minuten schickt uns ein Holzschild (Ruhpolding) am Baum nach rechts, links geht es hier zum Rabenstein-Rundweg. Auf zugewachsenem Pfad wandern wir hinunter zu einer Forststraße, die wir überqueren und wiederum einem kleinen Pfad bergab folgen. Dieser beginnt rechts neben einem Nordic Walking-Schild und führt zur Diensthütte.

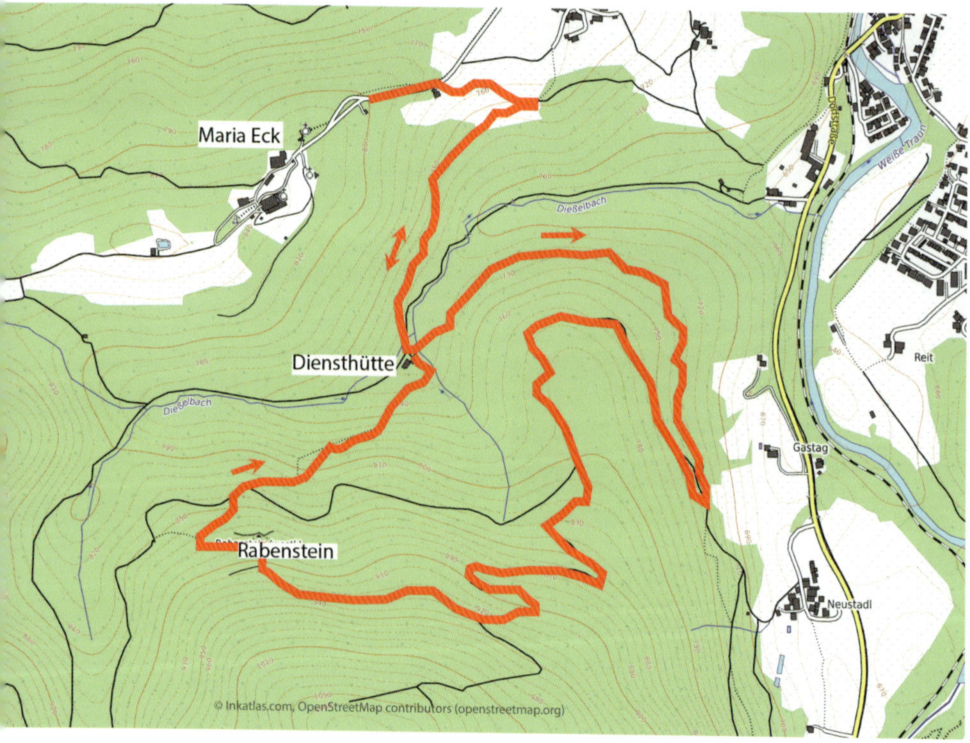

Maria Eck
Diensthütte
Rabenstein
Dießelbach
Weiße Traun
Dorfstraße
Reit
Gastag
Neustadl

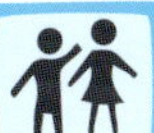

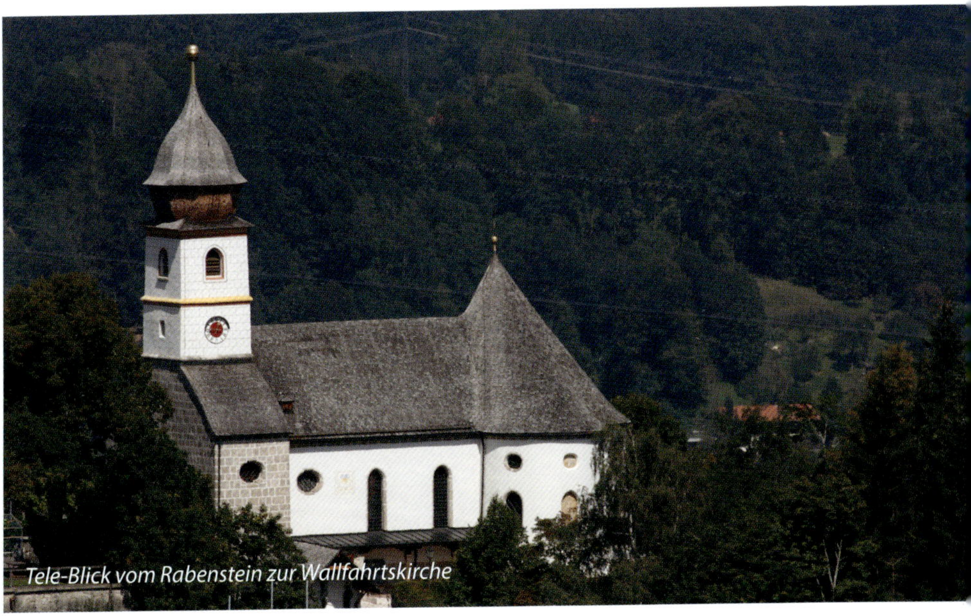

Tele-Blick vom Rabenstein zur Wallfahrtskirche

Maria Eck

Das von Franziskaner-Minoriten geführte Kloster liegt 822 Meter über dem Meeresspiegel und gilt damit als das höchstgelegendste Kloster Deutschlands. Schon 1626, in der Zeit des Dreißigjährigen Kriegs, wurde hier die erste Kapelle errichtet und es fanden erste Wallfahrten statt. Heute gehören zum Konvent sechs Brüder. Sie betreuen jedes Jahr zahlreiche Wallfahrten und Führungen. Einer der Höhepunkte ist die seit 1951 stattfindende Trachtenwallfahrt, bei der rund 2500 Trachtler aus dem gesamten Chiemgau von Siegsdorf zum Kloster hinaufpilgern. Doch trotz des Trubels, der an Wochenenden und Feiertagen rund um das Kloster herrscht, möchten die Brüder bewusst Raum für Entspannung und Sinnsuche bieten: Das Kloster bietet Unterkunft für einen Urlaub als „Kloster auf Zeit".

Quelle: Kloster Maria Eck

Engelstein

Der Engelstein, begangen vom ehemaligen Berggasthof Pattenberg, ist ein Spaziergang – bis auf das spannende Finale. Ganz plötzlich taucht hier im Wald ein richtiger Felsen auf und der „Normalweg“ geht schnurstracks in die Vertikale. Doch nur Mut: Es ist zwar so steil wie es aussieht, aber auch wunderbar griffig. Hände und Füße finden an Wurzeln und Fels optimalen Halt, wir ziehen uns über die „Schlüsselstelle“ – eine gut mannshohe, senkrechte Passage – und schon empfängt uns ein Panoramablick der Extraklasse auf den Chiemsee.

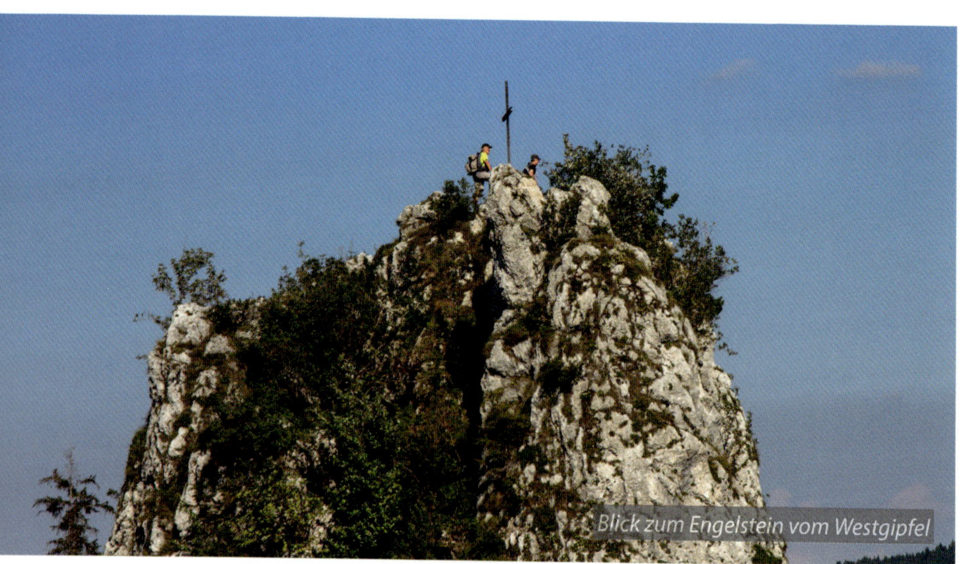

Blick zum Engelstein vom Westgipfel

Wir lassen den Gasthof rechts liegen und laufen auf dem Forstweg in Richtung eines Wildgeheges. An diesem vorbei, der Weg führt mit sanfter Steigung zum Waldrand. Wir folgen dem Forstweg nach links, vorbei an einer Bank und dem Schild: Engelstein. Ein Abzweig nach links wird ignoriert und wir treffen bald auf eine Lichtung. Hier geht es weiter auf einem Wanderweg (gelbes Schild: Engelstein und Höhle).

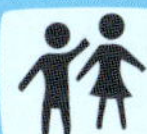

Parkplatz:	Von Bergen-Maxhütte (hinter der Talstation der Hochfelln-Bahn) zum Gasthof Pattenberg	Höhe: 750 m N 47 47.604' E 12 33.918'
Gipfel:	Engelstein	Höhe: 972 m N 47 47.202' E 12 33.053'
Charakter:	Kurze Tour mit Kletterpassage unterhalb des Gipfels (bis UIAA II), Schwindelfreiheit und Trittsicherheit unbedingt erforderlich.	
Markierung:	Nicht durchgängig	

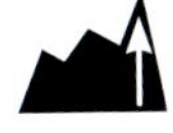

220 Hm

4,1 km

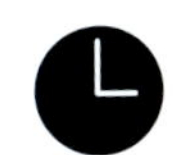

1h Engelstein

Orientierung

●○○

Kondition

●○○

Schwierigkeit

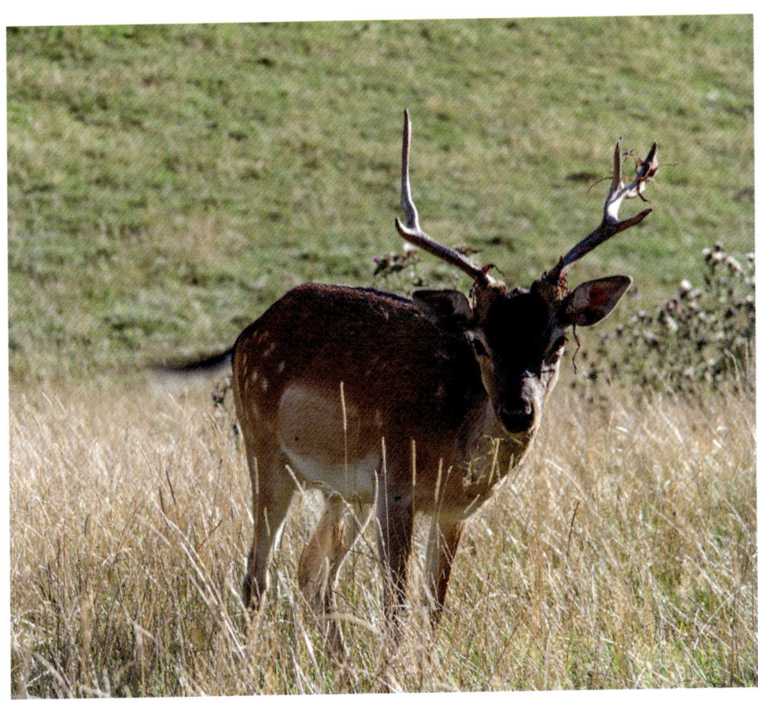

Bald gelangen wir zum Felsfuß und halten uns links in Richtung eines kleinen Kamms mit einer Bank. Blickt man hier nach links, sieht man den Eingang der Engelsteinhöhle. Wir orientieren uns jedoch nach rechts zum Ostgrat des Engelsteins, wo eine kurze Kletterei auf den Gipfel führt (kurze Stellen UIAA I und II, über der Schlüsselstelle ist eine Lasche angebracht, an der Nachsteiger, etwa Kinder, ggf. mit Seil gesichert werden können).

Retour auf gleichem Weg. Wer noch etwas kraxeln möchte, kann zusätzlich den Westgipfel besteigen: Dafür nicht auf dem Wanderweg zur Lichtung absteigen, sondern um den nordseitigen Wandfuß herum in den Sattel zwischen Haupt- und Nebengipfel und auf Trittspuren durch einfaches Gras- und Felsgelände auf den etwas niedrigeren Westgipfel.

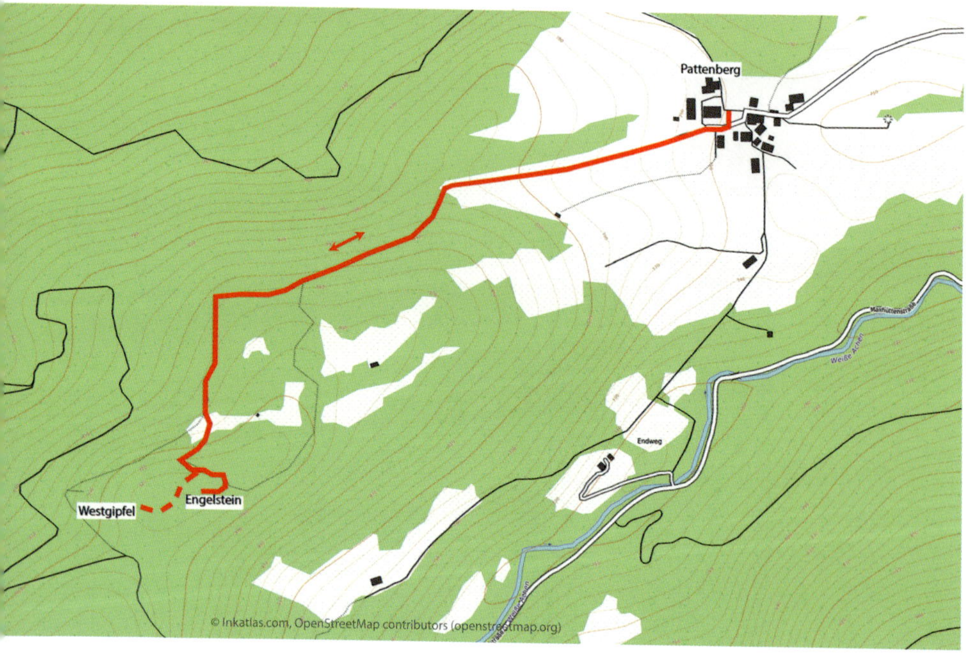

Pattenberg
Engelstein
Westgipfel
Endweg

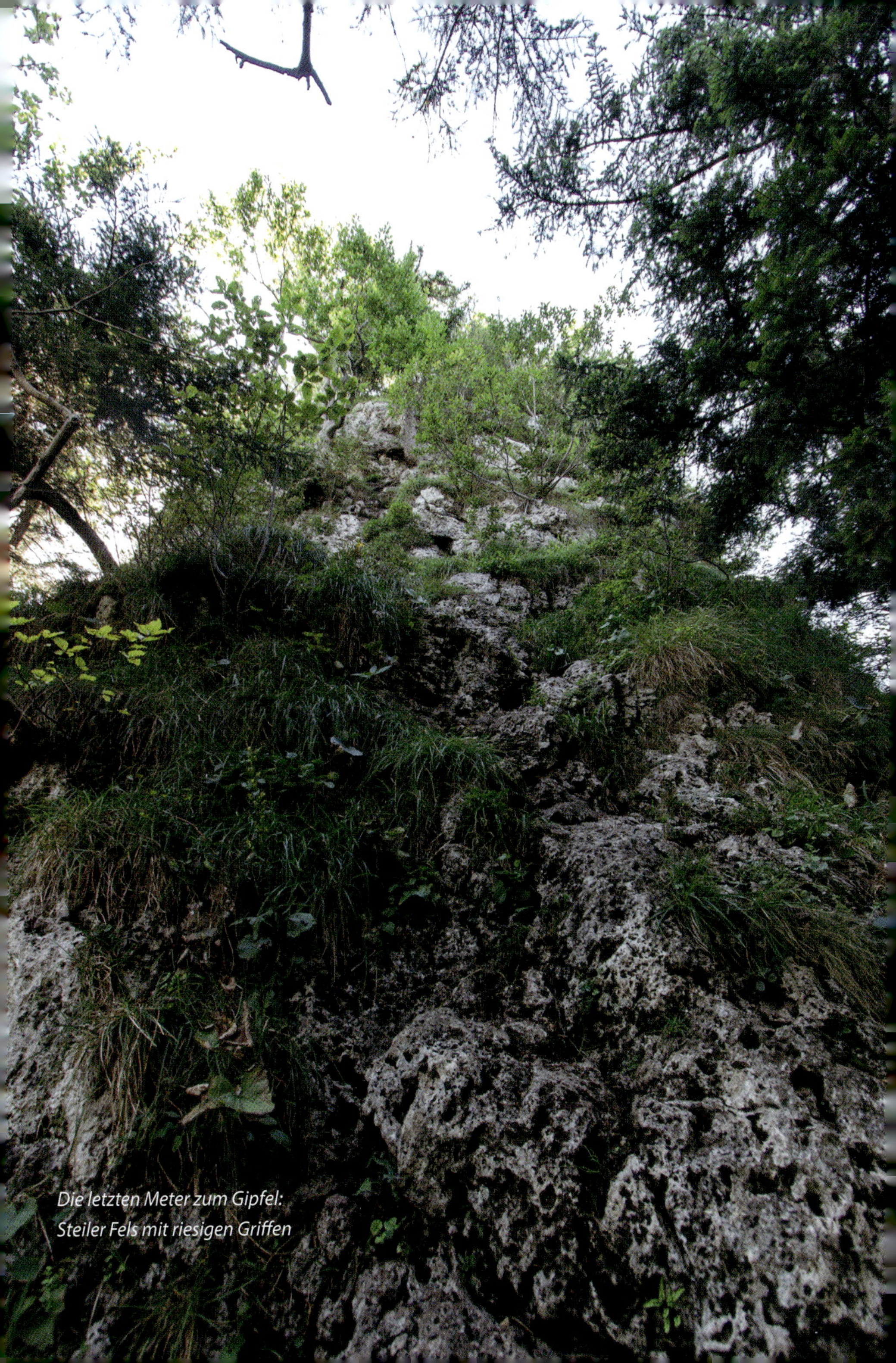

Die letzten Meter zum Gipfel: Steiler Fels mit riesigen Griffen

Silleck bis Hochlerch

Eine absolut lohnende Tour de Force mit insgesamt vier Gipfeln und Panoramablicken vom Feinsten: auf Chiemsee, Chiemgauer Berge und das Achental samt Wössener See. Die einzelnen Gipfel kann man natürlich auch einzeln besuchen, doch mit Start in Staudach macht eigentlich nur die komplette Runde Sinn. Eine grandiose Überschreitung, bei der alles geboten ist: am Silleck ein bisserl den Weg suchen, den steilen Nordosthang des Hochgern verfluchen, überraschend entspannt auf den Zwölferspitz und ein entzücktes „Wow!!!" am Hochlerch.

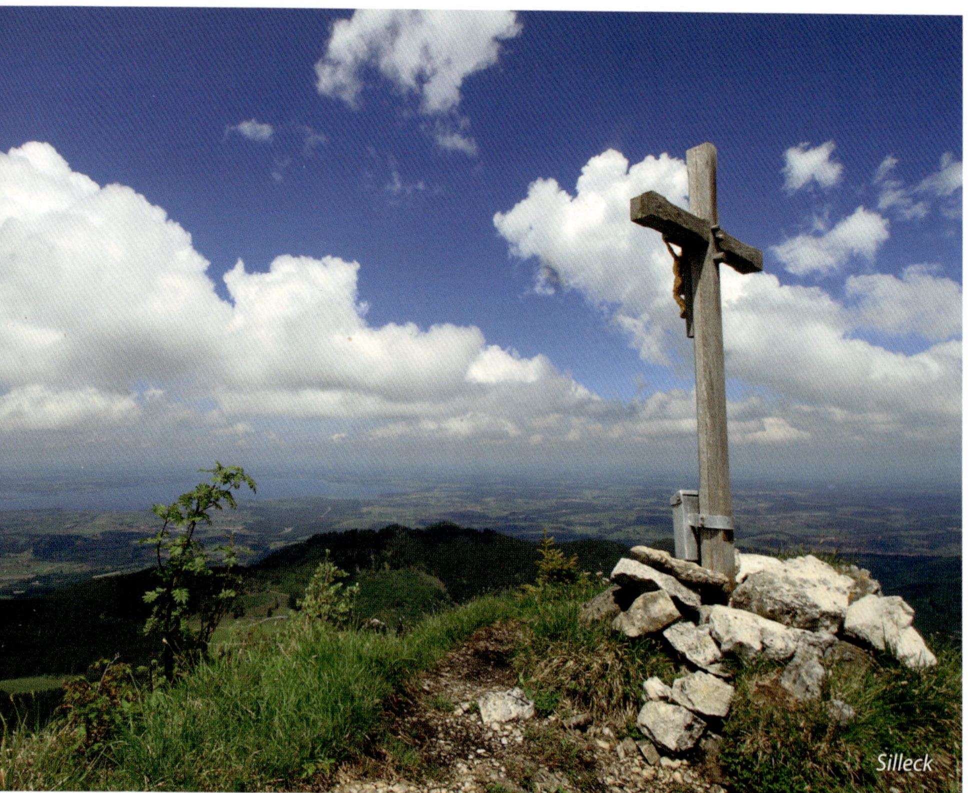

Silleck

Parkplatz:	Von Grassau oder Marquartstein nach Staudach, hier Wanderparkplatz beim Holzplatz	Höhe: 580 m N 47 46.489' E 12 29.101'
Gipfel:	Silleck (1557 m) Hochgern (1748 m) Zwölferspitz (1633 m) Hochlerch (1555 m)	N 47 45.305' E 12 31.402' N 47 45.037' E 12 30.953' N 47 45.119' E 12 30.025' N 47 45.152' E 12 29.816'
Charakter:	Tagestour mit grandioser Überschreitung. Auch als Bike & Hike möglich (Radl-Depot bei der Brachtalm oder unterhalb an der Forststraße). Bei der Auffahrt durchs Alplbach-Tal müssen Normaltrainierte vermutlich ein Stück schieben.	
Markierung:	Im Almgelände, die Anstiege zu den Gipfeln sind unmarkiert.	
Einkehr:	Brachtalm, Staudacher Alm	

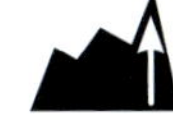

1350 Hm

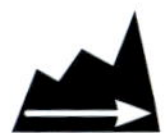

12 km

7 - 8h Runde

Orientierung

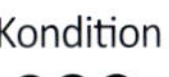

Kondition

●●●

Schwierigkeit

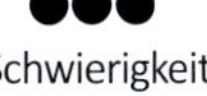

Vom Parkplatz auf der Forststraße am Abzeig zum Staudachdenkmal vorbei und immer Richtung Vorderalm halten. Der auf der Karte etwas eintönige Weg durch das Alplbachtal entpuppt sich als abwechslungsreiche Wanderung durch schattigen Wald, entlang eines wilden Bächleins mit Gumpen und Wasserfällen. Der Weg mündet in eine Forststraße, auf der wir uns links halten. Ein Pfad nach rechts (Schild: Vorderalm) kürzt eine lange Serpentine ab. Wieder auf der Forststraße laufen wir bis rechts eine Forststraße zur Brachtalm, 10 Min. abzweigt. Durch offenes Wiesengelände – je nach Jahreszeit blühen hier Orchideen – erreichen wir bald den Beginn der Alm. Hier folgen wir dem markierten Weg Richtung Hochgern ein kurzes Stück nach rechts, verlassen ihn aber sofort wieder, um am Waldrand entlang an der Alm vorbeizulaufen. Im Talschluss halten wir uns links und steigen, Trittspuren folgend, zunehmend steil durch Wiese und lichten Wald hinauf – bis wir oben am Kamm wieder auf einen Pfad treffen (Schild: Brachtalm). Nach rechts wandern wir nun immer am

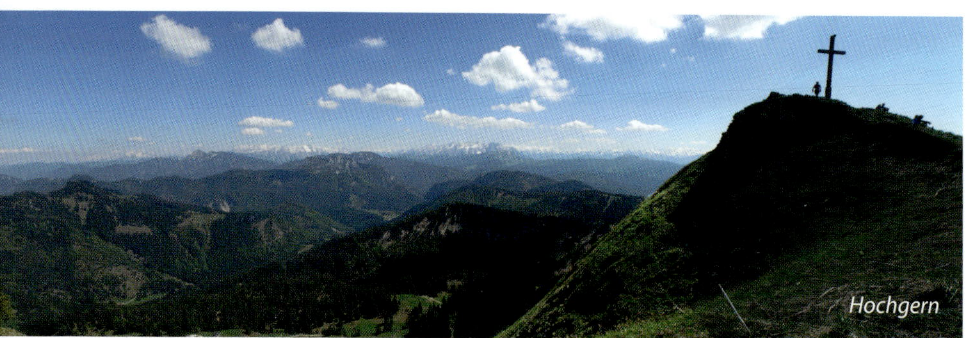
Hochgern

Kamm entlang zum Silleck, wobei der Weg zunehmend felsiger und steiler wird. Auf den letzten Metern führt der Steig um den Felsaufbau des Gipfels herum und wir gelangen durch steiles Grasgelände von hinten auf den Silleck. Von hier sieht man nun schön auf Brachtalm, Vorderalm und die weiteren Ziele unserer Tour: gleich nebenan der Hochgern, dahinter der Zwölferspitz.

Für den Weiterweg nehmen wir den Pfad, der kurz unterhalb des Sillecks vom Anstiegsweg nach rechts abzweigt und in die Mulde unterhalb des Hochgerns führt. Von hier steigen wir auf deutlichem Pfad den grasigen Nordosthang hinauf. Nach oben wird es immer steiler - bis wir plötzlich kurz unter dem Kirchlein am Hochgern stehen.

Vom Gipfel des Hochgerns folgen wir dem breiten Wanderweg und

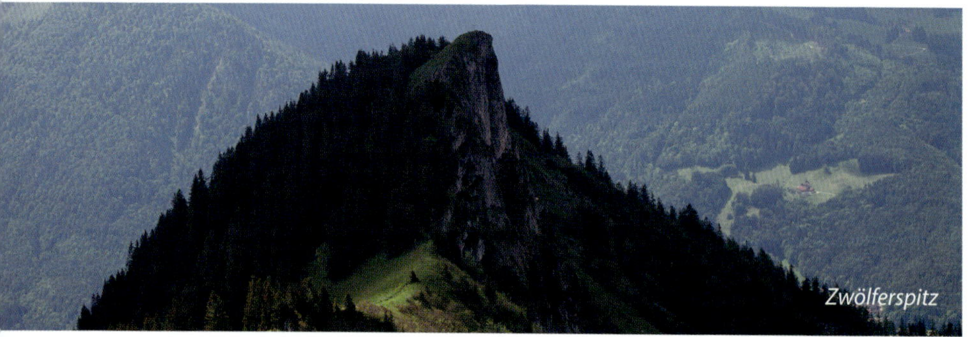
Zwölferspitz

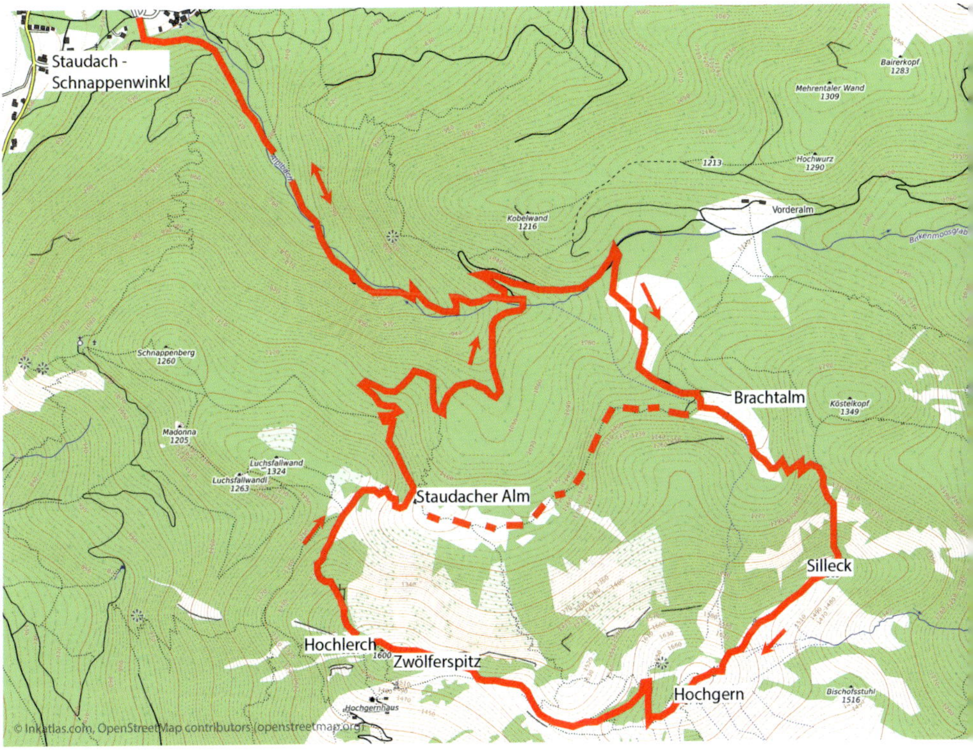

biegen an der ersten Abzweigung nach rechts Richtung Staudacher Alm ab. Dann aber nicht nach unten zur Alm, sondern hinüber Richtung Zwölferspitz queren. Bei Beginn eines Weidegatters verlassen wir den Wanderweg auf Pfadspuren nach rechts und laufen neben dem Weidezaun bis zum Beginn des Gipfelaufbaus. Durch lichten Wald führt nun ein deutlicher, zum Teil etwas steilerer Pfad bis zum Gipfelkreuz.

Zum Hochlerch – sein Kreuz ist bald in Sicht – geht es vom Zwölferspitz den Kamm entlang leicht abwärts. Kurz vor Erreichen dieser grandiosen Aussichtskanzel über dem Achental umgeht der Pfad einen kleinen Felsaufbau rechter Hand, hier ist der Weg kurz seilgesichert.

Am Hochlerch angekommen, erwartet uns ein spektakuläres 270-Grad-Panorama: vom Wössener See, übers Achental, Hochplatte und Kampenwand bis zum Chiemsee.

Zum Abstieg folgen wir dem Pfad, der ein paar Schritte vor dem Gipfelkreuz beginnt und, anfangs recht steil, zur Staudacher Alm führt. Von hier auf der Forststraße oder mit Abkürzung durch den Wald zurück ins Alpltal und auf bekanntem Weg zum Parkplatz. Wer ein Radl an der Brachtalm abgestellt hat, hält sich an der Staudacher Alm rechts (Beschilderung Weg 35 zur Brachtalm).

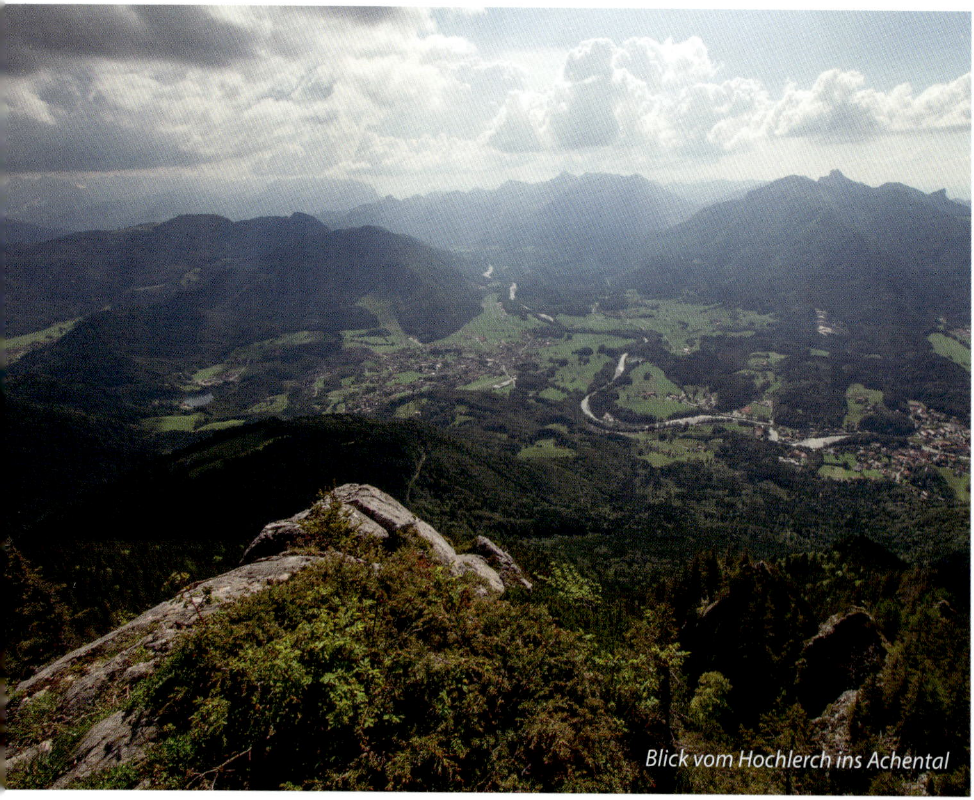

Blick vom Hochlerch ins Achental

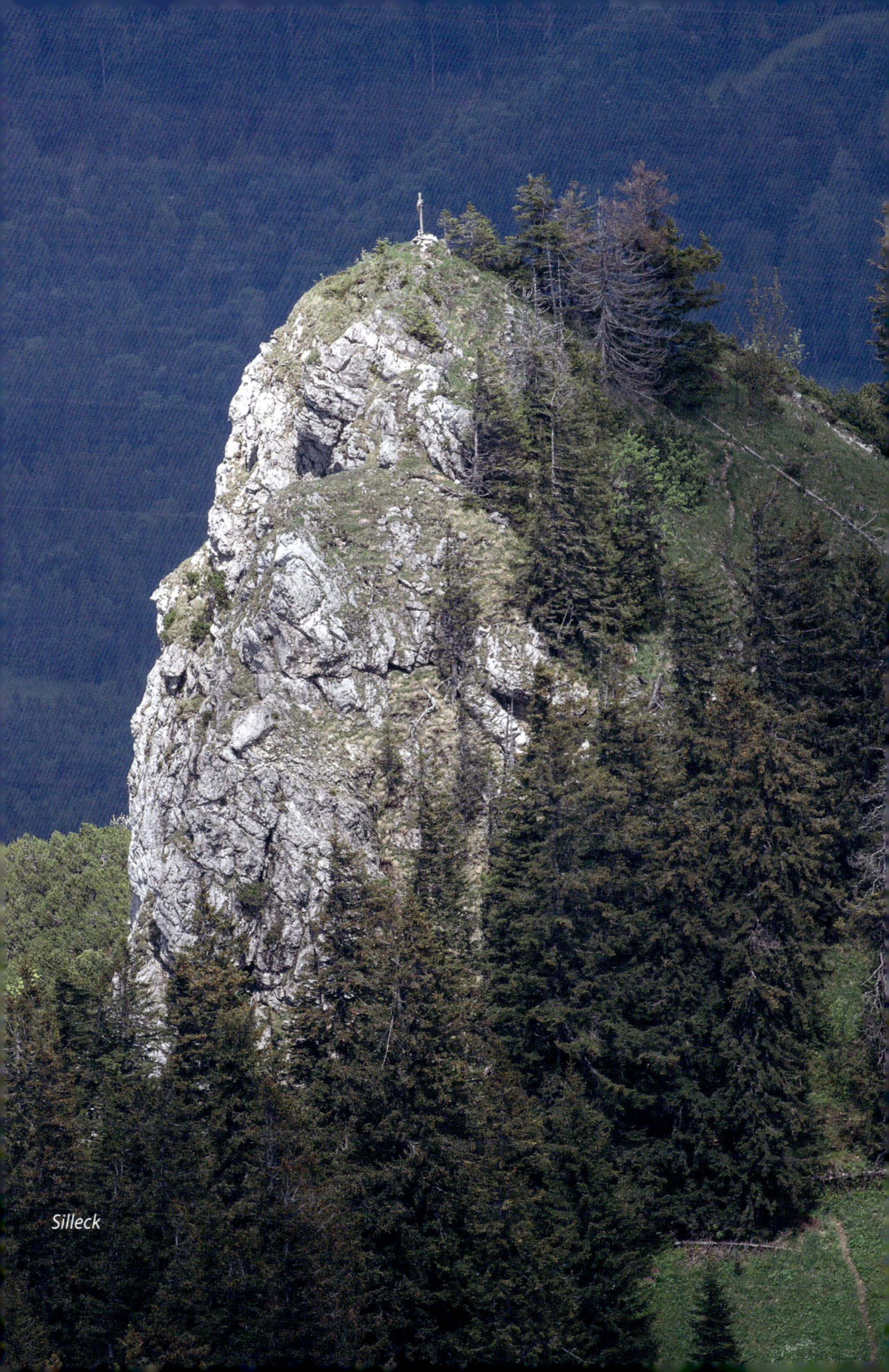
Silleck

Gescheuerwand

Ein heißer Tipp, für Wanderer wie Planespotter. Direkt oberhalb der Startbahn der Segelflieger von Unterwössen können wir entspannt den fast geräuschlosen Fliegern zusehen. Oder man genießt einfach nur die fantastische Aussicht aufs Achental.

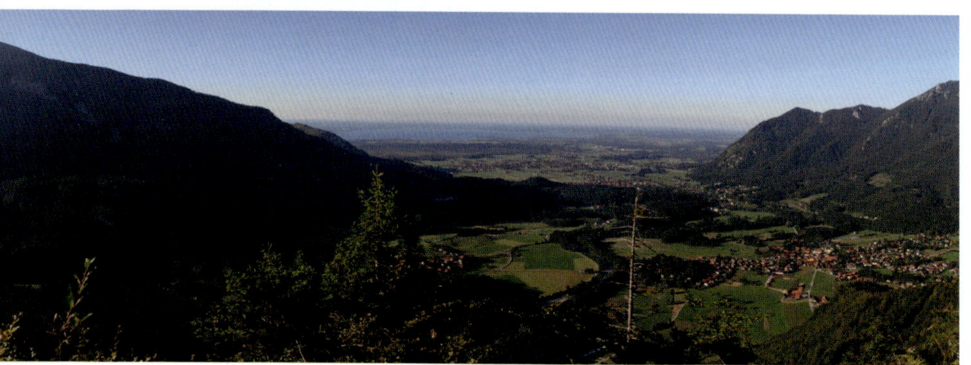

Parkplatz:	B 307 Schleching in Richtung Kössen: kurz nach Ettenhausen steile Bergstraße Richtung Achberg und zur Streichenkirche, Parken am 1. oder 2. Wanderparkplatz (letzterer besser, aber gebührenpflichtig)	Höhe: 780 m N 47 42.255' E 12 24.249'
Gipfel:	Gescheuerwand	Höhe: 1106 m N 47 43.230' E 12 26.046'
Charakter:	Einfache Wanderung, die nahezu ganzjährig machbar ist. Bike & Hike: Bis kurz vor den Gipfel ist mit dem Rad alles auf Forststraßen problemlos fahrbar (Route über den ersten Wanderparkplatz, da im Bereich der Peterer Alm Radfahren verboten ist).	
Markierung:	Nach der Peterer Alm mit gelben Schildern markiert	
Einkehr:	Berggasthof Streichen	

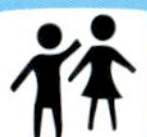

Vom zweiten Wanderparkplatz auf der Forststraße in Richtung Streichenkirche. Bei der ersten Verzweigung halten wir uns jedoch links und zweigen kurz darauf wiederum links Richtung Peterer Alm ab. Über schöne Almwiesen und am Waldrand entlang gelangen wir zur Alm. An dieser rechts vorbei bis wir auf eine Forststraße treffen. Hier wandern wir nach links hinab zur bereits sichtbaren Kreuzung, wo wir den Wanderweg 95 mit Beschilderung zur Gescheuerwand nehmen (von unten kommt hier die Forststraße vom 1. Parkplatz). Auf breiter Forststraße wandern wir nun praktisch parallel zum Achental. Nach einem Aussichtsbankerl und einer markanten Rechtskehre erreichen wir eine Weggabelung und folgen der nach links führenden Forststraße (Wanderweg 94) und dem einige Zeit später folgenden, beschilderten Pfad zur Gescheuerwand. Linkshaltend gelangen wir nach wenigen Schritten zu unserer Aussichtskanzel – mit herrlicher Brotzeitbank und Panoramablick über das gesamte Achental, zum Chiemsee im Norden und Wilden Kaiser im Südwesten.

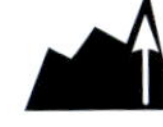

350 Hm

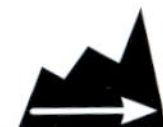

8,8 km

1h15
Gescheuer Wand

Orientierung
●○○

Kondition
●○○

Schwierigkeit
●○○

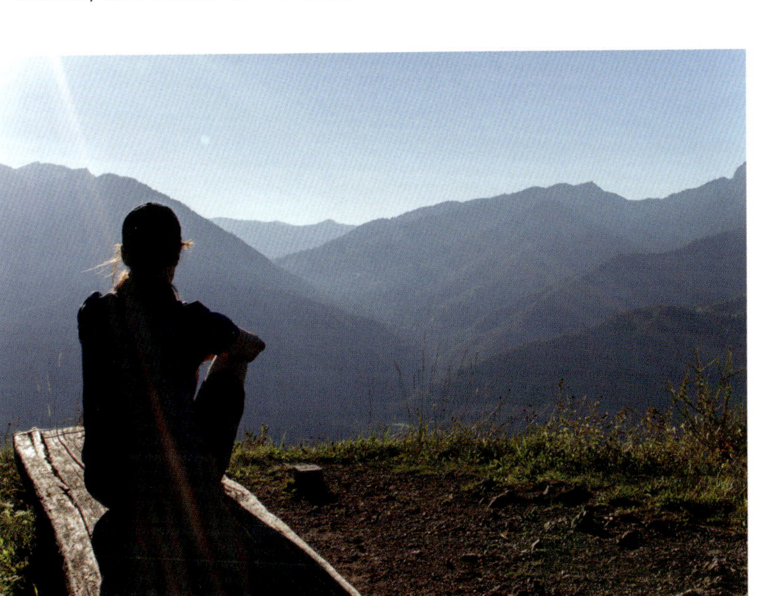

Beim Abstieg können wir noch einen Schlenker zur Streichenkirche und dem Berggasthof machen. Dafür gehen wir, nachdem wir hinter der Peterer Alm wieder den Forstweg erreichen, auf einer Abkürzung (Steig) gerade runter zur Forststraße, die nach links in wenigen Minuten zur Streichenkirche führt.

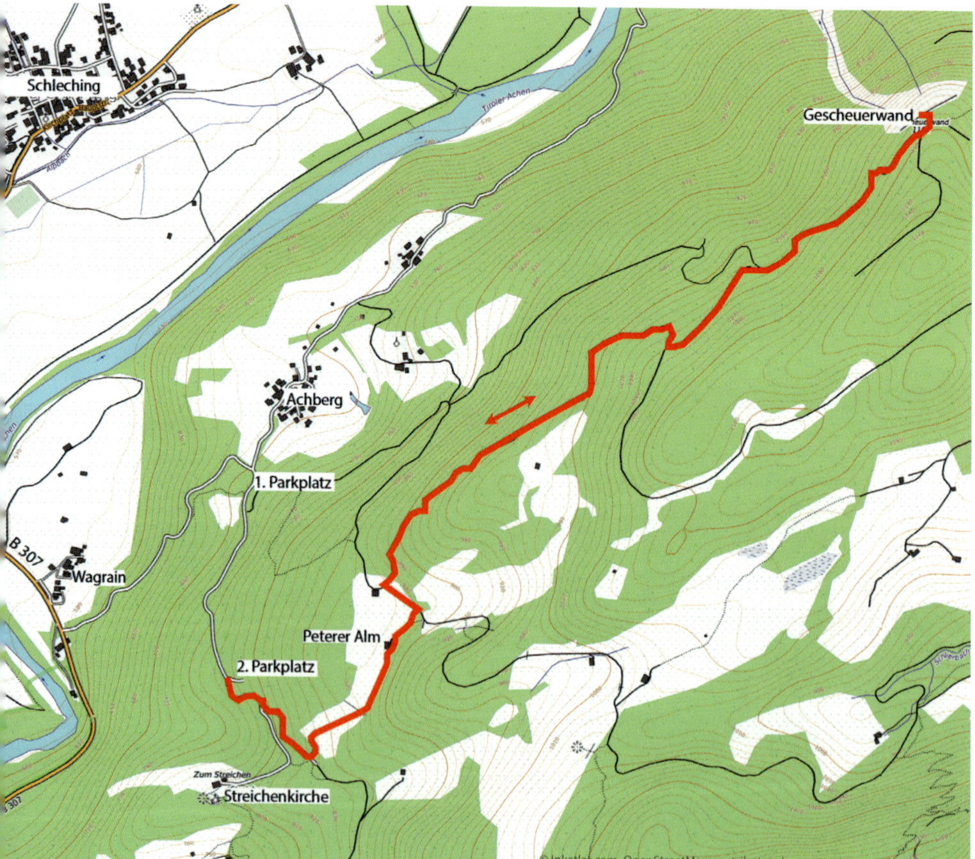

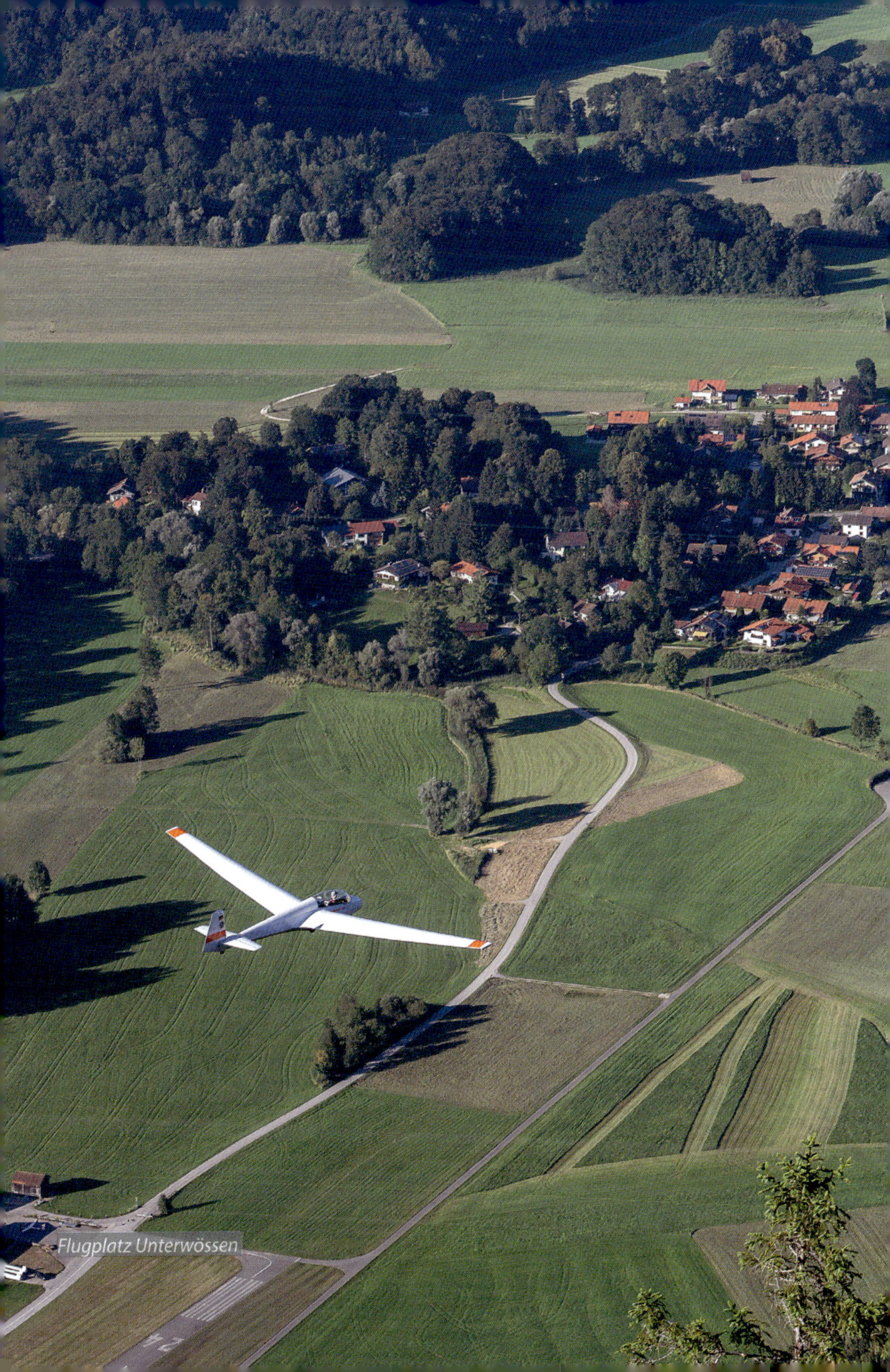

Flugplatz Unterwössen

Teufelstein

Dieser felsige Ausguck über dem Achental fällt schon von der Bundesstraße durch die zwei großen Felslöcher ins Auge: Der Sage nach ist hier der Teufel durchgefahren. Unser Weg ist zwar nicht ganz so spektakulär, aber trotzdem sehr lohnend – nicht nur als Abstecher auf dem Weg zur Hochplatte, sondern auch als eigenes Ziel.

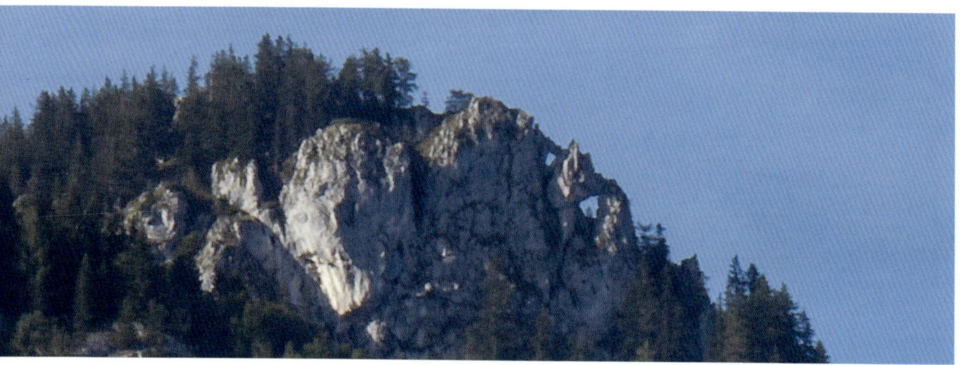

Parkplatz:	Wanderparkplatz in der Dalsenstraße am Beginn des Dalsenbachtals in Mühlau/ Schleching	Höhe: 688 m N 47 43.703′ E 12 23.585′
Gipfel:	Teufelstein	Höhe: 1435 m N 47 44.818′ E 12 24.381′
Charakter:	Kurzweilige Wanderung auf schönen Wegen. Eine Beschilderung zum Teufelstein fehlt zwar, doch dank der neuen Markierung ist dieser Logenplatz recht leicht zu finden. Nur auf den letzten Metern muss man die Augen offen halten. Bike & Hike: bis Oberauerbrunstalm (über Forststraße).	
Markierung:	Hochplatte beschildert bis Abzweig Senke	
Einkehr:	Oberauerbrunstalm	

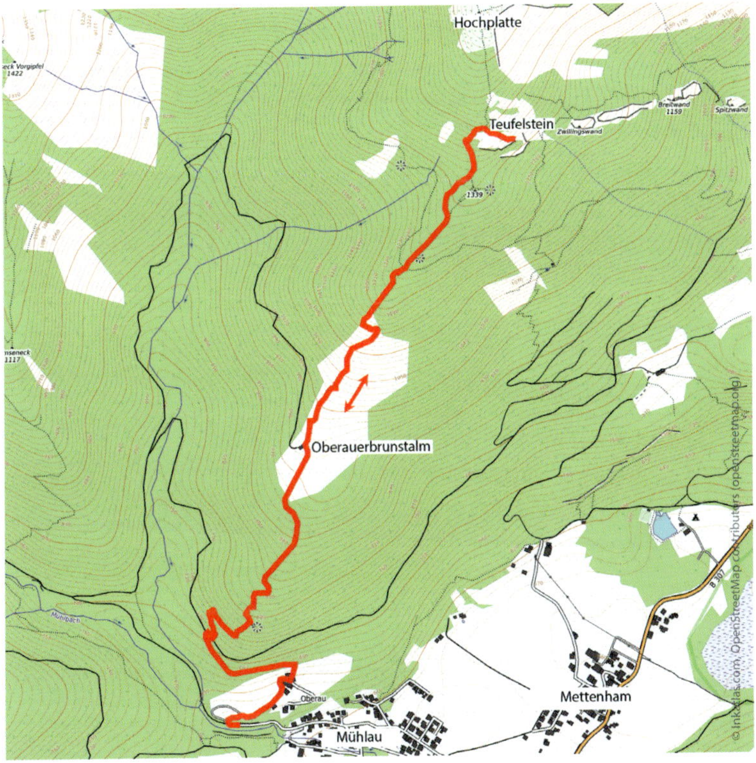

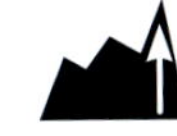

800 Hm

8,4 km

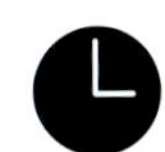

2h15
Teufelstein

Orientierung

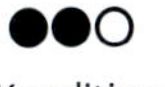

Kondition

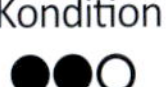

Schwierigkeit

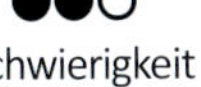

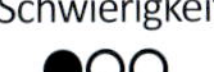

Beim Parkplatz am Beginn des Dalsentals nehmen wir die asphaltierte Straße nach rechts in Richtung Oberauerbrunstalm. Nach kurzem Anstieg (die Straße lässt sich auch über einen Wiesenpfad am Waldrand abkürzen) erreichen wir ein Gehöft. Hier folgen wir der Beschilderung zur Oberauerbrunstalm nach links. Der Weg führt in östlicher Richtung in den Wald und trifft bald auf eine Forststraße, die wir überqueren und weiter der Beschilderung zur Oberauerbrunstalm folgen. Durch schönen Mischwald steigen wir immer weiter hinauf und erreichen hinter einem Gatter die offenen Almwiesen.

Ab der Almhütte (970 m) wird es nun deutlich steiler: In engem Zick-

Zack schlängelt sich der Weg (Beschilderung zur Hochplatte) den breiten Wiesenhang hinauf bis zum Waldrand. Hier lädt ein Holzbänkchen zum Durchschnaufen und einer ersten Panoramapause ein.
Unser Pfad wird nun zunehmend flacher. Er führt durch lichten Wald am Grat entlang, um dann in einer Senke auf den Wanderweg 62 Hochplatte/Raiten (1250 m) zu treffen. Hier wandern wir geradeaus weiter (Beschilderung: Hochplatte 45 Min.) Der Weg ist mit vielen blauen Punkten markiert. Er führt erst an einem Routenbuch mitten im Wald vorbei

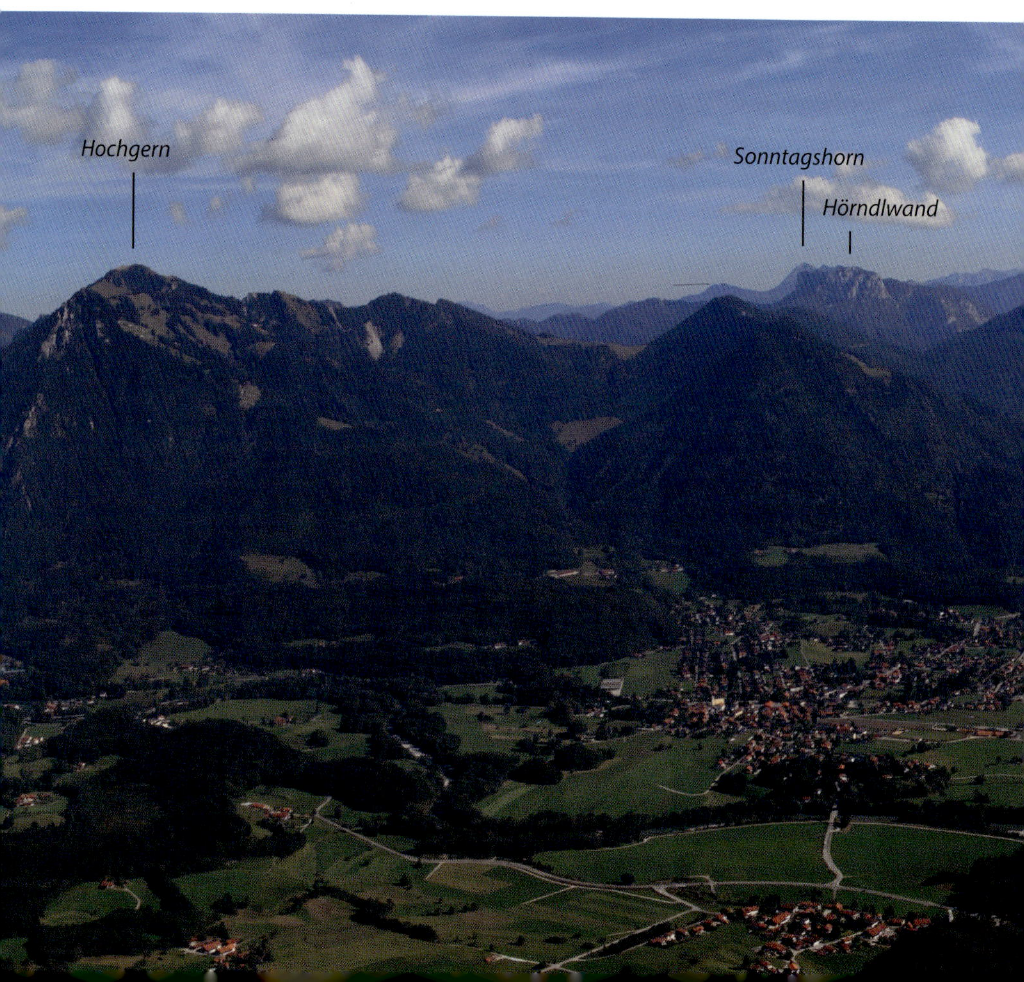

und folgt dann linkshaltend immer mehr oder weniger der Hangkante. Auf den Abzweig zum Teufelstein treffen wir kurz vor einer Grathöhe: Hier zweigt ein deutlich erkennbarer Pfad scharf nach rechts ab und zieht sich unterhalb von Felsen entlang. Wir folgen dem Pfad und treten schon nach ein paar Schritten aus dem Wald heraus. Linker Hand liegt nun der höchste Punkt. Wir laufen aber noch ein Stück geradeaus weiter zum felsigen Logenplatz des Teufelsteins, von dem aus wir das großartige Panoramakino über dem Achental genießen.

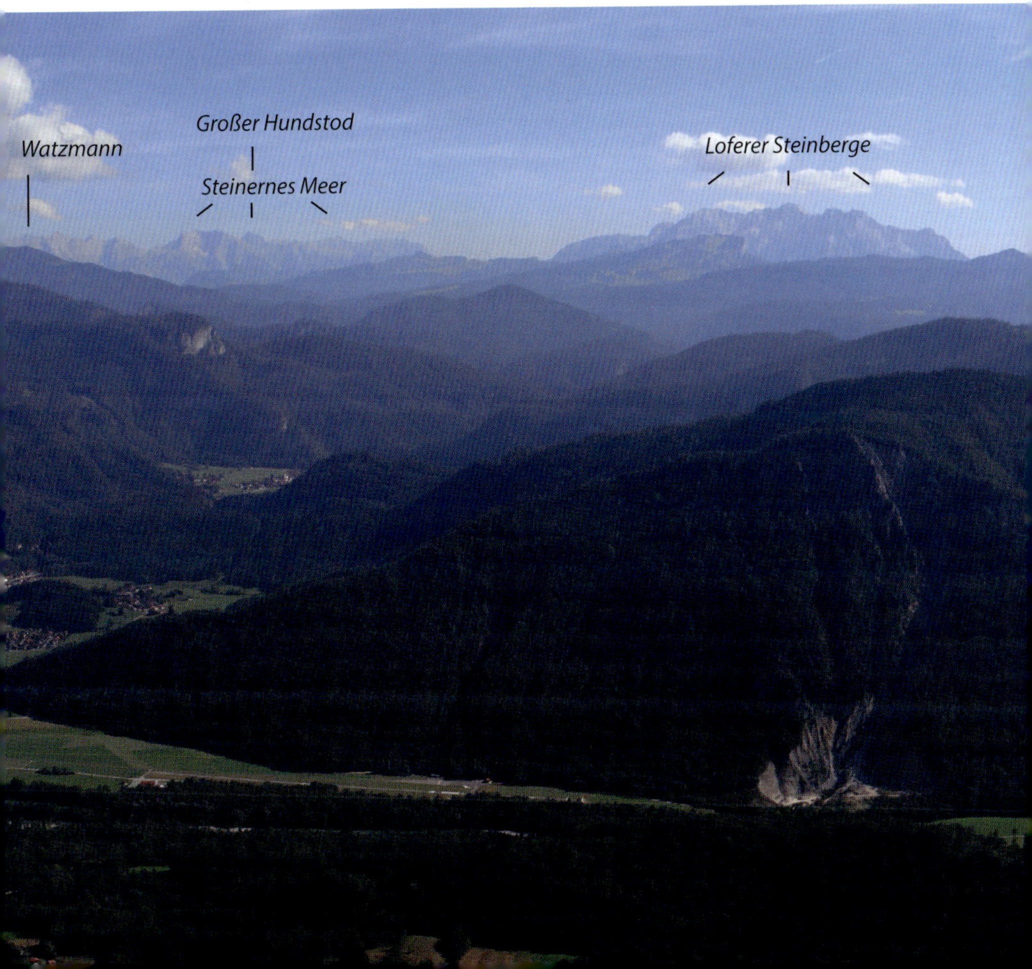

Watzmann
Großer Hundstod
Steinernes Meer
Loferer Steinberge

Friedenrath

Wenn das Gipfelkreuz nicht am höchsten Punkt steht, muss es wohl wegen der Aussicht sein. So auch beim Friedenrath: Die felsige Aussichtsschanze zwischen Hochplatte und Chiemsee versteckt sich still und heimlich ohne Wegweiser, als wolle sie nicht gefunden werden und den Panoramablick für sich behalten.

Vom oberen Ende des Parkplatzes folgen wir der Forststraße zur Staffnalm. Im unteren Bereich gibt es mehrere Abkürzungen, etwa bei der zweiten (Links)Kehre: Hier ist rechter Hand ein Pfad erkennbar. Wo der Pfad zum zweiten Mal die Forststraße kreuzt (Höhe 730 m), laufen wir diese links weiter und passieren bald einen Wegweiser zum Höhenrundwanderweg Staffn/Kampenwand/Hochplatte. (Wir könnten der Abkürzung auch weiter folgen, allerdings wird der Pfad, bevor er wieder auf die Forststraße trifft, sehr steil.) Durch schattigen Wald und ein Bächlein kreuzend geht es nun die Forststraße hinauf. Kurz vor Erreichen der Staffnalm und der Hochplattenbahn-Bergstation biegen wir links ab (Wegweiser Piesenhauser Hochalm/Kampenwand/Hochplatte).

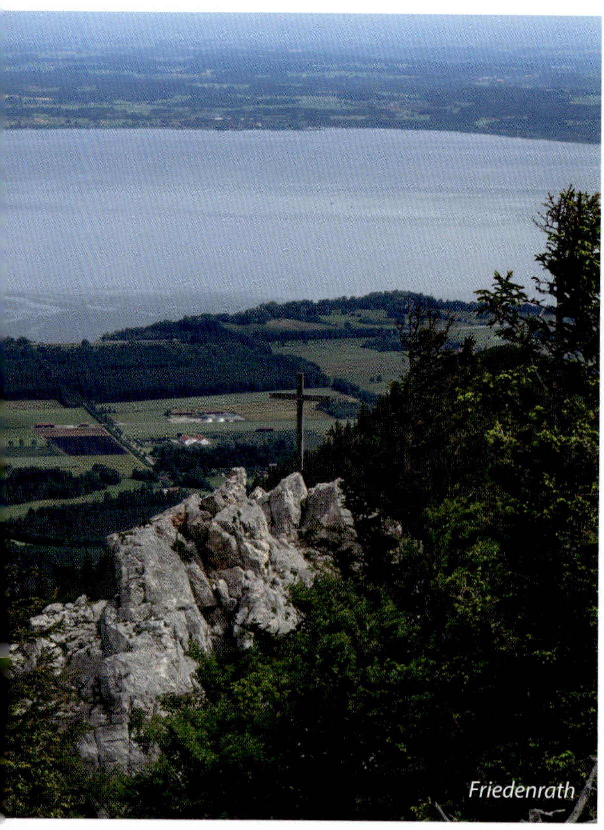
Friedenrath

Bei allen Abzweigungen folgen wir nun immer der Beschilderung zum Bergwalderlebnispfad. Links über uns ist bald schon der

Parkplatz:	Von Marquartstein oder Grassau zur Talstation der Hochplattenbahn	Höhe: 618 m N 47 45.672' E 12 26.126'
Gipfel:	Friedenrath	Höhe: 1432 m N 47 45.665' E 12 24.342'
Charakter:	Etwas steilerer Pfad zum höchsten Punkt und Gipfelkreuz, dort felsig und Trittsicherheit nötig. In Kombination mit der Hochplattenbahn auch für Familien gut machbar. Im Gipfelbereich müssen Kinder dann beaufsichtigt werden. Bike & Hike: Über die Staffnalm bis zum Abzweig lässt sich der Aufstieg gut radeln, im weiteren Verlauf mit dem Radl zwar machbar, aber etwas ruppiger. Generell mit dem Radl bis zum Sattel zwischen Friedenrath und Haberspitz möglich, evtl. Schiebepassagen im Aufstieg, abwärts sollte alles fahrbar sein.	
Markierung:	Entlang der Forststraße: drei blaue Gipfel auf gelbem Grund (SalzAlpenSteig), oben nicht markiert	
Einkehr:	Staffnalm (mit Kinderspielplatz), Rachl- oder Hefter-Alm	

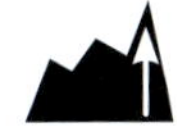

850 Hm

10 km

2h30
Friedenrath

Orientierung
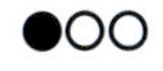

Kondition
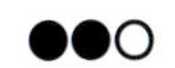

Schwierigkeit
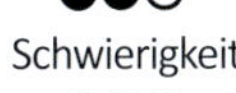
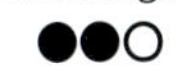

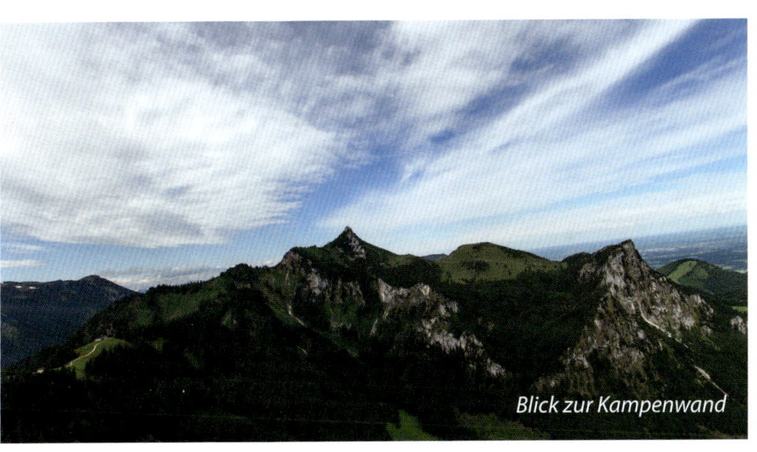

Blick zur Kampenwand

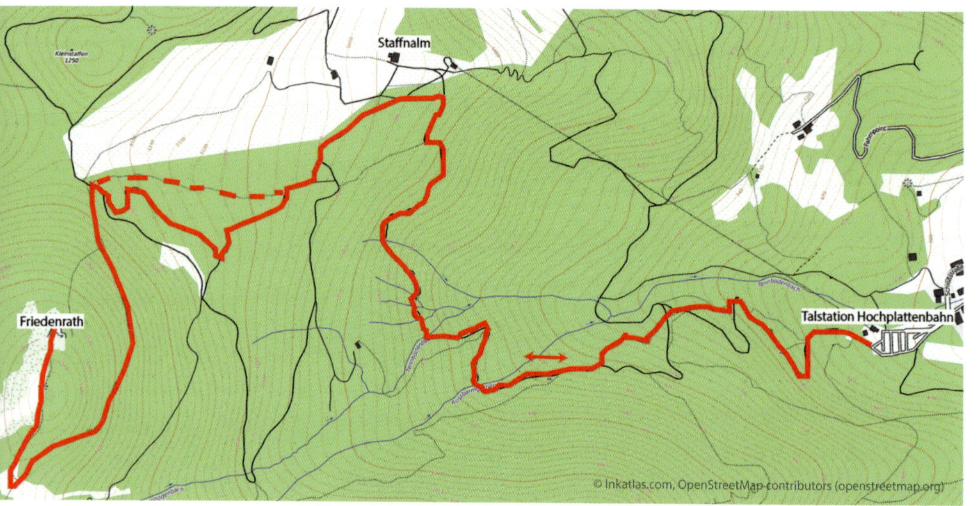

felsige Friedenrath mit seinem Kreuz zu sehen. Unser Weg führt hoch zu einer Forststraße, auf der wir ein paar Schritte nach rechts bis zu den Ausläufern der Staffnalm laufen. Hier folgen wir dem Wegweiser Piesenhauser Hochalm/Kampenwand/Hochplatte schräg links in den Wald. Auf schönem Wanderweg queren wir nun unterhalb des Friedenraths bis in den Wiesensattel zwischen unserem Gipfel und Haberspitz.

Hier passieren wir ein Drehkreuz und folgen Pfadspuren nach rechts ein paar Schritte die Wiese hoch. Dort wieder nach rechts auf deutlichem Pfad. Wir passieren ein weiteres Drehkreuz und steigen durch lichten Mischwald bis knapp unter den höchsten Punkt des Gipfelmassivs, der sich unschwer erkraxeln lässt. Jetzt sehen wir auch schon den Felsgipfel mit Kreuz nördlich vor uns, welchen wir über den Pfad in wenigen Minuten erreichen. Hier wartet nun unser Logenplatz mit überraschender Aussicht auf den Chiemsee mit seinen Inseln und das Voralpenland im Norden und Richtung Kampenwand im Westen.

Rückweg auf derselben Route. Beim Queren der obersten Forststraße können wir gleich rechts neben dem Almzaun über einen schmalen

Pfad abkürzen. Dieser führt durch Wald und Wiese noch vor der Staffnalm wieder auf die Forststraße.

Nicht nur gehen, sondern die schönen Dinge am Wegrand sehen

„Schaug a moi, a Türkenbund-Lilie", spricht mich eine ältere Dame auf der Forststraße an. „Derfsd ned so schnej geh, dann siggst a was!" Das stimmt schon, ich versuche wirklich die langweilige Forststraße schnell hinter mich zu bringen, freu' mich aber, dass mich die Dame aufmerksam macht. Es ist Anfang Juni, der Türkenbund braucht noch ein paar Tage, bis sich die turbanartige Blüte öffnet. Auch Waldvögelein sehe man hier oft, sagt die Wanderin noch. Also auf jeden Fall wiederkommen und dann die monotone Forststraße mit gespannter Vorfreude absuchen – nach versteckten Schönheiten, die mit zunehmendem Wandertempo immer unsichtbarer werden.

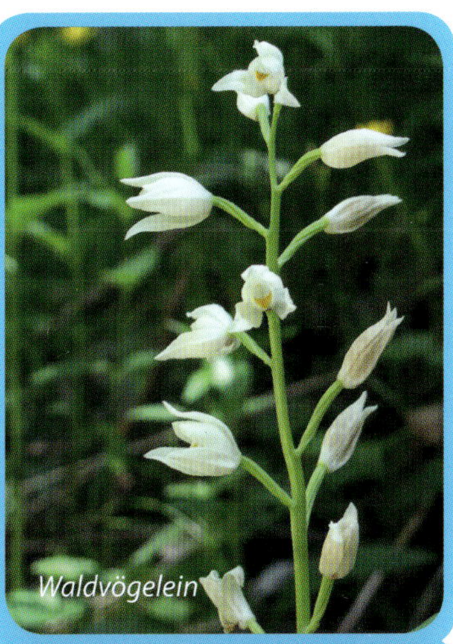
Waldvögelein

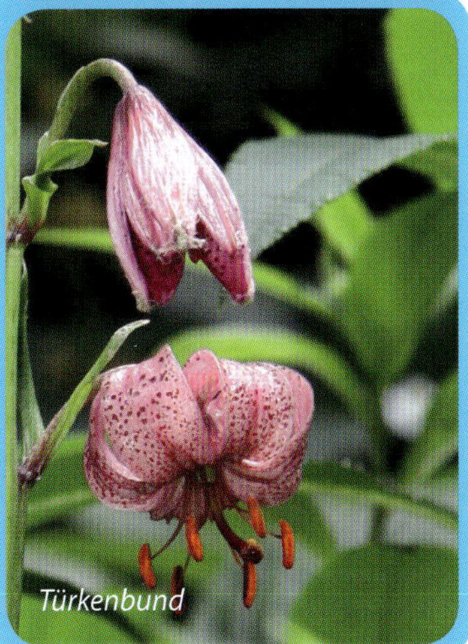
Türkenbund

Sonnwendwand

Nach Süden sanft, mit Almen, Kühen, Wald und Bächlein – nach Norden so steil, dass man am Gipfel keinesfalls einen Schritt zu weit machen sollte. Ein leicht zu erreichender, aber trotzdem etwas versteckter Logenplatz im Kampenwandgebiet, der schon beim Aufstieg mit faszinierenden Weitblicken überrascht.

Parkplatz:	Wanderparkplatz (gebührenpflichtig) in Hainbach, direkt an der Straße von Aschau nach Sachrang	Höhe: 669 m N 47 44.007' E 12 18.222'
Gipfel:	Sonnwendwand	Höhe: 1512 m N 47 44.778' E 12 20.066'
Charakter:	Schöne Tour mit überraschendem Gipfel. Auch für Familien mit größeren Kindern gut geeignet, aber Vorsicht wegen Absturzgefahr im Gipfelbereich. Bike & Hike: bis Hofbauernalm (über die Hintere Dalsenalm ab Schleching-Mühlau). Der für die Wanderung beschriebene Weg durch das Klausbachtal ist mit dem Radl in der Auffahrt ziemlich steil und weniger empfehlenswert, aber durchaus machbar.	
Markierung:	Beschildert bis Hofbauernalm	
Einkehr:	Hofbauernalm	

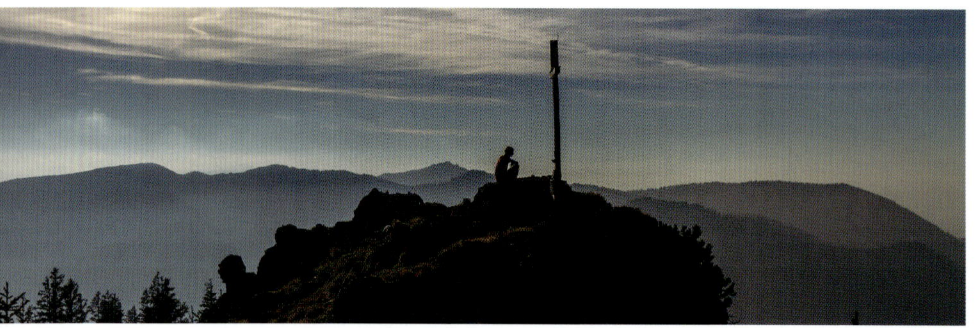

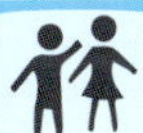

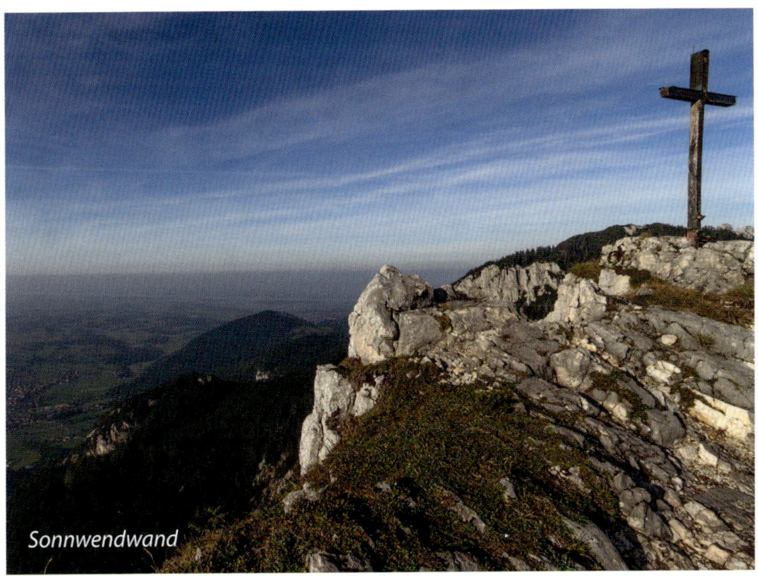
Sonnwendwand

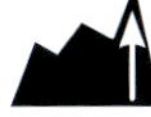
850 Hm

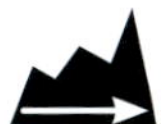
12 km

2h30
Sonnwendwand

Orientierung
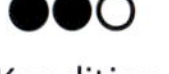
Kondition
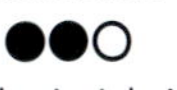
Schwierigkeit
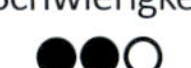

Vom nördlichen Ende des Wanderparkplatzes folgen wir der Beschilderung. Auf asphaltierter Straße geht es erst zu einigen Häusern und dann auf steiler werdendem Forstweg in den Wald. Bald wird es wieder flacher und wir wandern durch den Klausgraben. Anfangs geht es am Bach entlang – an warmen Tagen könnte man hier schnell das Ziel aus den Augen verlieren und die Tour schon in den schönen Gumpen und kleinen Wasserfällen beenden. Später entfernt sich der Forstweg vom Bach und wird zunehmend steiler. Nach einigen Serpentinen erreichen wir eine Almfläche, geradeaus geht es hier zum Geigelstein. Wir folgen jedoch dem nach links abzweigenden Forstweg, auf dem wir kurze Zeit später eine Forststraße erreichen. Wir überqueren diese (Schild: Hofbauernalm Fußweg 40 Min.) und gelangen bald zu einer idyllischen Wiese mit der Dalsendiensthütte. Hier rechts vorbei und auf schönem Wanderweg durch anfangs sanftes, später etwas steileres Almgelände in den Wald. Nach einer Felswand trifft der Weg auf eine Forststraße. Wir

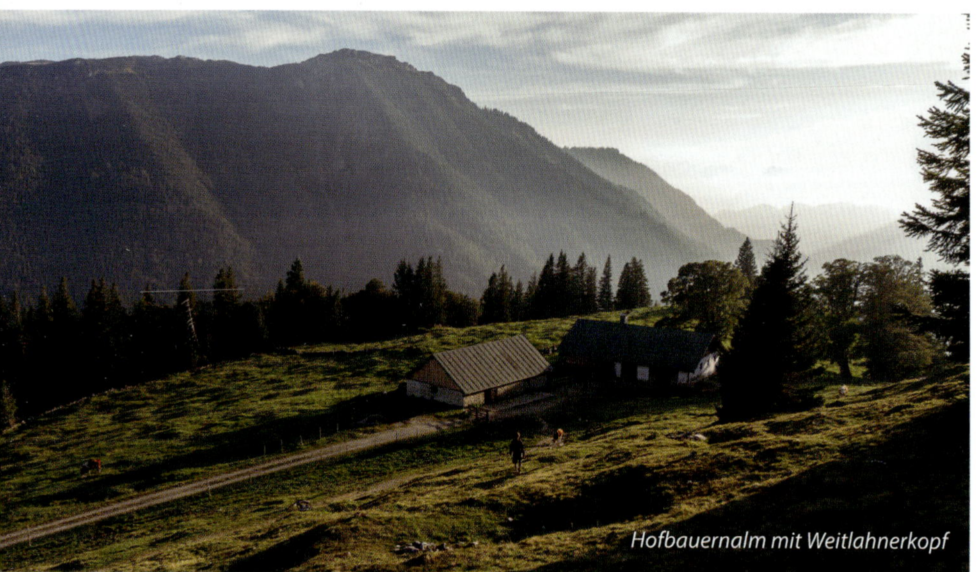

Hofbauernalm mit Weitlahnerkopf

folgen der Beschilderung nach rechts zur Hofbauernalm, die schnell erreicht ist. Schon von hier bieten sich faszinierende Panoramablicke nach Süden und Osten, ein kurzer Stopp lohnt also unbedingt.

Für den Aufstieg zur Sonnwendwand nehmen wir von der Alm den Wanderweg in Richtung Kampenwand, der sich rechts den Hang hochzieht. Nach etwa fünf Minuten erreichen wir eine kleine Einzäunung mit einem Masten. Hier verlassen wir den Wanderweg und steigen weglos nach links die sanften Almwiesen hinauf, uns immer parallel zum Waldrand haltend. An einem freistehenden Baum (Schild: Zum Gipfelkreuz) wandern wir geradeaus vorbei. Jetzt müssen wir Ausschau nach Pfadspuren halten: Bald führt ein deutlicher Pfad in den Wald hinein. Dieser wird zunehmend steiniger und auch etwas steiler. Bei einer Verzweigung halten wir uns links und erreichen nach unschwieriger Kraxelei das Gipfelkreuz.

Nach Norden öffnen sich nun grandiose Tiefblicke, auf das Priental mit Schloss Hohenaschau, Chiemsee und Kampenwand. Doch Vorsicht: Genauso tief wie man hier schauen kann, geht es auch hinunter, nach Norden fällt die Sonnwendwand fast senkrecht nach unten. Weniger schwindelerregend sind die Blicke nach Osten und Süden. An klaren Tagen sieht man Watzmann, Hochkönig und sogar bis in die Hohen Tauern. Im Süden liegt uns der Weitlahnerkopf gegenüber.

Der Rückweg folgt der Anstiegsroute. Als Abkürzung können wir oberhalb der Hofbauernalm weglos direkt zur Alm hinuntersteigen.

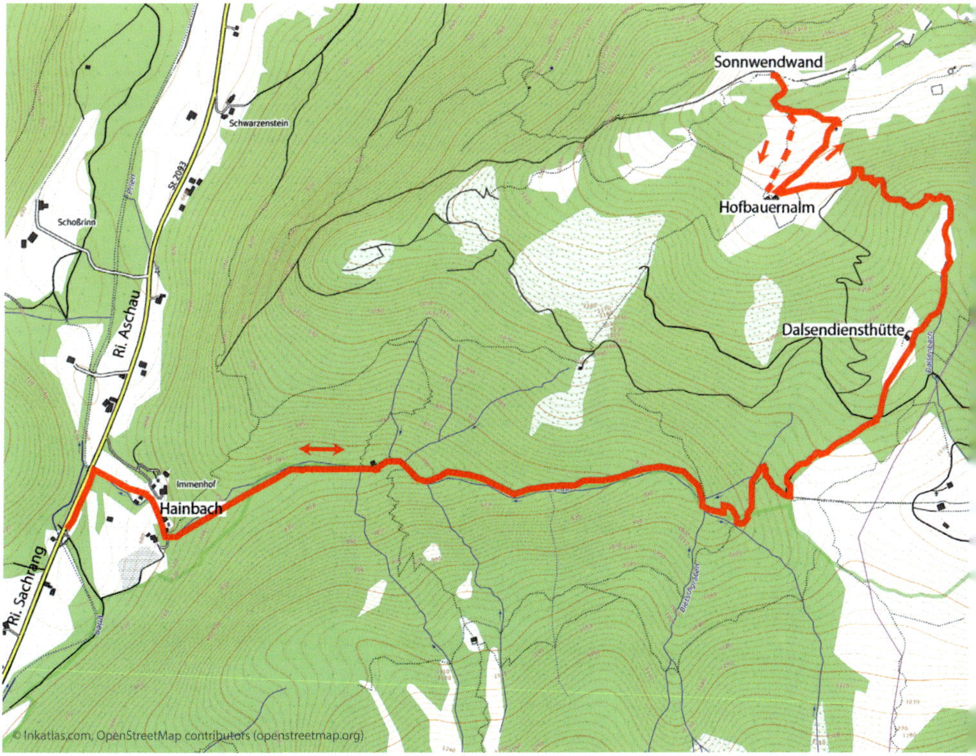

Zellerhorn Reibn

Auf dieser spannenden Gratwanderung zwischen Hammer- und Laubenstein genießen wir luftige Fernsicht vom Allerfeinsten: vom Hochries, über Sims- und Chiemsee, Kampenwand bis in die Berchtesgadener Alpen. Man hätte diese Tour auch Hammerstein Reibn nennen können. Denn das ist sie wirklich: der Hammer!

Parkplatz:	Großer Parkplatz bei der Festhalle in Hohenaschau	Höhe: 607 m N 47 45.993' E 12 19.425'
Gipfel:	Hammerstein (Gehzeit ab Hohenaschau knapp 2h)	Höhe: 1278 m N 47 45.599' E 12 17.699'
	Zellerhorn (ab Hammerstein 30-40 Min.)	Höhe: 1360 m N 47 45.354' E 12 17.648'
	Jagerwand (ab Zellerhorn 20 Min.)	Höhe: 1396 m N 47 45.248' E 12 17.507'
	Zellerwand (ab Jagerwand 20 Min.)	Höhe: 1415 m N 47 45.195' E 12 17.347'
	Laubenstein (ab Zellerwand 30 Min.)	Höhe: 1350 m N 47 45.431' E 12 17.313'
Charakter:	Spannende Gratwanderung mit insgesamt fünf Gipfeln. Bike & Hike: Auffahrt mit dem Radl von Frasdorf bis zur Frasdorfer Hütte oder Hofalm.	
Markierung:	Nicht durchgängig	
Einkehr:	Hofalm, Frasdorfer Hütte	

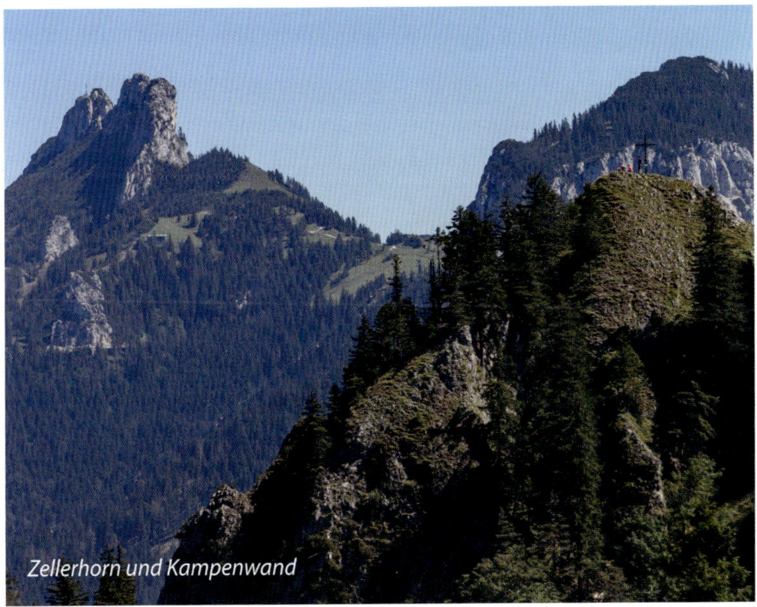

Zellerhorn und Kampenwand

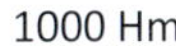

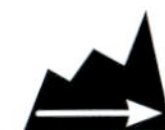

1000 Hm

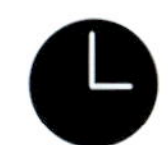

12,5 km

5h30 Runde

Orientierung

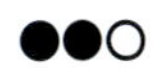

Kondition

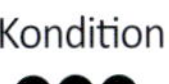

Schwierigkeit

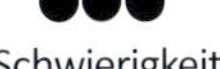

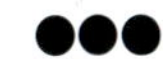

Vom hinteren Ende des Parkplatzes folgen wir der Schlossbergstraße und biegen nach einer Wiese rechts ab in die Zellerhornstraße. Nach knapp 100 Metern geht es hier links in den Heurafflerweg (großes Schild zum Entschleunigungsweg/SalzAlpensteig/Hofalm/Hochries). Nun folgen wir immer der Beschilderung zur Hofalm. Der holprige Karrenweg zieht sich in Serpentinen recht steil den Hang hinauf. Doch spätestens wenn wir das Bimmeln der Kuhglocken hören, hat die Schinderei gleich ein Ende und wir erreichen das weite Almgelände.

Vor dem Almhaus folgen wir linkshaltend kurz dem Wanderweg Hohenaschau über Hammerbach bis zum Waldrand. Dort steigen wir über den Weidezaun und laufen neben dem Zaun erst parallel zum Wanderweg und dann rechts den Hang hoch. Am oberen Ende der Almwiese treffen wir wieder auf deutliche Steigspuren. Jenseits des Weidezauns geht es nun auf schönem Wald- und Wurzelpfad immer weiter den

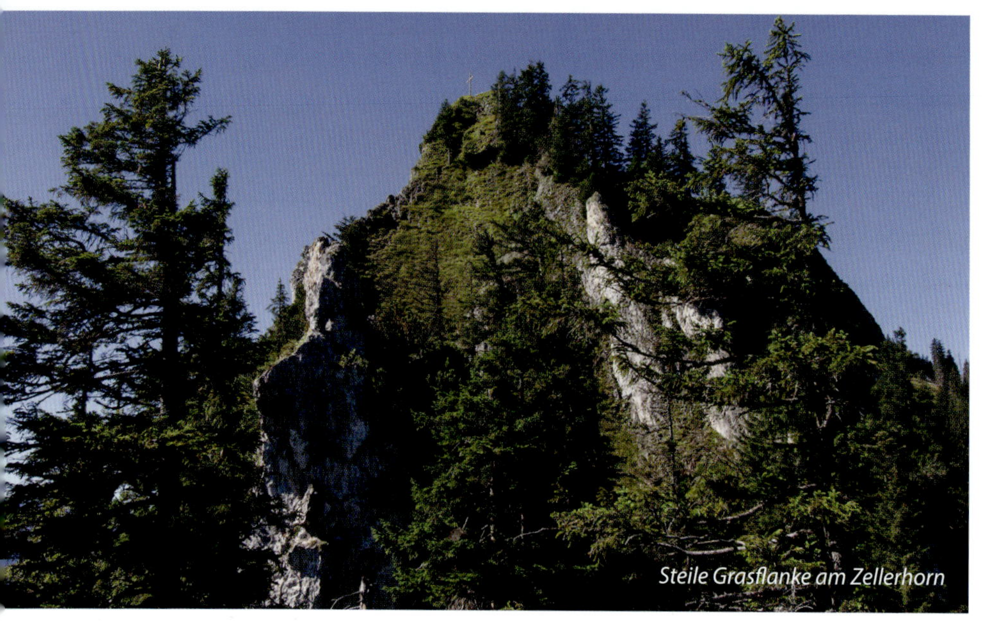
Steile Grasflanke am Zellerhorn

Kamm hinauf. Nach einer Windbruchzone ist der felsige Gipfelaufbau des Hammersteins erreicht. Hier führt der Pfad erst ein Stück rechts, um dann gleich nach links zu einem Felsdurchschlupf zu queren. Eine kurze Kletterstelle muss nun überwunden werden. Die Stelle ist etwas schmierig, aber nicht ausgesetzt und durch ein Stahlseil gut gesichert. Nach dem Durchschlupf halten wir uns rechts und erreichen in wenigen Minuten das Gipfelkreuz des Hammersteins. Von hier genießen wir erste Fernblicke auf den Simssee. Links gegenüber liegt der flache Grasgipfel des Laubensteins, dem letzten Ziel unserer Tour.

Doch zuerst geht es weiter am Kamm entlang. Unser nächster Gipfel ist das Zellerhorn: Dafür steigen wir vom Hammerstein in südlicher Richtung auf einfachem Pfad hinab in eine Mulde. Dort beginnt der stellenweise sehr steile und ausgesetzte Aufstieg. Bald erreichen wir ein Gedenkkreuz, hier rechts vorbei und über eine kleine Steilstufe in

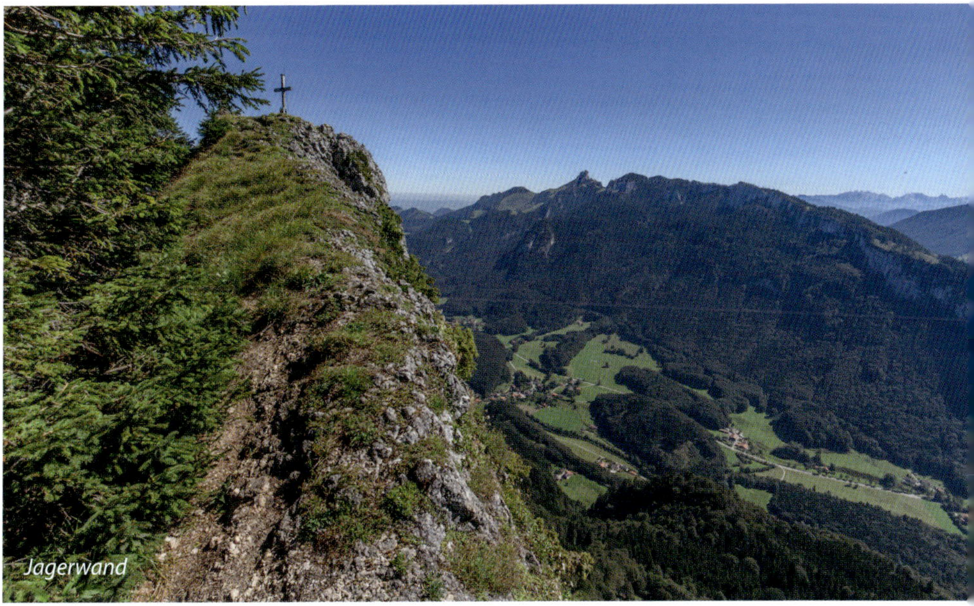

Jagerwand

grasigem Gelände auf den luftigen Gratweg. Vor uns liegt jetzt schon das Zellerhorn mit seiner steilen Grasflanke unterhalb des Gipfels – unser Weg führt hier mitten durch. Doch bei trockenen Verhältnissen ist diese Passage viel leichter machbar, als es von Weitem aussieht, zumal sie oben mit einem Stahlseil gut abgesichert ist. So stehen wir schon bald auf dem Zellerhorn und genießen das herrliche 360-Grad-Panorama: Unter uns liegen Hohenaschau und das Priental zum Greifen nahe, darüber die Kampenwand, hinter uns Laubenstein und Hochries.

Auf schmalem Pfad steigen wir nun weiter zur Jagerwand. An einer Stelle muss man beim Kraxeln die Hände benutzen. Eine andere ist sehr luftig mit rechts und links steil abfallendem Gelände, für trittsichere und schwindelfreie Wanderer aber ohne Probleme machbar.

Von der Jagerwand führt der Gratweg weiter zur Zellerwand. Über den Kamm kann man jetzt bis zum Watzmann und Hochkalter blicken.

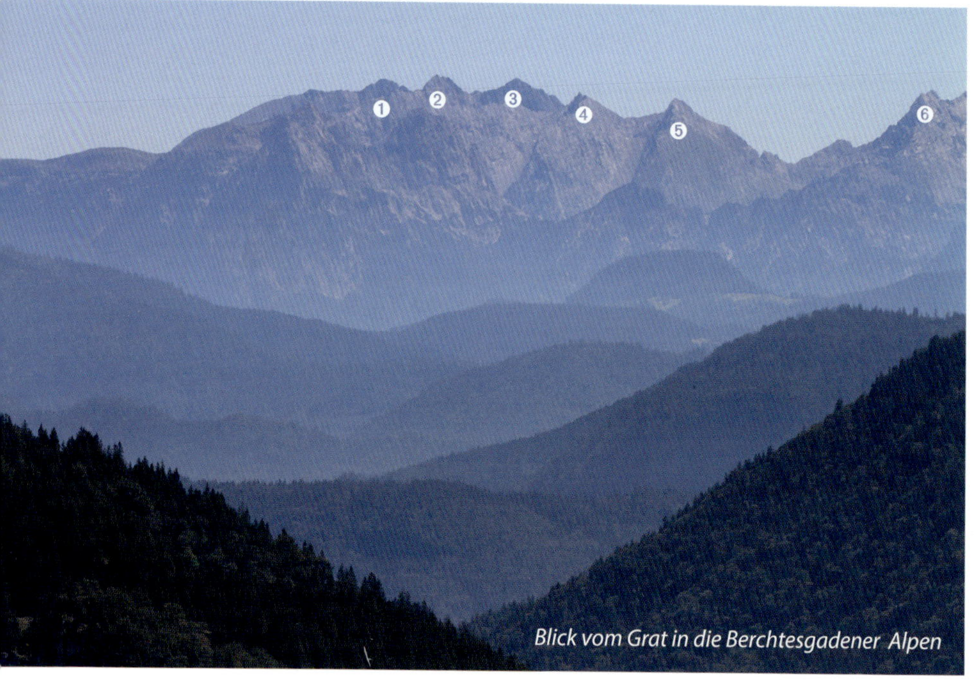

Blick vom Grat in die Berchtesgadener Alpen

1 Watzmann-Mittelspitze
2 Hochkalter
3 Watzmann-Südspitze
4 Ofentalhörnle
5 Steintalhörnle
6 Großes Hänselhorn

Wir bleiben immer möglichst nah am Grat und gelangen bald zum Gipfelkreuz der Zellerwand. Unter uns liegt die Ellandalm, dahinter erkennt man bei guter Fernsicht die Ausläufer des Zahmen Kaisers sowie die Zillertaler Alpen.

Für den letzten Gipfel steigen wir nun in die Senke zwischen unserem Kamm und dem Laubenstein. Wir überqueren einen Weidezaun und halten uns dann im Almgelände möglichst weit links. So treffen wir nur kurz unterhalb der Almen auf den breiten Wanderweg zum Laubenstein, den wir in ein paar Minuten hochspazieren. Von der flachen Gipfelkuppe genießen wir ein letztes Mal den wunderbaren Fernblick ins Voralpenland. Auch die vier Gipfel unserer Gratwanderung lassen sich von hier schön betrachten, sie liegen nun direkt vis-à-vis.

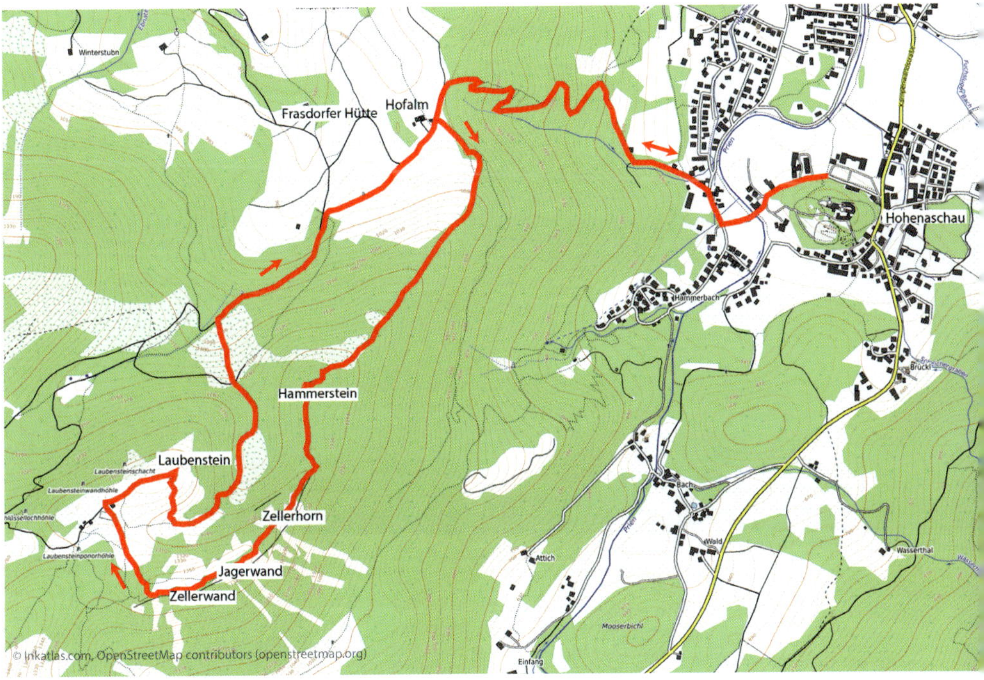

Für den Rückweg steigen wir wieder in die Senke zwischen Kamm und Laubenstein. Im Grunde kann man vom Gipfel gleich rechts die Wiesen am Laubenstein hinuntersteigen, unten wird es hier allerdings recht steil. Je weiter man also zur Alm zurückgeht, desto bequemer wird der Abstieg in die Senke. Unten treffen wir auf einen Pfad, dem wir talwärts folgen. Nach einer kleinen Schlucht und einem idyllischen Tälchen mündet der Pfad in einen Forstweg, den wir überqueren und auf einem schmalen Wiesenpfad bis zur unteren Forststraße abkürzen (wer den Pfad nicht findet, kann auch links den Forstweg nutzen). Auf der unteren Forststraße halten wir uns rechts und folgen der Beschilderung zur Hofalm. Von dort auf bekanntem Weg oder auf dem Wanderweg über Hammerbach zurück nach Hohenaschau.

Heuberg & Wasserwand

Zugegeben: Dass man von Heuberg und Wasserwand spektakuläre Blicke ins Inntal genießt, ist kein Geheimtipp. Doch viele kommen über die Daffnerwaldalm. Unser Zustieg über die Bichler Alm und der Abstieg durchs Wassertal sind weniger bekannt und lassen genug Ruhe auf dieser abwechslungsreichen Rundtour.

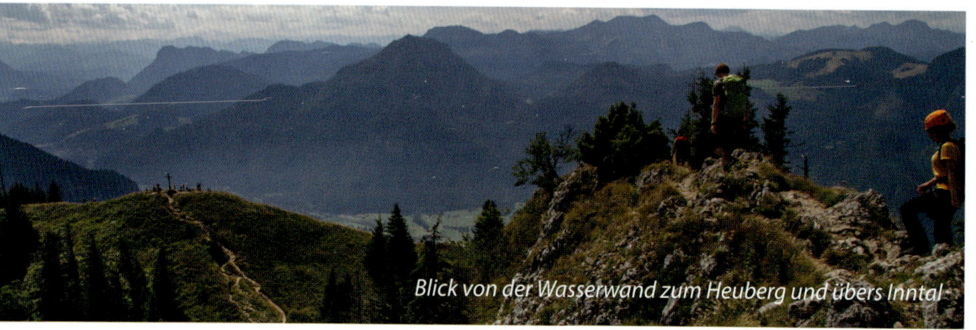

Blick von der Wasserwand zum Heuberg und übers Inntal

Parkplatz:	Nußdorf, zum Beispiel beim Parkplatz am Friedhof (Lindenweg)	Höhe: 490 m N 47 44.358' E 12 09.463'
Gipfel:	Heuberg	Höhe: 1338 m N 47 43.567' E 12 11.057'
	Wasserwand	Höhe: 1363 m N 47 43.653' E 12 11.105'
Charakter:	Beliebte Aussichtsgipfel über dem Inntal. Der kleine Klettersteig auf die Wasserwand ist unten durch die vielen Begehungen schon etwas rutschig. Bike & Hike: nur sinnvoll bei alternativem Zustieg über die Daffnerwaldalmen.	
Markierung:	Gut ausgeschildert (außer Mailach – Kirchwaldstraße)	
Einkehr:	Bei Rückweg über Daffnerwaldalm: Deindlalm und Laglerhütte	

Am Friedhof in östlicher Richtung geradeaus dem Heubergweg folgen. Bei einer Biegung halten wir uns links, beim darauffolgenden Abzweig nach rechts in den Winkelwiesenweg. Bei der Hausnummer 25/26 folgen wir rechts dem geschotterten Feldweg (Kirchwald/Heuberg), der leicht ansteigend zum Waldrand führt. Im Wald gehen wir noch einige Meter auf der Forststraße, um dann gleich nach rechts in den Wanderweg 224 abzubiegen (gelbes Schild: Heuberg, Wasserwand über Bicheralm). Der Wanderweg zieht sich durch schattigen Wald hinauf. Wir überqueren zweimal eine Forststraße, der Weiterweg ist hier gelb-blau bzw. mit gelbem Pfeil/rotem Punkt markiert. Nach einem Steilstück queren wir unterhalb der Kindlwand nach rechts und erreichen über einen steilen Steig ein kleines Plateau. Hier halten wir uns links und erreichen bald die Bichler Alm (1025 m), den ersten Logenplatz dieses Tages mit Aussichtsbankerl.

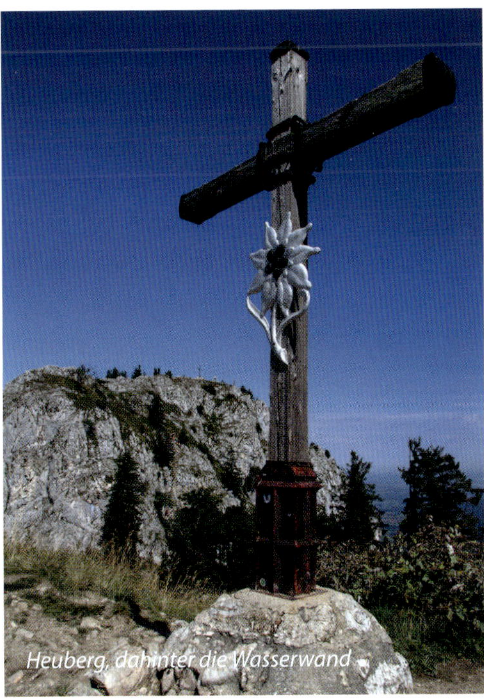
Heuberg, dahinter die Wasserwand

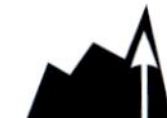
950 Hm

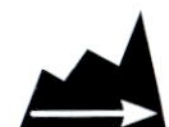
10,3 km

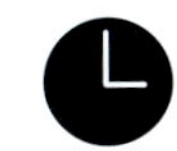
5h Runde

Orientierung
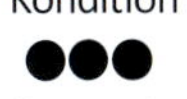
Kondition
●●●
Schwierigkeit

Der Weiterweg führt an der kleinen Almhütte vorbei und erreicht bald den Sattel zwischen Kindlwand und Heuberg. Hier nach rechts und entlang des Kamms zum Heuberg hinauf. Links sieht man nun schon bald die steile Nordseite der Wasserwand mit Gipfelkreuz.

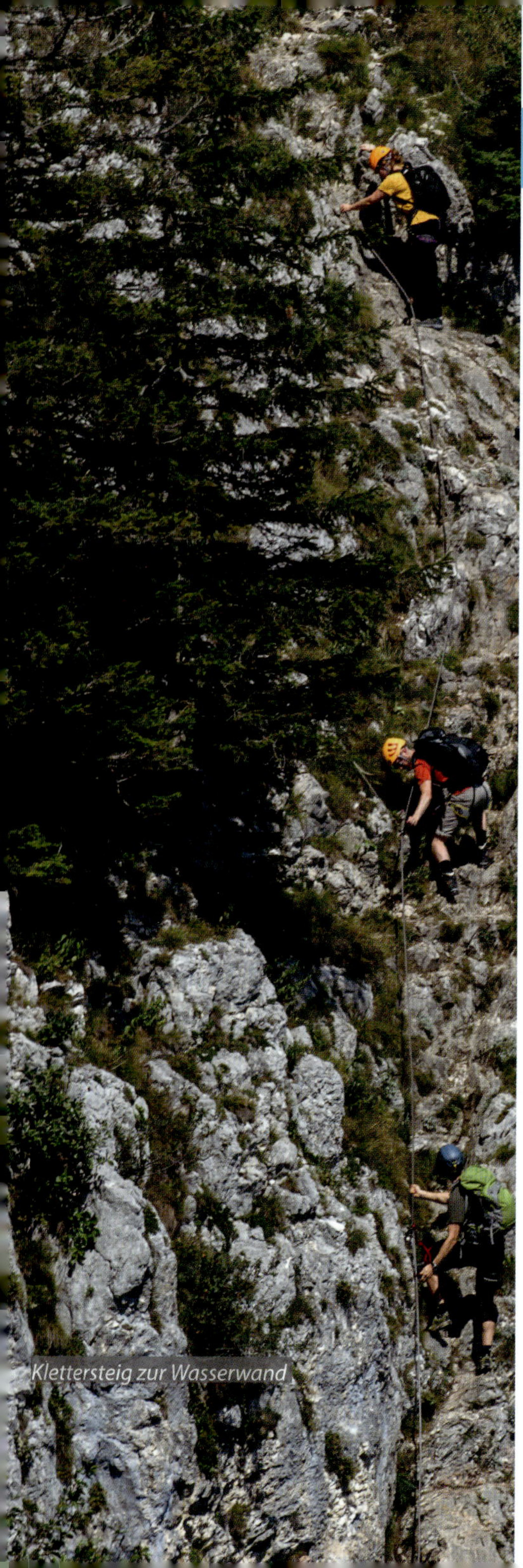

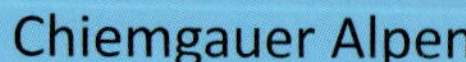

Klettersteig zur Wasserwand

Am Heuberg genießen wir die herrliche Aussicht ins Inntal und steigen dann in den kleinen Sattel zwischen Heuberg und Wasserwand ab. Auf deren Gipfel führt uns nun ein kurzer Klettersteig, der sich für Geübte auch ohne Ausrüstung bewältigen lässt. Aber Vorsicht, die ersten Meter sind sehr speckig!

Nach ausgiebiger Panoramapause geht es auf gleichem Weg zurück bis zum Abzweig Bichler Alm/Heuberg/ Mailach, wo wir nun durchs Wassertal in Richtung Mailach absteigen. Der holprige Karrenweg trifft bald auf eine Lichtung (Mailach): Hier biegen wir kurz vor dem letzten Almhäusl (mit weißem Putz und grüner Tür) in den Wald. Nach etwa 20 Metern folgen wir dem links abzweigenden Pfad (Markierung: Steinmännchen in altem Kochtopf). Wir treffen auf eine Forststraße, der wir erst nach links folgen, um dann in einen rechts abzweigenden Forstweg abzubiegen. Auf diesem immer bergab bis wir wieder auf die Forststraße von der Daffnerwaldalm treffen. Nach der Einsiedelei im Kirchwald (mit Quelle, siehe folgende Seite) können wir rechts auf den Kreuzweg nach Nußdorf abbiegen, der wesentlich schöner und fußfreundlicher als die Straße ist.

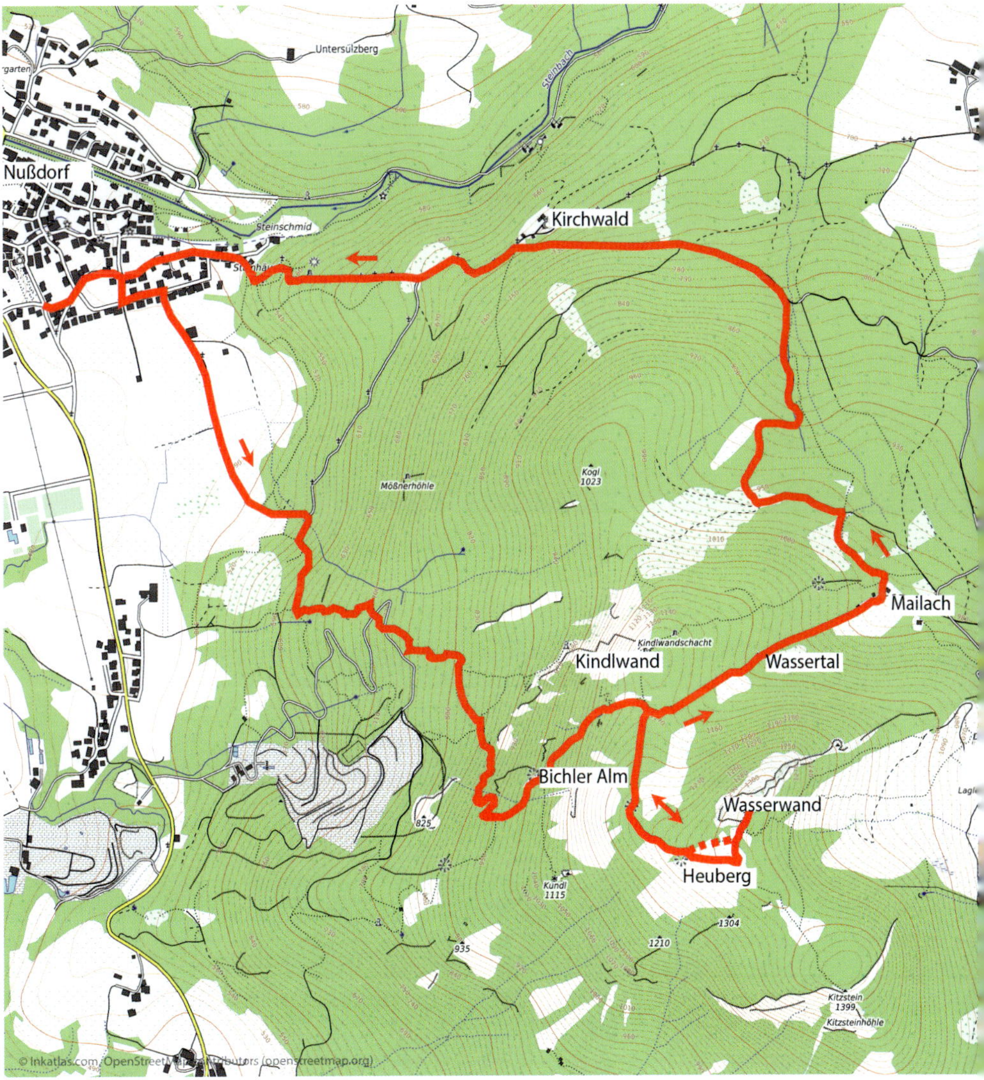

Nußdorf
Untersulzberg
Steinbach
Steinschmid
Kirchwald
Mößnerhöhle
Kogl
1023
Mailach
Kindlwandschacht
Kindlwand
Wassertal
Bichler Alm
825
Wasserwand
Heuberg
Kundl
1115
1304
1210
935
Kitzstein
1399
Kitzsteinhöhle
© Inkatlas.com, OpenStreetMap contributors (openstreetmap.org)

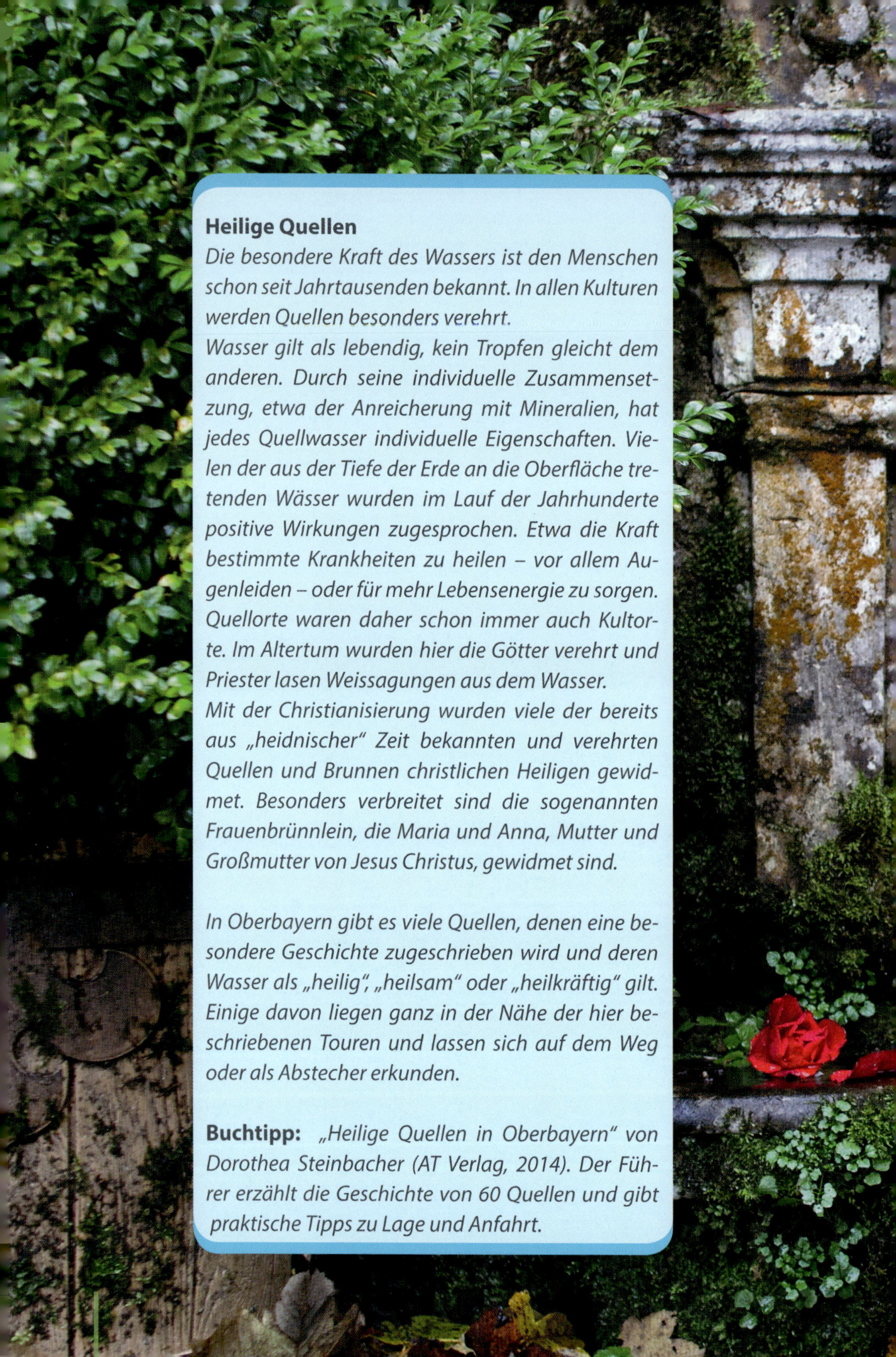

Heilige Quellen

Die besondere Kraft des Wassers ist den Menschen schon seit Jahrtausenden bekannt. In allen Kulturen werden Quellen besonders verehrt.

Wasser gilt als lebendig, kein Tropfen gleicht dem anderen. Durch seine individuelle Zusammensetzung, etwa der Anreicherung mit Mineralien, hat jedes Quellwasser individuelle Eigenschaften. Vielen der aus der Tiefe der Erde an die Oberfläche tretenden Wässer wurden im Lauf der Jahrhunderte positive Wirkungen zugesprochen. Etwa die Kraft bestimmte Krankheiten zu heilen – vor allem Augenleiden – oder für mehr Lebensenergie zu sorgen. Quellorte waren daher schon immer auch Kultorte. Im Altertum wurden hier die Götter verehrt und Priester lasen Weissagungen aus dem Wasser.

Mit der Christianisierung wurden viele der bereits aus „heidnischer" Zeit bekannten und verehrten Quellen und Brunnen christlichen Heiligen gewidmet. Besonders verbreitet sind die sogenannten Frauenbrünnlein, die Maria und Anna, Mutter und Großmutter von Jesus Christus, gewidmet sind.

In Oberbayern gibt es viele Quellen, denen eine besondere Geschichte zugeschrieben wird und deren Wasser als „heilig", „heilsam" oder „heilkräftig" gilt. Einige davon liegen ganz in der Nähe der hier beschriebenen Touren und lassen sich auf dem Weg oder als Abstecher erkunden.

Buchtipp: *„Heilige Quellen in Oberbayern" von Dorothea Steinbacher (AT Verlag, 2014). Der Führer erzählt die Geschichte von 60 Quellen und gibt praktische Tipps zu Lage und Anfahrt.*

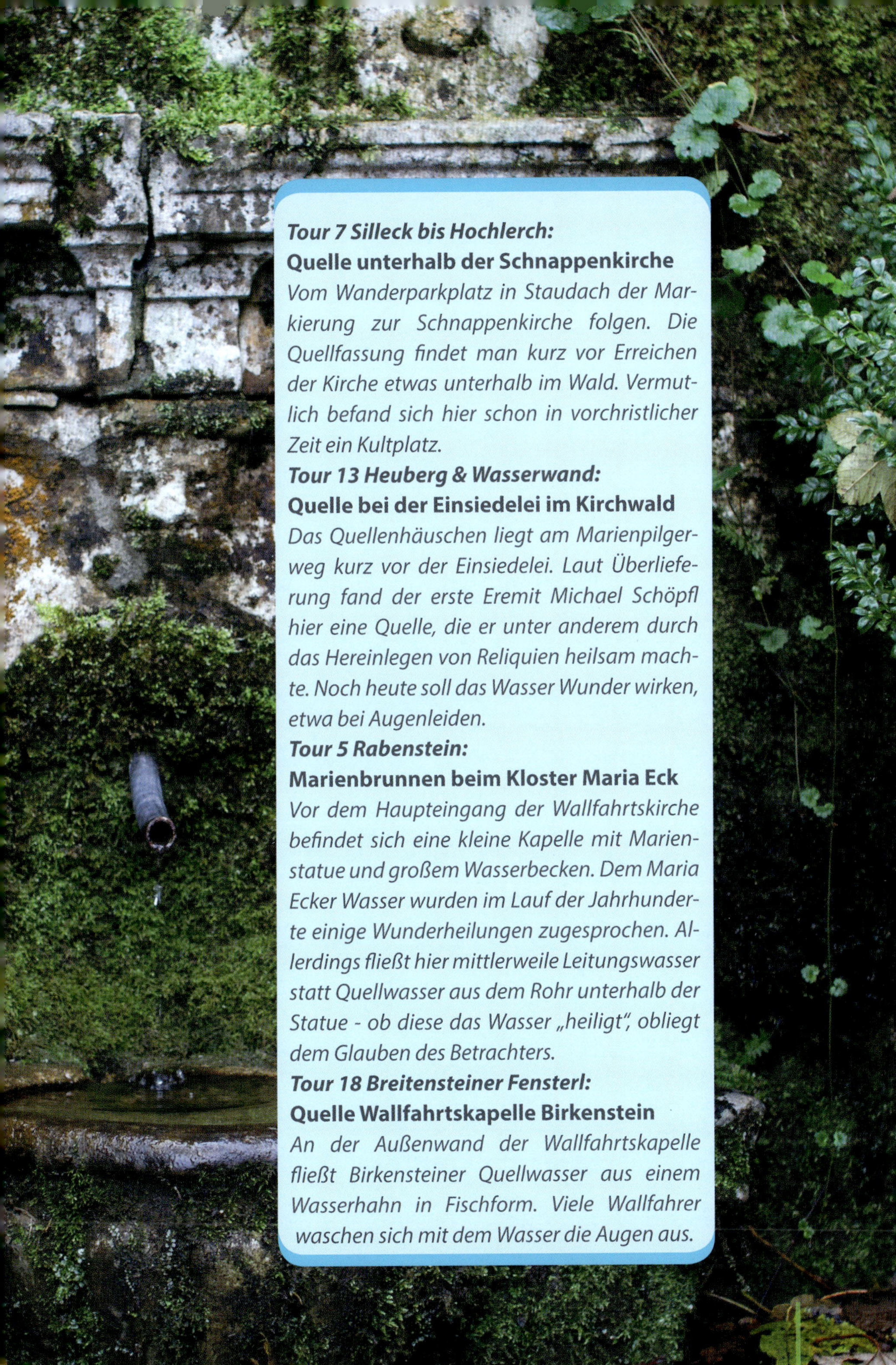

Tour 7 Silleck bis Hochlerch:

Quelle unterhalb der Schnappenkirche

Vom Wanderparkplatz in Staudach der Markierung zur Schnappenkirche folgen. Die Quellfassung findet man kurz vor Erreichen der Kirche etwas unterhalb im Wald. Vermutlich befand sich hier schon in vorchristlicher Zeit ein Kultplatz.

Tour 13 Heuberg & Wasserwand:

Quelle bei der Einsiedelei im Kirchwald

Das Quellenhäuschen liegt am Marienpilgerweg kurz vor der Einsiedelei. Laut Überlieferung fand der erste Eremit Michael Schöpfl hier eine Quelle, die er unter anderem durch das Hereinlegen von Reliquien heilsam machte. Noch heute soll das Wasser Wunder wirken, etwa bei Augenleiden.

Tour 5 Rabenstein:

Marienbrunnen beim Kloster Maria Eck

Vor dem Haupteingang der Wallfahrtskirche befindet sich eine kleine Kapelle mit Marienstatue und großem Wasserbecken. Dem Maria Ecker Wasser wurden im Lauf der Jahrhunderte einige Wunderheilungen zugesprochen. Allerdings fließt hier mittlerweile Leitungswasser statt Quellwasser aus dem Rohr unterhalb der Statue - ob diese das Wasser „heiligt", obliegt dem Glauben des Betrachters.

Tour 18 Breitensteiner Fensterl:

Quelle Wallfahrtskapelle Birkenstein

An der Außenwand der Wallfahrtskapelle fließt Birkensteiner Quellwasser aus einem Wasserhahn in Fischform. Viele Wallfahrer waschen sich mit dem Wasser die Augen aus.

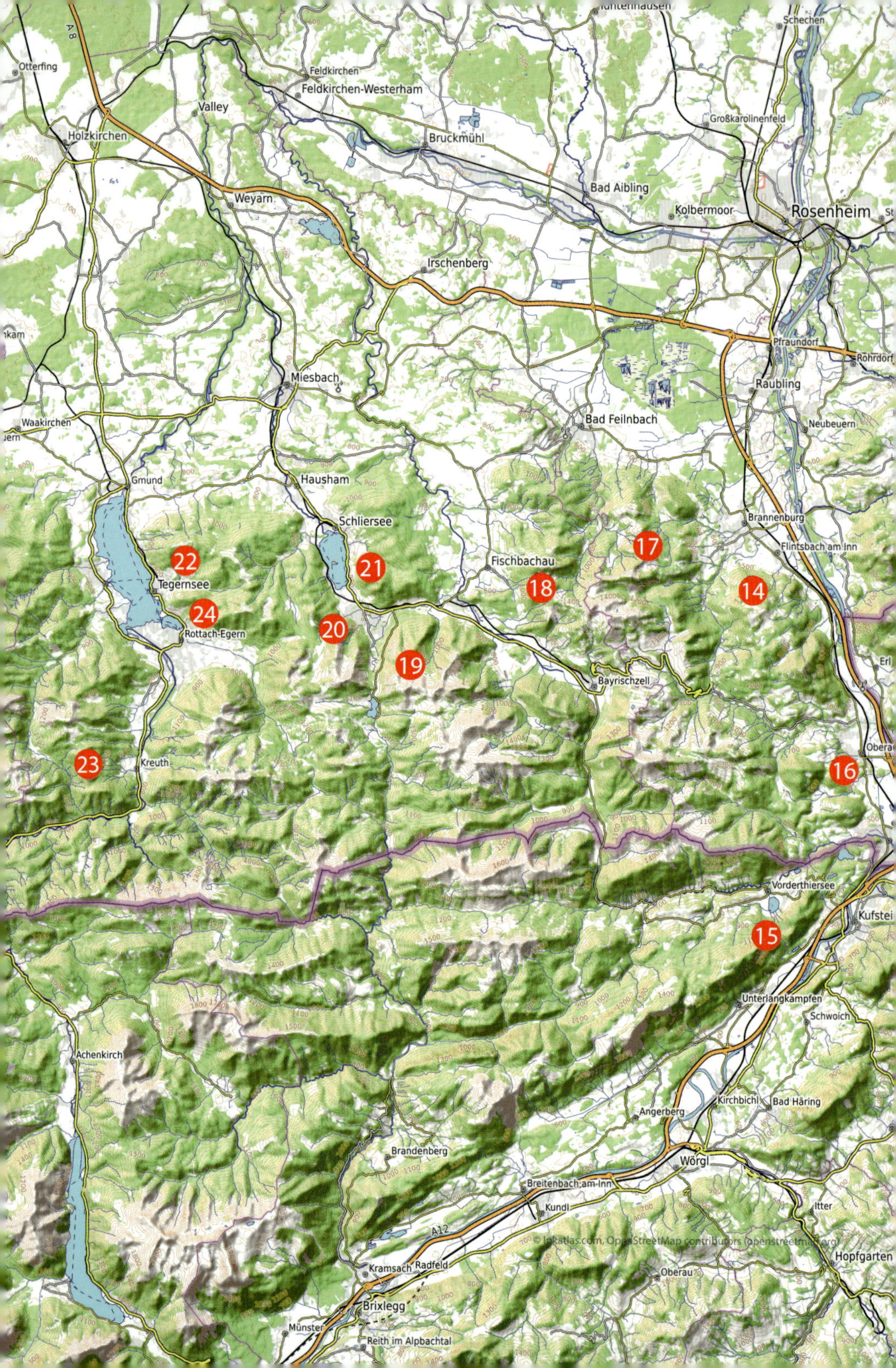

Otterfing
Feldkirchen
Feldkirchen-Westerham
Schechen
Valley
Holzkirchen
Großkarolinenfeld
Bruckmühl
Bad Aibling
Weyarn
Kolbermoor
Rosenheim
Irschenberg
Pfraundorf
Rohrdorf
Raubling
Miesbach
Waakirchen
Bad Feilnbach
Neubeuern
Gmund
Hausham
Brannenburg
Schliersee
Flintsbach am Inn
Fischbachau
Tegernsee
Rottach-Egern
Bayrischzell
Kreuth
Vorderthiersee
Kufstei
Unterlangkampfen
Schwoich
Achenkirch
Kirchbichl
Bad Häring
Angerberg
Brandenberg
Wörgl
Breitenbach am Inn
Kundl
Itter
Hopfgarten
Kramsach
Radfeld
Oberau
Brixlegg
Münster
Reith im Alpbachtal
A8
A12
14
15
16
17
18
19
20
21
22
23
24
© 1:atlas.com, OpenStreetMap contributors (openstreetmap.org)

Mangfallgebirge

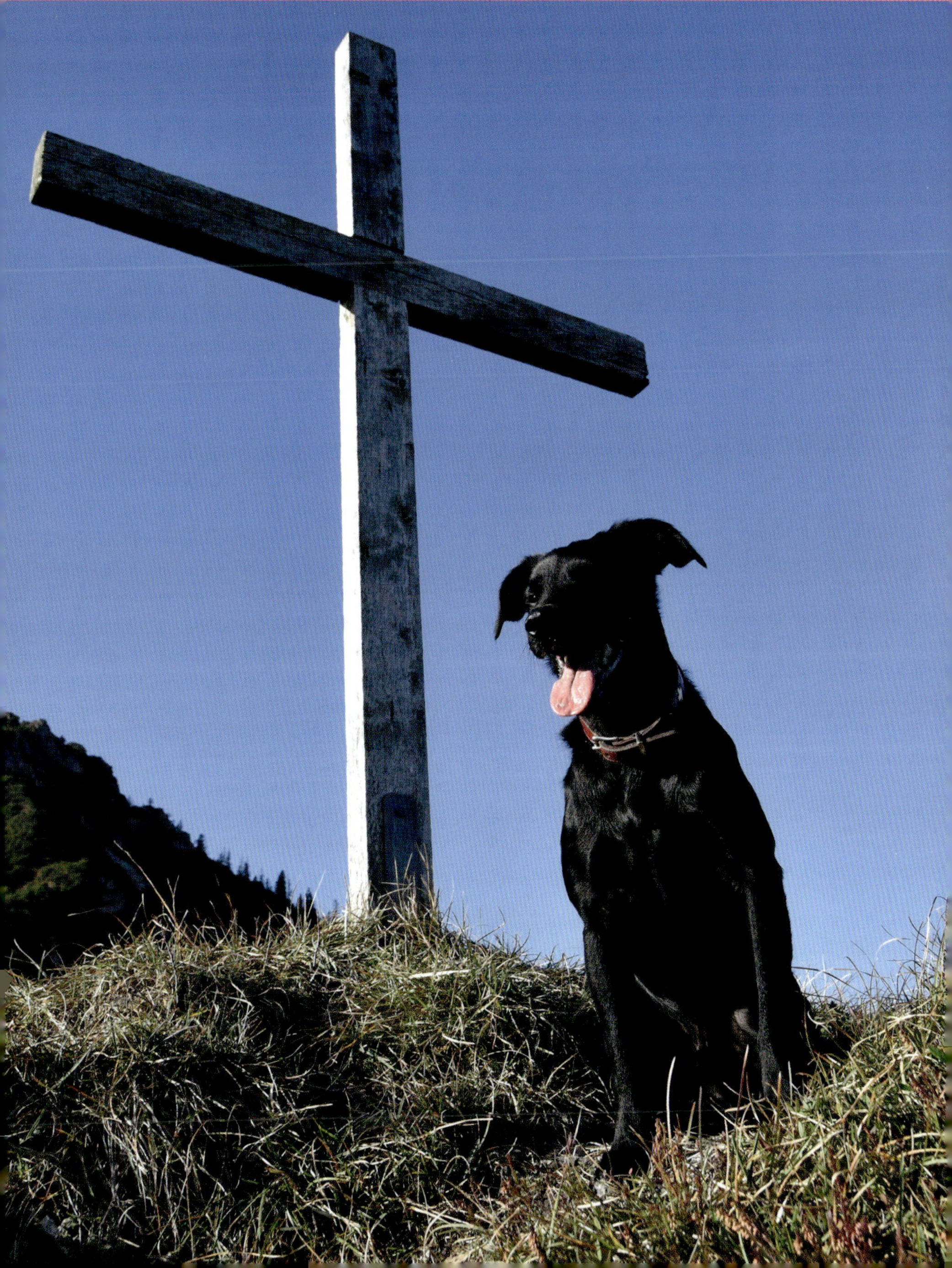

Maiwand

„Matterhorn des Inntals" hat jemand aufs Schild gekritzelt. Und das macht schon Sinn. Eine erstklassige Aussichtskanzel, die von Norden und Osten unbezwingbar aussieht und auch über ihre sanftere Rückseite nicht ganz leicht zu haben ist. Bergerfahrung und Schwindelfreiheit sind wirklich nötig – oder man bleibt einfach auf dem Vorgipfel. Denn auch von hier gibt's ein tolles Panorama.

Parkplatz:	Flintsbach, Wanderparkplatz Petersbergweg (Zufahrt über Astenweg)	Höhe: 490 m N 47 43.086' E 12 07.490'
Gipfel:	Maiwand Maiwand-Vorgipfel (1143 m)	Höhe: 1135 m N 47 42.617' E 12 06.889'
Charakter:	Im Gipfelbereich sehr anspruchsvolle Tour. Trockene Verhältnisse sowie Trittsicherheit und Schwindelfreiheit sind unbedingt nötig. Wunderbare Panoramablicke bieten sich schon vom Vorgipfel. Bike & Hike: Anfahrt über die Forststraße (siehe Rückweg) zum Gehöft Bauer am Berg (bzw. bis zu den Astenhöfen).	
Markierung:	Bis Bauer am Berg	
Einkehr:	Berggasthof Hohe Asten auf dem Rückweg	

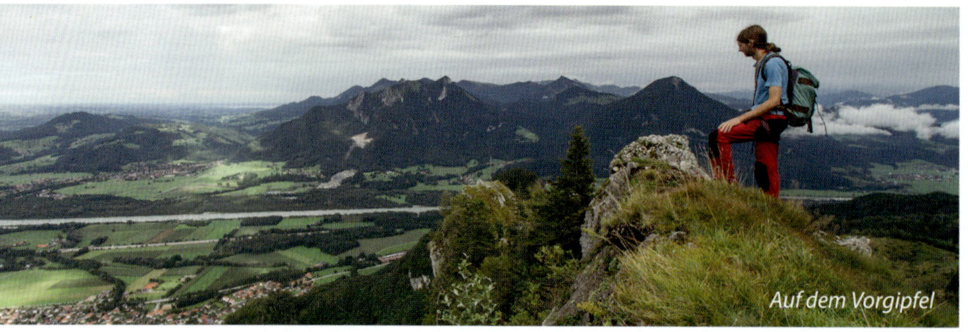

Auf dem Vorgipfel

Vom Parkplatz dem Petersbergweg folgen und geradeaus auf einen deutlichen Wanderweg (rot-weiß-rote Markierung), der bald nach links in den Wald einbiegt. Nun entlang des Maigrabens, kurz vor dem großen Wasserfall führt unser Weg rechts hoch. Wir treffen auf den von unten kommenden Forstweg, dem wir nach links folgen (Wegweiser: Hoher Asten/Petersberg/Riesenkopf). Auf schönem Saumweg geht es nun zum Gehöft Wagner am Berg, das idyllisch auf einer Lichtung liegt. Von dort immer der Beschilderung folgend, überqueren wir erst

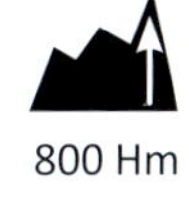

800 Hm

12 km

4h30 gesamt

Orientierung ●●●

Kondition ●●○

Schwierigkeit ●●●

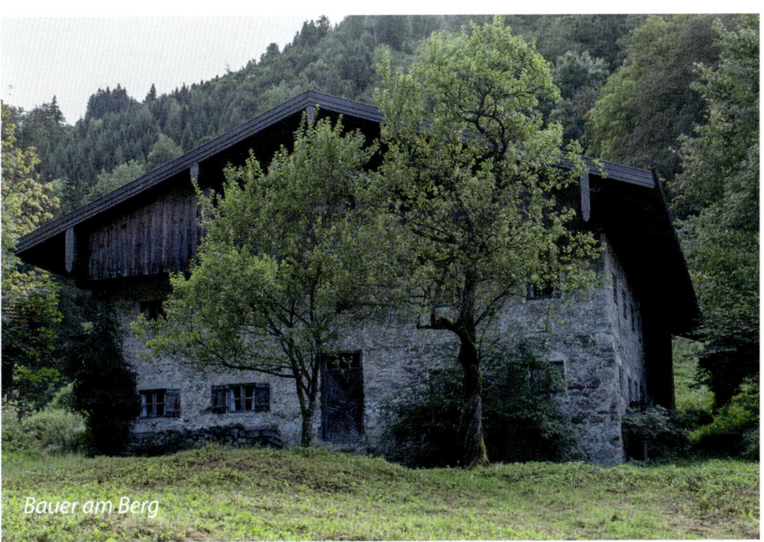

Bauer am Berg

den Maigraben (Warnschild „Sackgasse", durch die Baumkronen blickt man hier zur Maiwand) und treffen dann auf die von der Ruine Falkenstein kommende Forststraße (alternativer Zustieg). Auf der Forststraße immer geradeaus weiter Richtung Hoher Asten/Riesenkopf. Beim Gehöft Bauer am Berg, einem großen Bauernhaus von 1639, verlassen wir die Forststraße und gehen auf schmalem Weg links am Haus vorbei (Markierung roter Punkt). Durchs Gatter, über die Wiese und an einem

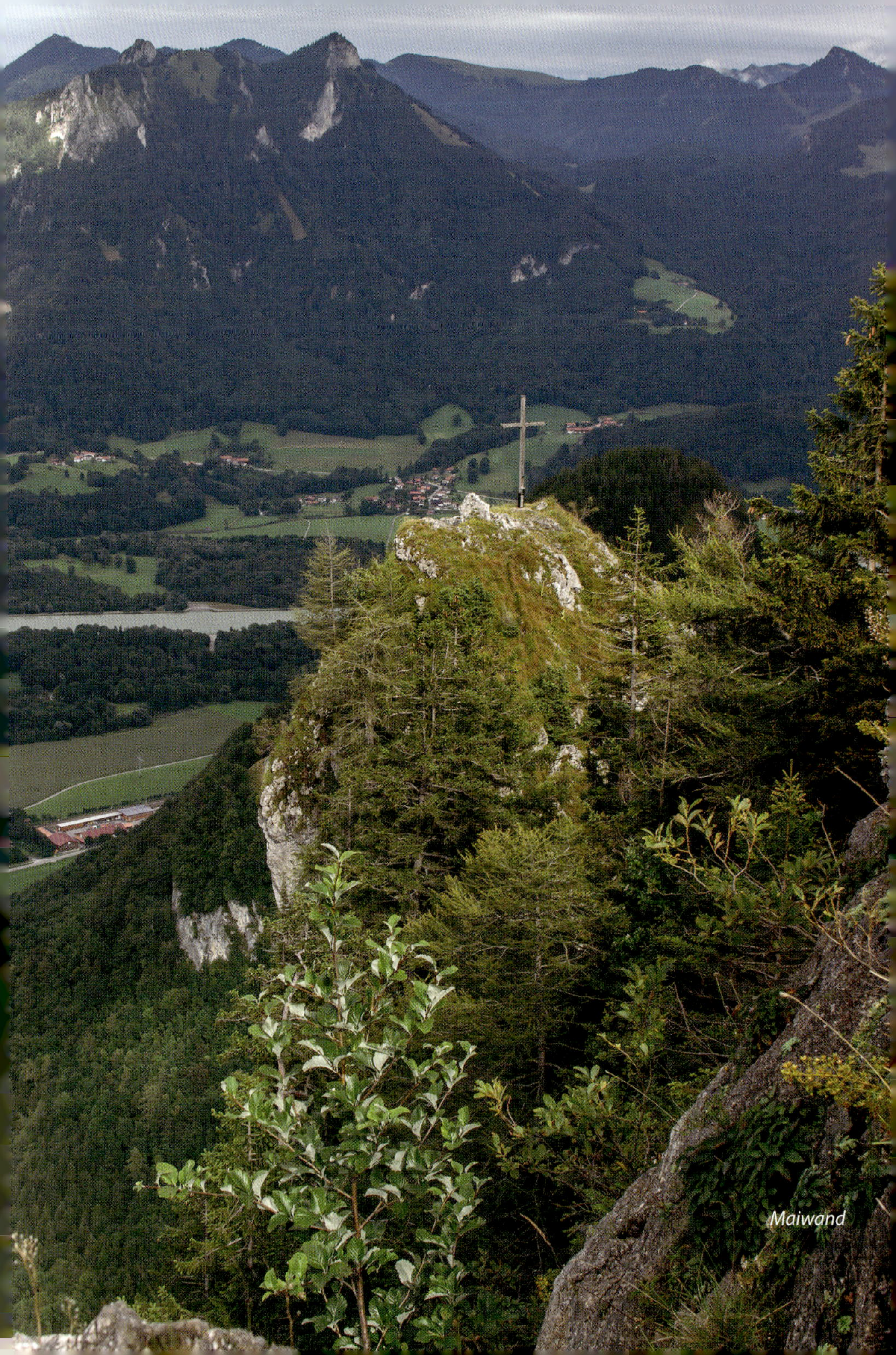
Maiwand

großen Haselnussstrauch vorbei führt uns der Pfad in den Wald. Auf breitem, steinigen Weg in einigen Kehren bergan, an der Kreuzung mit einem etwas verwachsenen Forstweg (Zubringer zum Astenweg) halten wir uns rechts. Bei der nächsten Weggabelung (bei einem herausgeschnittenen alten Baumstamm) nehmen wir den rechten Pfad, der durch Gestrüpp und mit zum Teil kniehohen Stufen bis zu einer horizontal verlaufenden, zugewachsenen Forststraße führt. Auf dieser wandern wir nach rechts weiter.

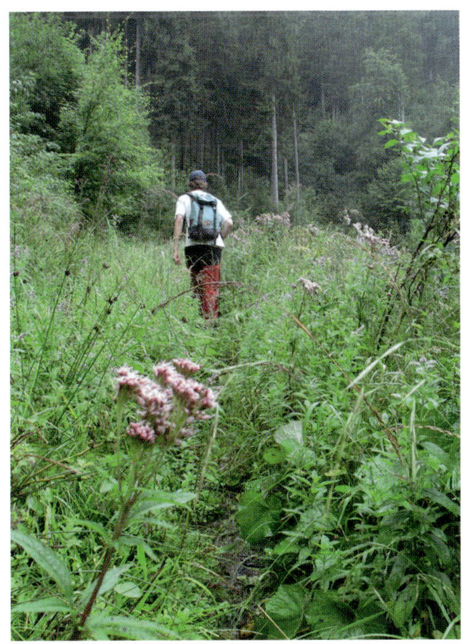

Der nächste Abzweig kommt kurz vor einem Bachbett. Hier führt unser Weg leicht nach links den Hang hinauf und in den Wald hinein. Dort endet das Gestrüpp und wir folgen nun einem deutlicheren Forstweg. Kurz vor den Hängen der Riesenkopfalm verlassen wir diesen und wandern auf einem Pfad entlang des meist ausgetrockneten Bachbetts des Maigrabens, welchen wir auf Höhe eines Weidezaunüberstiegs überqueren. Nun über die Almwiese hinauf zum Waldrand, wo wir auf den Wanderweg zum Riesenkopf treffen. Ein paar Schritte nach rechts und über einen Weidezaun, rechter Hand zweigt jetzt ein Pfad ab (rotes Schild: Lebensgefahr/Maiwand nur für geübte Bergsteiger). Der Pfad führt im Wald ziemlich steil nach unten und umgeht dann linker Hand einen Felsen (zum Teil Markierungen mit Steinmännchen). Bald erreichen wir einen Sattel. Von hier führt ein Pfad auf

den grasigen Vorgipfel der Maiwand. Weniger Versierte sollten hier die Tour beenden und den herrlichen Ausblick genießen: auf das Inntal, Sims- und Chiemsee sowie Wasserwand und Heuberg gegenüber.
Für alle anderen wird es nun alpin: Zum eigentlichen Gipfel laufen wir entweder vom Vorgipfel an einer kleinen Felswand vorbei bis zu einer etwa vier Meter hohen Felsstufe oberhalb einer kleinen Scharte. Hier war 2016 eine Lasche mit Knotenseil installiert. Das Abklettern ist aber sehr ausgesetzt und ungesichert nicht zu empfehlen. Der „Normalweg" quert daher auch vom Sattel unterhalb des Vorgipfels in den Hang, um ebenfalls die kleine Scharte zu erreichen. Jedoch ist das Gelände auch hier sehr steil.

Für den Rückweg wandern wir erst bis zur Riesenkopfalm zurück. Auf dem oft matschigen Riesenkopfweg bis zum Almhaus und dann auf dem Fahrweg nach links zum Waldrand. Nach einem Weidegatter verzweigen sich die Forststraßen, hier der oberen nach rechts folgen. Diese wird bald zum schönen Wanderweg, der direkt bei den Astenhöfen wieder auf die Forststraße trifft. Nun immer talwärts. Als Variante empfiehlt es sich – statt des Rückwegs über Wagnerberg – zur Ruine Falkenstein abzubiegen. Die Forststraße kann hier auf steilem Pfad durch den Wald abgekürzt werden.

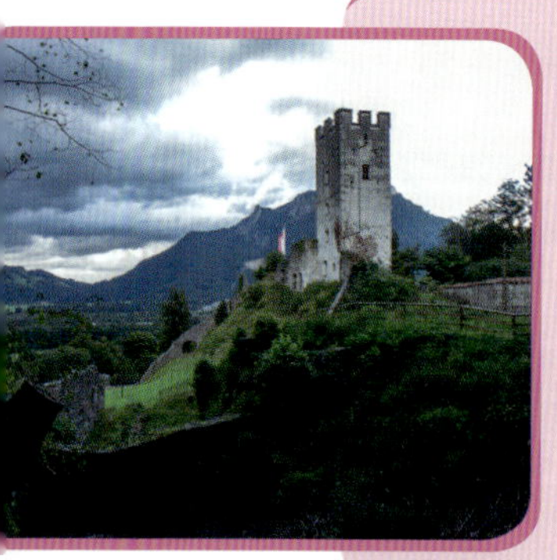

Ruine Falkenstein

Die unterhalb des Hohen Madrons und Petersbergs gelegene Burg wurde vermutlich im 13. Jahrhundert gebaut. Erhalten sind der Bergfried und die Mauern der Vorburg. Laut einer Sage wohnt in der Ruine eine „weiße Frau", die Kindern als Natter mit einer Krone auf dem Kopf und einem goldenen Schlüssel im Maul erscheint - dem Schlüssel zur Schatzkammer der Burg.

Quelle: www.sagen.at

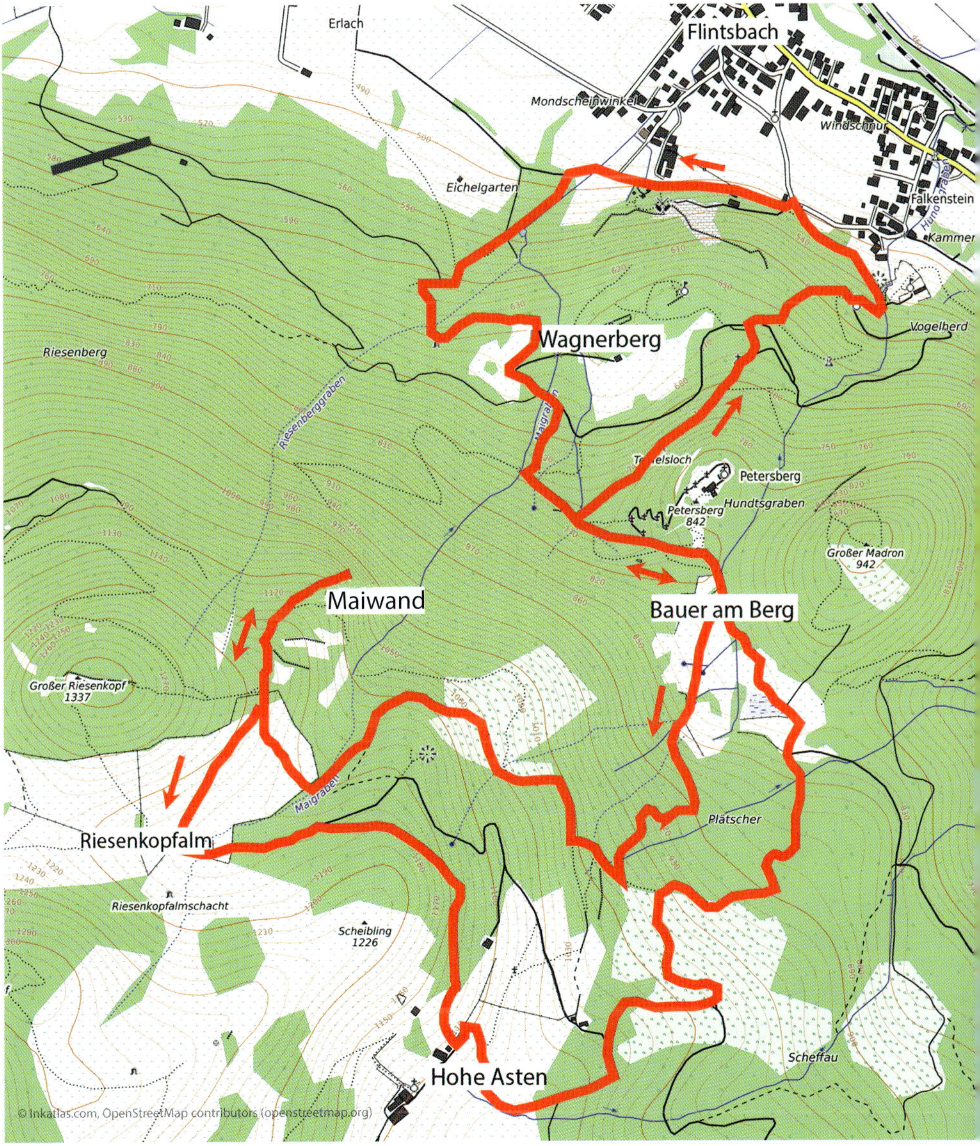

Flintsbach
Erlach
Mondscheinwinkel
Windschnur
Eichelgarten
Falkenstein
Kammer
Vogelherd
Wagnerberg
Riesenberg
Riesenberggraben
Maigraben
Teufelsloch
Petersberg
Petersberg 842
Hundtsgraben
Großer Madron 942
Maiwand
Bauer am Berg
Großer Riesenkopf 1337
Plätscher
Riesenkopfalm
Riesenkopfalmschacht
Scheibling 1226
Scheffau
Hohe Asten

Pendling

„Kennst du die Perle, die Perle Tirols? Das Städtchen Kufstein, das kennst du wohl! Umrahmt von Bergen, so friedlich und still.“ Doch für diese Zeile aus dem Kufsteinlied sind wir wohl 70 Jahre zu spät. Im Winter durchströmen die Autos der Skifahrer, im Sommer die Urlauber die Stadt. Doch ganz aufgeben möchten wir es mit der Perle nicht und steigen auf den Pendling, um in Ruhe – zumindest etwas ruhiger – Kufstein von oben zu genießen. Und obendrein bekommen wir noch das Kaisergebirge präsentiert.

Parkplatz:	Gebührenpflichtig beim Gasthaus Schneeberg	Höhe: 985 m N 47 34.823′ E 12 05.638′
Gipfel:	Pendling	Höhe: 1563 m N 47 34.273′ E 12 06.585′
Charakter:	Beliebte Halbtagestour, die über die Forststraße auch mit Kinderwagen gut machbar ist. Bei der Kala-Alm und beim Kufsteiner Haus gibt es Spielplätze. Mit dem Radl über die Forststraße komplett fahrbar. Im Winter Rodelbetrieb.	
Markierung:	Sehr gut	
Einkehr:	Pendling (=Kufsteiner) Haus, Kala-Alm	

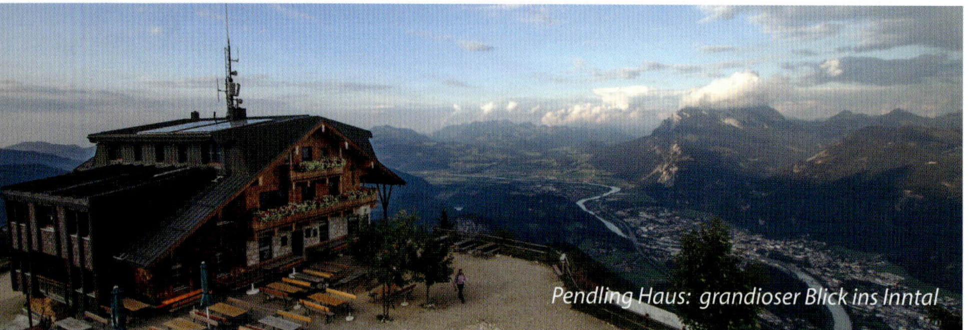

Pendling Haus: grandioser Blick ins Inntal

Am Gasthof vorbei und weiter auf der asphaltierten Straße. Bald zweigt links ein Fußweg ab, der ein paar Serpentinen der Forststraße abkürzt und diese dann wieder trifft. Hier biegen wir links auf den ausgeschilderten Wanderweg zum Pendling ab. Auf schattigem Weg geht es mit stetem Höhengewinn nach oben. Nach einer markanten Felswand treffen wir erneut auf die Forststraße, die wir überqueren, um nun auf einem Fußweg den Kamm hochzuwandern. Bald erreichen wir das Gipfelkreuz des Pendlings und kurz darauf das Kufsteiner Haus.

Für den Rückweg empfiehlt sich die Variante über die Kala-Alm. Dafür nehmen wir die hinter dem Kufsteiner Haus beginnende Forststraße. Den Abzweig zu unserem Anstiegsweg lassen wir rechts liegen und biegen erst ein Stück später auf einen Wanderweg in den Wald (Beschilderung: Kala-Alm). Bald erreichen wir eine Lichtung und können nun einen kurzen Abstecher nach rechts zum „Heimkehrer-Kreuz" machen, einem ruhigen Ort mit Bank und schöner Aussicht. Nach links geht es weiter zur Kala-Alm. Ab hier nehmen wir die Forststraße/Rodelbahn, die wir bald auf einem Fußweg abkürzen können.

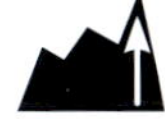

600 Hm

8,4 km

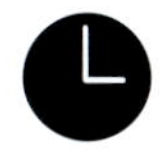

1h30 Pendling

Orientierung ●○○

Kondition ●○○

Schwierigkeit ●○○

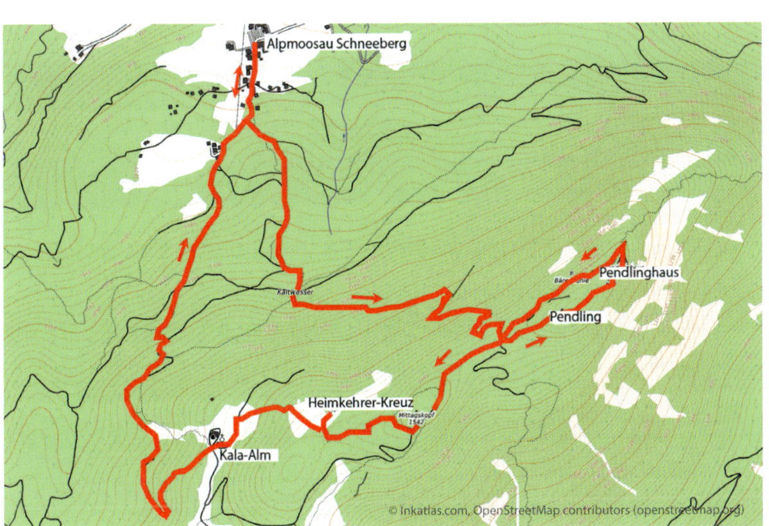

Grafenloch

Die hoch über dem Inntal gelegene Höhlenburg Grafenloch fasziniert Archäologen wie Wanderer zugleich. Als Ausflugsziel lockt nicht nur die eindrucksvolle Lage mit herrlicher Aussicht. Die Tour lässt sich mit einem Besuch des ebenfalls aussichtsreichen Schlossbergs erweitern. Oder man erfrischt sich bei einem Bad im Luegsteinsee.

Parkplatz:	Oberaudorf, Parkplatz am Luegsteinsee	Höhe: 480 m
Logenplatz:	Eingang zum Grafenloch	Höhe: 640 m
Charakter:	Kurze Wanderung mit steilem Leitern-Finale, für das es etwas Schwindelfreiheit braucht. Unbedingt auch für Kinder empfehlenswert.	
Markierung:	Ausgeschildert	
Einkehr:	Weber zur Wand sowie bei Badebetrieb Kiosk und Seestüberl	

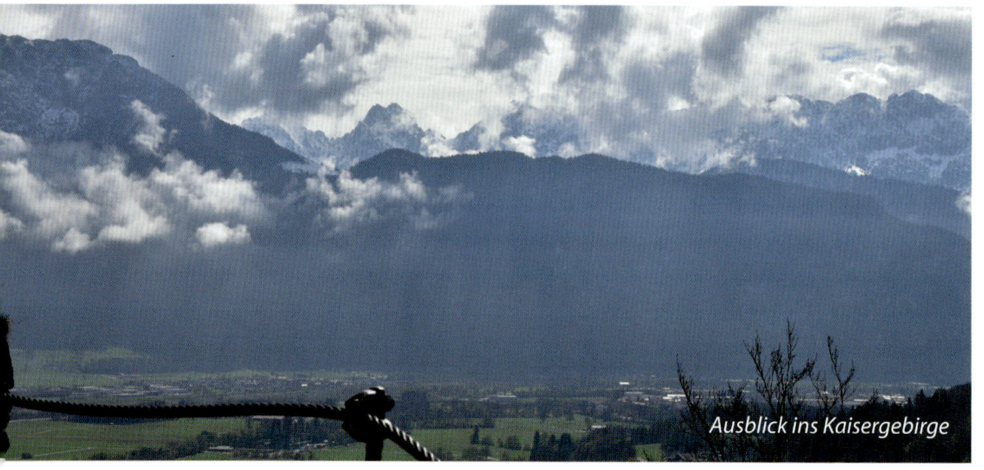
Ausblick ins Kaisergebirge

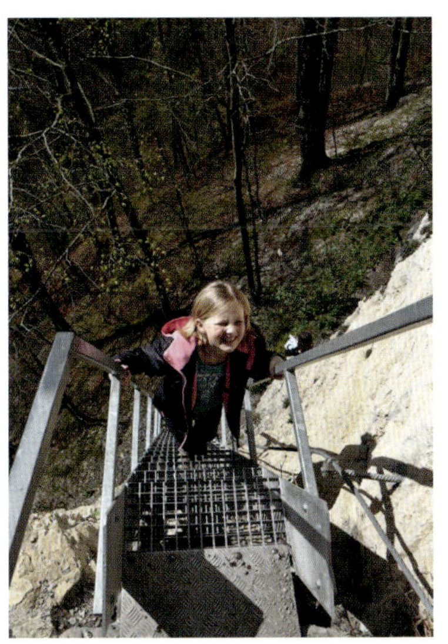

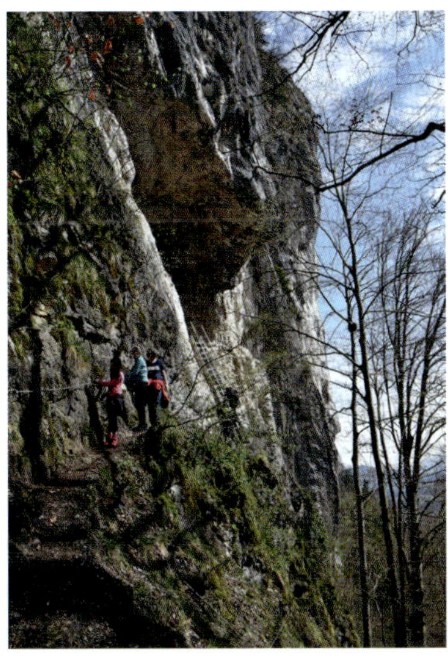

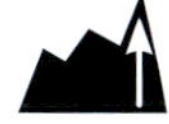

160 Hm

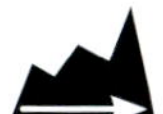

ca. 3 km

30 Min.
Grafenloch

Orientierung
●○○
Kondition
●○○
Schwierigkeit
●○○

Wir parken am besten auf dem Parkplatz des Luegsteinsees. An heißen Tagen wird man vermutlich etwas Mühe haben, doch a Platzerl geht immer noch in Oberaudorf. Am See angekommen, laufen wir unter der eindrucksvollen Sprungschanze hindurch bis am Ende des künstlichen Sees der aufgestaute Bach einströmt. Diesem folgen wir, wie auch ausgeschildert, bis zu einer Lichtung. Nun geht es rechtshaltend durch den Wald, um in einem Rechtsbogen die großen Felswände zu erreichen. Ein mit Stahlseil gesichertes Felsband leitet zu einer sehr steilen Treppe, die zum Grafenloch führt.

Von der Höhlenburg genießen wir den Ausblick auf Zahmen und Wilden Kaiser. Und das taten vermutlich schon die Ritter vor 1000 Jahren: Der Bau der Anlage wurde lange auf die Zeit des Dreißigjährigen Kriegs datiert. 2008 belegten jedoch Keramikfunde im Rahmen archäologischer Untersuchungen eine Besiedelung vom 11. bis ins 13. Jahrhundert. Wahrscheinlich war die Höhlenburg Grafenloch eine Vorgängeranlage der Auerburg oberhalb von Oberaudorf.

Lechnerkopf & Hochsalwand

Kurzweilige Panoramarunde mit spektakulären Ausblicken auf Chiemsee, Inntal und Wendelstein. Nach welligem Aufstieg durch die Almen erobern wir die beiden Gipfel in entspannter Kraxelei.

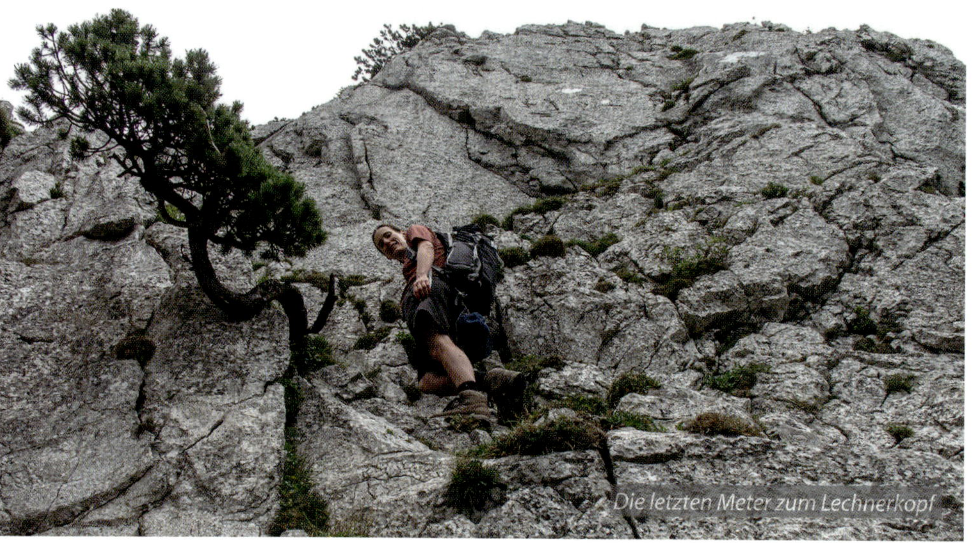
Die letzten Meter zum Lechnerkopf

Unser erstes Ziel ist die Breitenberghütte. Diese lässt sich entweder über die ausgeschilderte Forststraße erreichen. Oder wir gehen vom Parkplatz noch knapp 300 Meter auf der asphaltierten Straße geradeaus weiter und biegen dann rechts ab (weiterhin asphaltiert, gelbes Schild: Breitenberghaus). Wir folgen der Beschilderung und wandern bald auf einer Forststraße an zwei großen Linden vorbei. Kurz darauf zweigt der Weg rechts auf einen Karrenweg ab. Entlang der Materialseilbahn geht es nun erst durch steiles Almgelände und später schattigen Wald bis zum Breitenberghaus. Von hier linkshaltend über die Almwiesen in Richtung Lechneralm (Abkürzung der Forststraße). Wo wir diese das zweite Mal kreuzen, laufen wir auf der Forststraße weiter und nun fast eben durch ein waldiges Hochtal. Bald erreichen wir wieder

Parkplatz:	Brannenburg, Wanderparkplatz St. Margarethen	Höhe: 630 m N 47 43.527' E 12 05.073'
Gipfel:	Lechnerkopf Hochsalwand	Höhe: 1547 m N 47 43.122' E 12 02.217' Höhe: 1625 m N 47 43.009' E 12 02.146'
Charakter:	Kurzweilige Rundtour mit zwei Gipfeln, die Trittsicherheit und Schwindelfreiheit erfordern. Am Lechnerkopf (Auf- und Abstieg) finden sich Kletterstellen im Schwierigkeitsbereich UIAA II, die sich aber leicht bewältigen lassen, da das Gelände kaum ausgesetzt ist. Bike & Hike: Bis zur Lechneralm kann man auch mit dem Radl fahren (von St. Margarethen über die Forststraße).	
Markierung:	Im Almgelände z.T. rote Punkte, beim Abstieg zwischen Hochsalwand und Lechneralm graue Punkte	
Einkehr:	Breitenberghaus; im Sommer an manchen Tagen auch Lechneralm	

1200 Hm

11,5 km

5h30 Runde

Orientierung

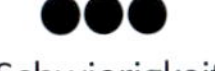

Kondition

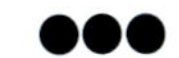

Schwierigkeit

●●●

offenes Almgelände. Der Hang wird steiler und unser Weg macht einen Schlenker nach rechts, hoch zu einer Forststraße, auf der wir bald die Lechneralm (1250 m) erreichen.

Hinter dem Haus geht es auf Steigspuren rechts den Hang hinauf. Im oberen Bereich ist bald ein Gatter erkennbar, welches wir passieren und nach links auf schmalem Steig zum Kamm steigen. Dort treffen wir auf einen Wegweiser zur Hochsalwand, dem wir nach links folgen. Nun am Kamm entlang bis unter die Felswände des Lechnerkopfs. Kurz bevor wir den Fels erreichen, zweigt der Wanderweg Richtung Hochsalwand rechts ab, wir laufen aber auf deutlichem Pfad geradeaus weiter. Unser Weg führt bald direkt an der Felswand entlang. An seinem höchsten Punkt beginnt links der Aufstieg zum Gipfel. Anfangs auf Trittspuren durch viel loses Geröll, aber bald werden die Felsen steiler: Hier halten wir uns links und kraxeln, die Hände zur Hilfe nehmend, bis zum Gipfel (den Begehungsspuren folgen – Schwierigkeit UIAA II). Bald erreichen wir das Gipfelkreuz und genießen die Rundumsicht: In unserem Rücken liegt die Hochsalwand, vor uns die Rampoldplatte. Bei gutem Wetter können wir weit ins Alpenvorland blicken.

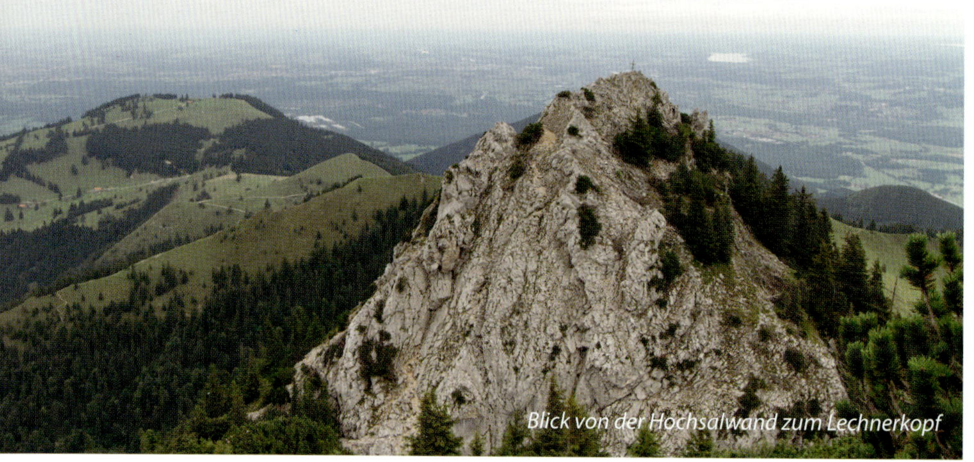

Blick von der Hochsalwand zum Lechnerkopf

Nun geht es weiter zur Hochsalwand: Wir folgen dem Steig, der auf der Nordseite des Lechnerkopfs hinunter in den Sattel zwischen den beiden Gipfeln führt. Ein, zwei kleinere Stufen müssen wir abklettern und wer genau hinschaut, erkennt eine Markierung aus weißen Punkten an der Felswand. Unten angekommen, weist uns ein großes Steinmännchen nach links. Von hier geht es nun auf etwas leichterem Steig weiter zur Hochsalwand (Gehzeit vom Lechnerkopf etwa 30 Minuten). Am Gipfel lädt eine Bank zur ausgiebigen Panoramaschau auf Wendelstein, Inntal, Sims- und Chiemsee ein.

Für den Abstieg nehmen wir den am Kreuz links wegführenden Pfad, der erst unschwer am Grat und später durch den Wald zur Lechneralm

führt (mit grauen Punkten markiert). Vor der Alm steigen wir über die steilen Wiesen geradewegs hinunter zu unserem Anstiegsweg (dabei leicht links haltend in Richtung der Senke, Pfadspuren mit roten Markierungen). Unten auf gleichem Weg zur Breitenbergalm und von hier am besten über die Forststraße (mit deutlich erkennbaren Abkürzungen über die offenen Wiesen) zurück zum Parkplatz.

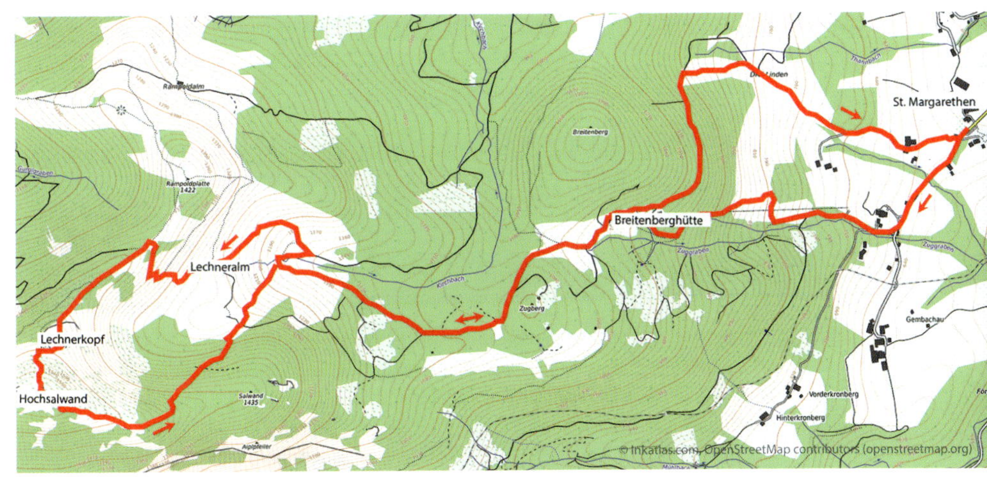

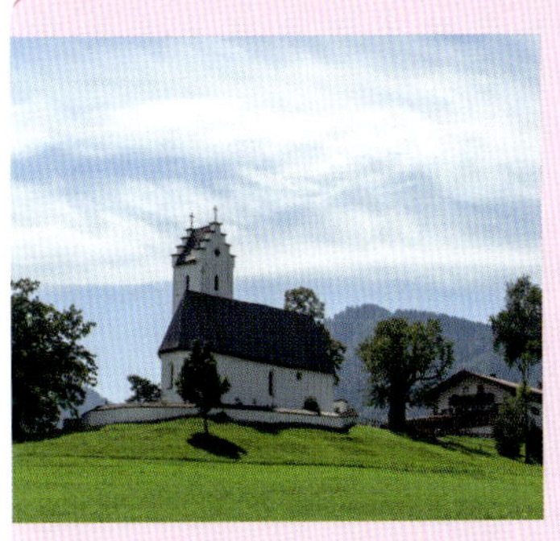

Sankt Margarethen

Die 1445 erstmals urkundlich erwähnte Margarethenkirche liegt in wunderschöner Landschaft oberhalb von Brannenburg. Den Kult zur Anbetung der Heiligen Margarethe brachten vermutlich zurückkehrende Kreuzritter im 11. und 12. Jahrhundert mit in die Heimat.

Quelle: Chiemsee-Alpenland Tourismus

Breitensteiner Fensterl

Auf wilden Wegen und Pfaden zu einem spektakulären Felsbogen mit großartiger Aussicht ins Leitzachtal. Genauso wild und weglos geht es weiter zur Kesselalm und gemütlich auf der Forststraße wieder zurück.

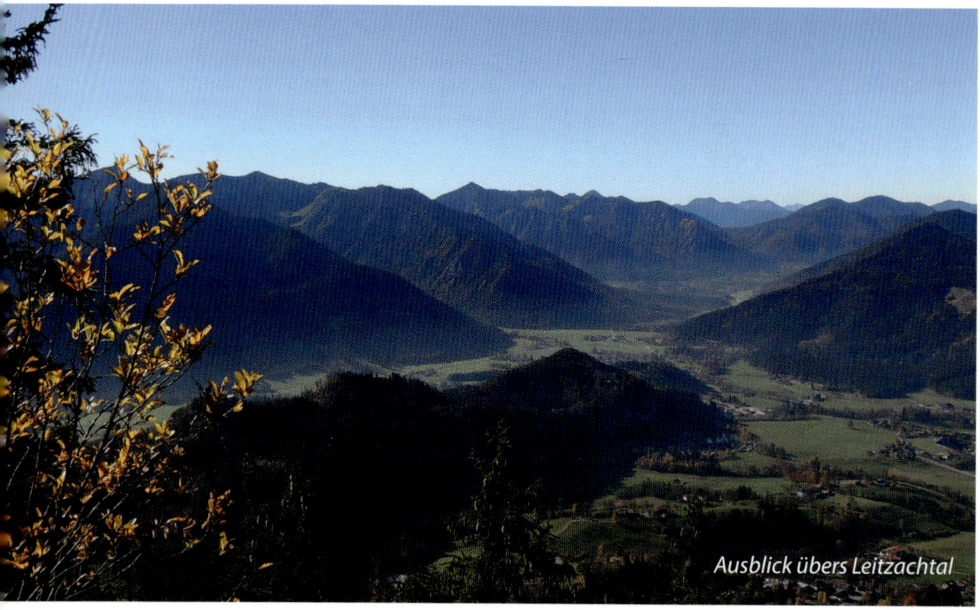

Ausblick übers Leitzachtal

Vom Parkplatz folgen wir zuerst der Beschilderung zur Kesselalm und gehen auf der Forststraße einige Kehren aufwärts. Bald zweigt links eine Forststraße mit Schranke ab. Nun folgen wir noch für etwa 150 Meter dem Weg zur Kesselalm, bis ein unbeschilderter Karrenweg nach links abzweigt. Diesem folgen wir bis zur Mündung in einen Forstweg. Hier nach rechts, bis in einer Linkskehre ein Weg zu einem Jägerstand führt, der direkt über dem Sattelbach steht. Vor dem Jägerstand zweigt nach links ein schmaler Pfad ab, der sehr direkt durch den Wald bergauf führt. Nach einer Weile teilt sich der Pfad und wir steigen weiter steil

Parkplatz:	Leitzachtal nach Fischbachau, Parken im Ortsteil Birkenstein	Höhe: 858 m N 47 42.759' E 11 57.859'
Gipfel:	Breitensteiner Fensterl	Höhe: 1317 m N 47 43.120' E 11 58.660'
Charakter:	Lohnende Rundtour in abwechslungsreichem Gelände, die auch mit wanderfreudigen, schon etwas größeren Kindern gut machbar ist. Wer die Tour erweitern möchte, steigt einfach zum Breitenstein (1622 m) weiter.	
Markierung:	Nur Kesselalm (Weg 665)	
Einkehr:	Kesselalm	

620 Hm

7,8 km

3h Runde

Orientierung
●●●

Kondition
●●○

Schwierigkeit

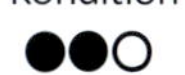

und immer linkshaltend empor. Bald quert unser Weg nach links unter einer Felswand hindurch. Jetzt geht es noch ein paar Minuten quer zum Hang, bis wir auf Felsen treffen. Hier rechts den Hang hinauf und oben durch einen Felsschlupf (zum Teil mit roten Punkten markiert) zum Breitensteiner Fensterl.

Wem die fantastische Aussicht durchs Felsentor nicht genügt, kann über das Fenster zum Kreuz hinaufklettern. Dazu wäre eine UIAA Iller-Stelle als Free Solo zu überwinden, um dann über den teilweise mit Drahtseilen und Eisenbügeln versicherten, schmalen und ausgesetzten Grat zum Gipfelkreuz zu gelangen (retour sicher noch anspruchsvoller). Doch die gleiche Aussicht können wir uns auch einfacher gönnen. Dafür steigen wir parallel zu den Felsen hangaufwärts und erreichen ohne Kletterei eine deutlich weniger ausgesetzte Felsspitze mit Ausblick auf das kreuzgeschmückte Gipfelchen.

Auf dieser Höhe zweigen nun Spuren nach rechts weg. Diese Querung ist nicht ganz einfach zu finden, denn der Pfad ist undeutlich und man stößt auch auf Varianten. Aber diverse Markierungen (blaue, manchmal auch Spuren roter Punkte) helfen, bis der Pfad den Wald verlässt und wieder gut erkennbar ist. Nun queren wir aufsteigend das freie Gelände, bis sich der Pfad nach links wendet und deutlich ansteigt. Hier verlassen wir diesen und gehen geradeaus weiter. Bei einem Weidezaun stoßen wir auf einen kleinen, unbedeutenden Pfad, der sich geschickt durch die Felsabrüche hinuntermogelt. Bald treffen wir auf den Aufstiegsweg zum Breitenstein. Nun nach rechts immer abwärts zur Kesselalm. Hier können wir noch einen Abstecher zur kleinen, aussichtsreichen Kappel (Kesselalmkapelle) machen und dann auf der Forststraße zurück zum Ausgangspunkt wandern.

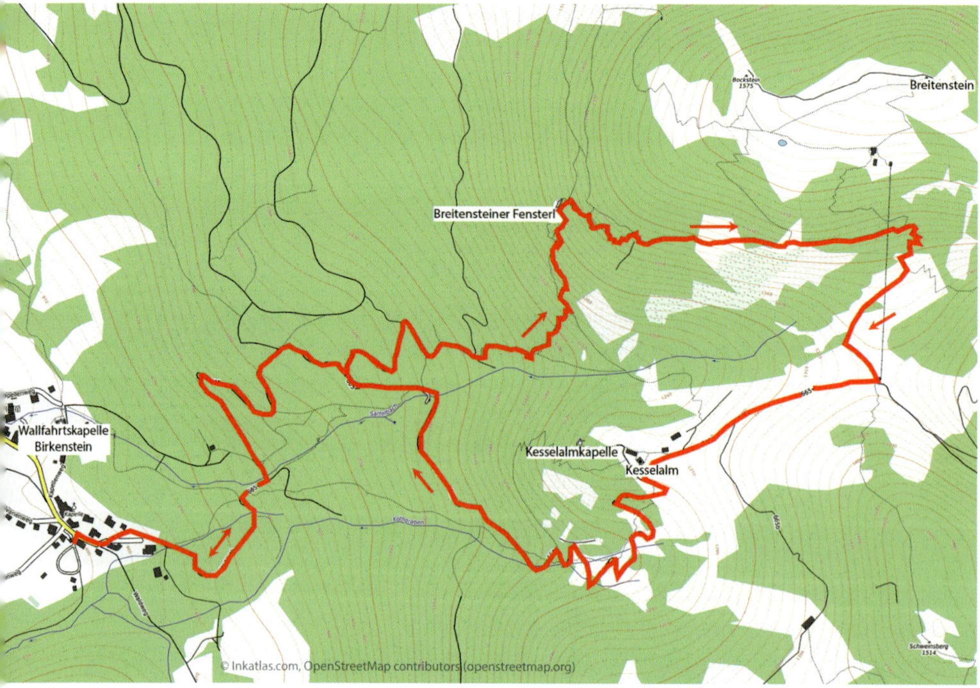

Breitenstein
Breitensteiner Fensterl
Wallfahrtskapelle Birkenstein
Kesselalmkapelle
Kesselalm

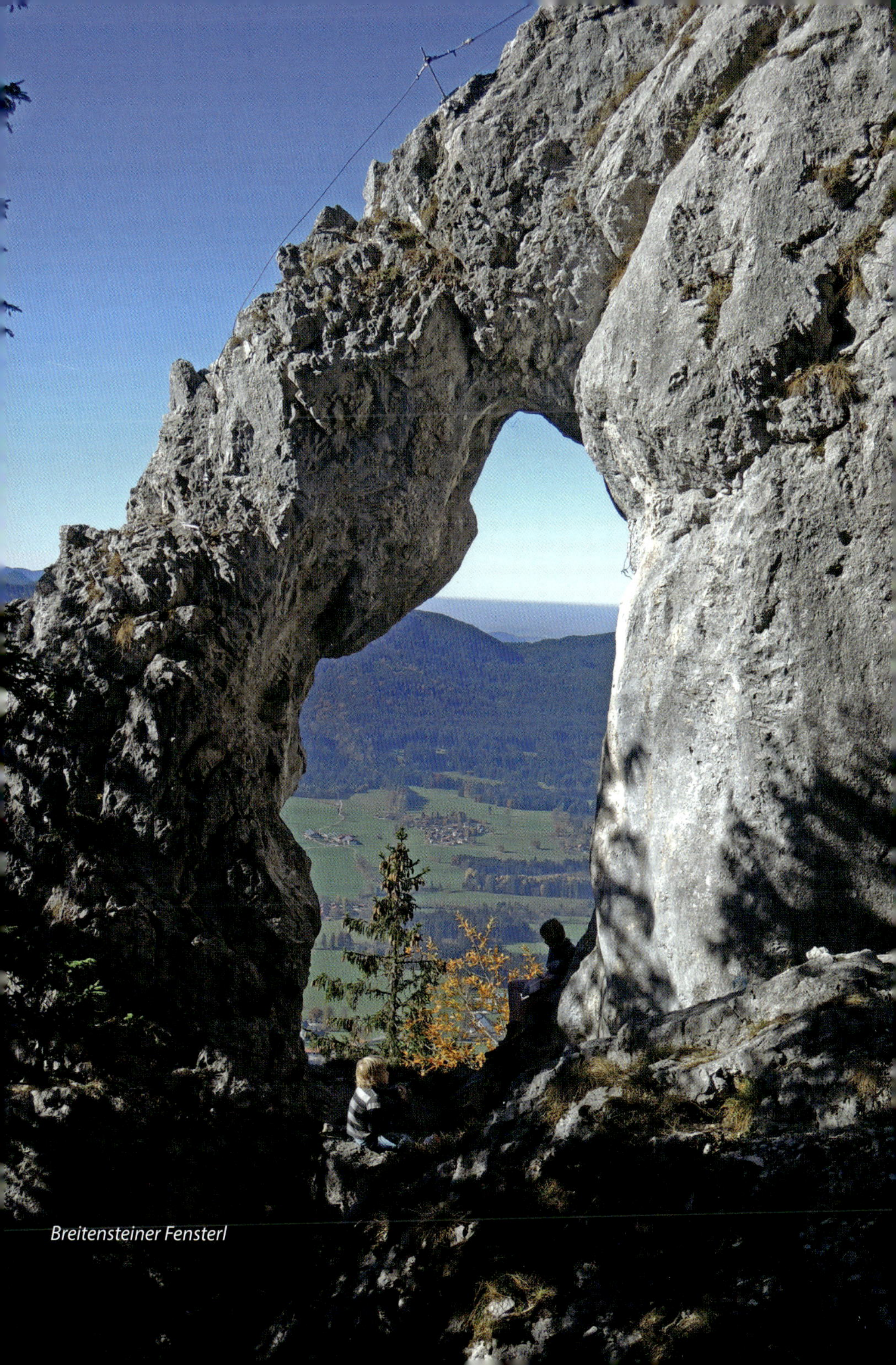
Breitensteiner Fensterl

Nagelspitz

Diese Tour könnte nach Regenfällen eine Schlammschlacht werden. Aber dafür werden wir die Aussicht auf den Schliersee für uns allein genießen. Und im Sommer lädt die Jägerbauernalm mit ihren „verrückten" Tieren zur Brotzeit ein.

Parkplatz:	Vom Schliersee die Spitzingstraße hoch Richtung Spitzingsee. Kleine Parkbucht an der Ostseite der Spitzingstraße auf etwa 1000 m Höhe. Hier beginnt der ausgeschilderte Wanderweg 642 zum Jägerkamp. (Alternativ: Parkplatz am Spitzingsattel)	Höhe: 1017 m N 47 40.881' E 11 53.396'
Gipfel:	Nagelspitz	Höhe: 1555 m N 47 41.094' E 11 54.482'
Charakter:	Kurzweilige Tour auf einen oft übersehenen Gipfel. Wegen der sumpfigen Abschnitte am besten nicht nach Regenfällen. Mit Kindern gut machbar bis zur Jägerbauernalm, danach durch den „Matschfaktor" nur bedingt.	
Markierung:	Wanderweg 642 bis Jägerbauernalm	
Einkehr:	Jägerbauernalm	

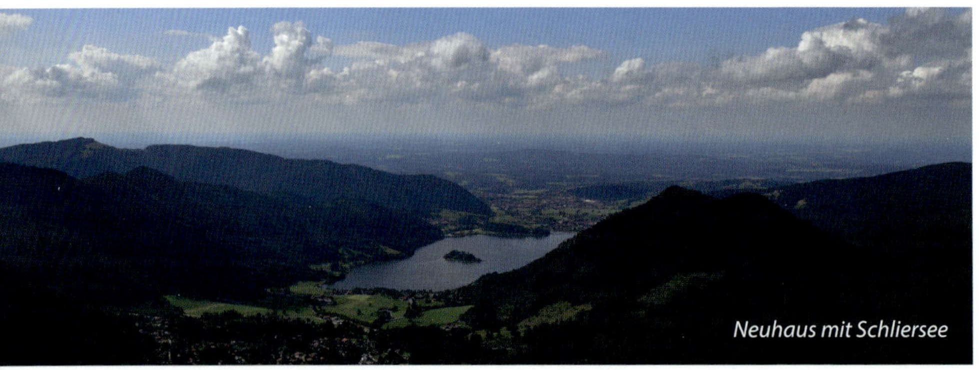

Neuhaus mit Schliersee

Wir folgen kurz der Forststraße und biegen dann nach links in den Wanderweg 642 zum Jägerkamp. Dieser führt mal steil, mal etwas gemächlicher in vielen Serpentinen durch den Wald hinauf. Etwa 30 Minuten vor der Jägerbauernalm mündet von rechts der offen gelassene Pfad vom Spitzingsattel ein. (Diesen kann man auch zum Aufstieg verwenden: Dazu parkt man am Spitzingsattel auf dem gebührenpflichtigen Parkplatz. Bei der Parkbucht für Busse zweigt der unbeschilderte Pfad ab und quert in einigen sehr flachen und ausladenden Serpentinen den Wiesenhang. Dann zweigt er in den Wald hinein, quert durch steile Waldhänge und über Lawinenreißen, umgeht einige Feldwände, die wie Mauern im Berg stehen, passiert Lawinenverbauungen und mündet in unseren zuvor beschriebenen Weg. Bestimmt die schönere Variante, aber auch etwas anspruchsvoller.)

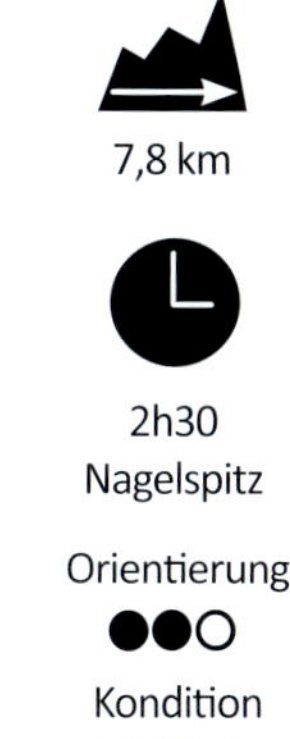

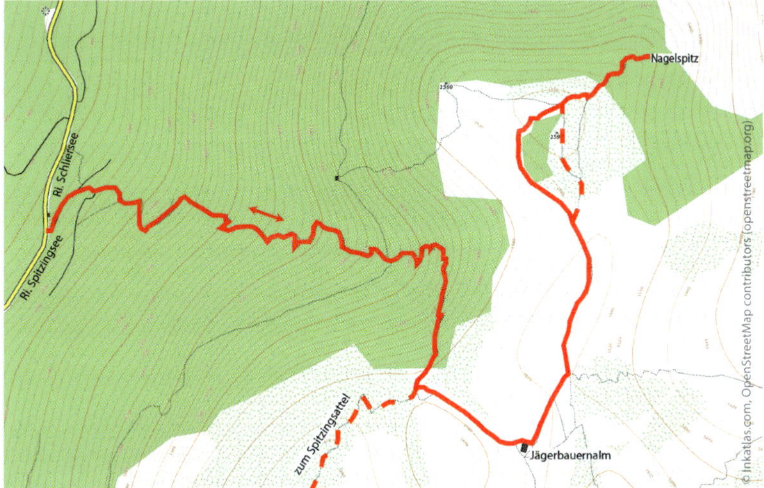

Auf dem „Normalweg" erreichen wir bald die Jägerbauernalm (1544 m). Direkt hinter der Almhütte folgen wir der Beschilderung: Benzingalm/Aurach nach links (Norden). Am Kamm gabelt sich der Weg. Hier folgen wir dem deutlich weniger ausgeprägten Pfad nach links in

Richtung einer Anhöhe (Startplatz für Gleitschirmflieger mit Windsack). Von dort erkennt man geradeausschauend rechts schon den felsigen Gipfel des Nagelspitz' und links einen mit Latschen bewachsenen Felskopf. Jetzt gibt es zwei Optionen: Man kann entweder den Felskopf im Uhrzeigersinn umrunden und durch sumpfige Wiesen zum Kamm aufsteigen, um dort durch eine Latschengasse wieder etwas abzusteigen. Oder man entscheidet sich für die andere Richtung und biegt in eine Latschengasse, die nicht weniger schlammig ist und sich plötzlich in einen Pfad „verwandelt". Doch die Freude währt nicht lange, denn unser Pfad zweigt unmittelbar nach links ab.

Beide Varianten führen recht schnell zusammen und den bewachsenen Grat hinunter, wobei die Spuren ein paarmal die Seite wechseln. Über eine gut kletterbare Felsstufe (rechts vom Grat, Schwierigkeit UIAA I bis II) gelangen wir schließlich auf den Nagelspitz und nach ein paar Schritten zum höchsten Punkt. Hier öffnet sich eine großartige Aussicht auf die naheliegenden Gipfel von Jägerkamp, Aiplspitz sowie – etwas im Hintergrund – Wendelstein, Breitenstein und natürlich den Schliersee. Bei guter Sicht erkennen wir sogar Sims- und Chiemsee.

Etwas unterhalb, in den Latschen versteckt, wartet übrigens ein Gipfelbuch. Dieses verrät, dass nicht viele diesen Logenplatz besuchen.

Abstieg auf der gleichen Route.

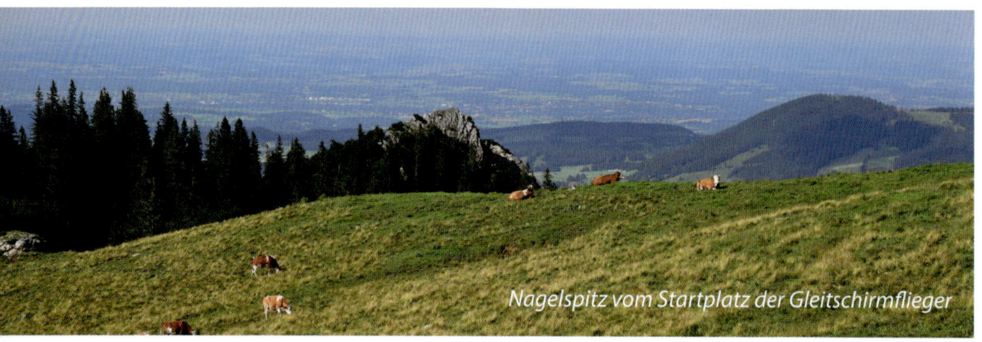

Nagelspitz vom Startplatz der Gleitschirmflieger

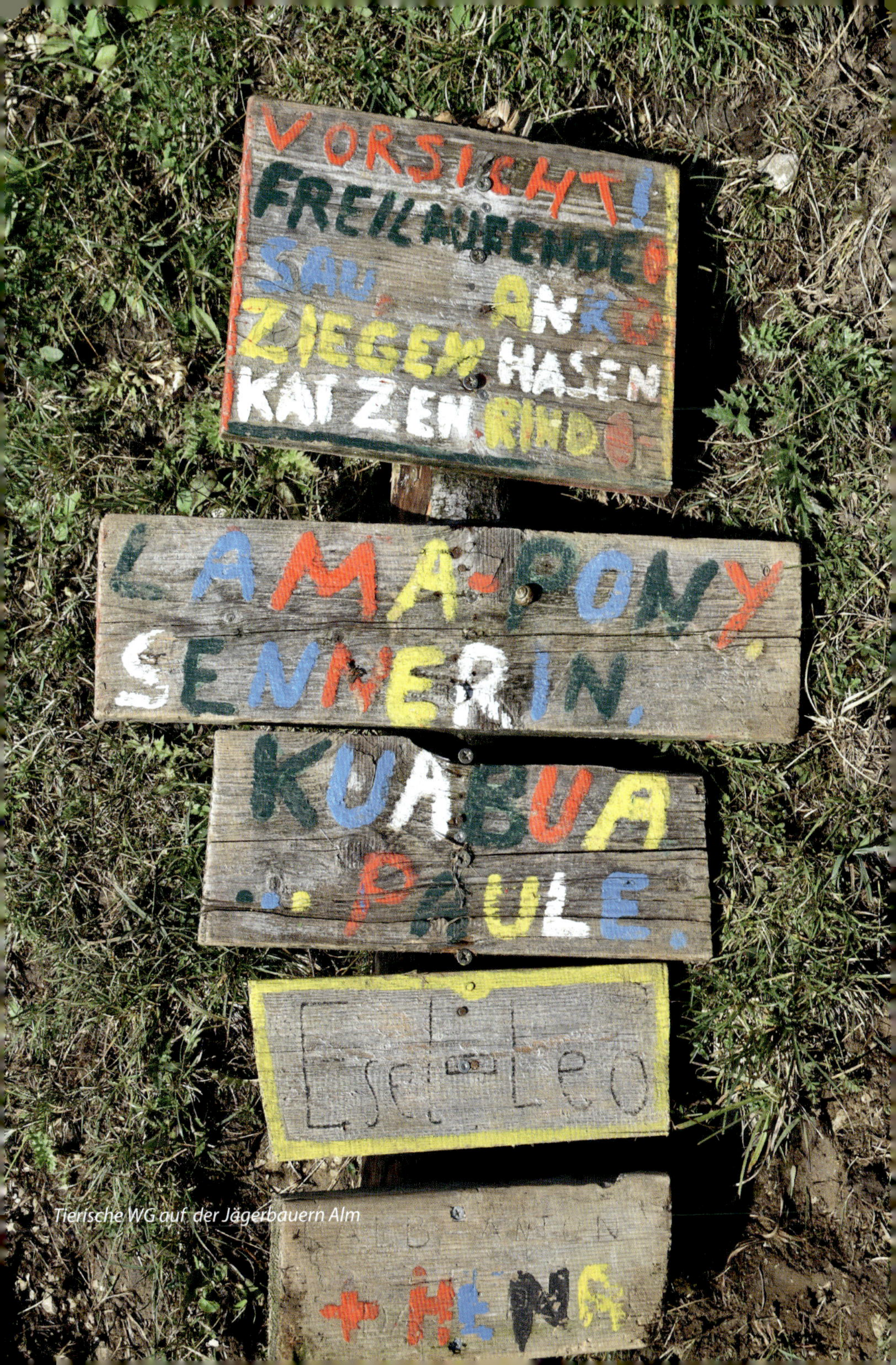

Tierische WG auf der Jägerbauern Alm

Ankelspitz Reibn

Sooft man auch am Schliersee ist: Der Grat über Neuhaus ist so unscheinbar, dass man ihn einfach übersieht. Aber völlig zu Unrecht. Hier warten mit Ankel- und Schlierseespitz zwei überaus lohnende Logenplätze, die man mit dem Brecherspitz zu einer großen Rundtour verbinden kann.

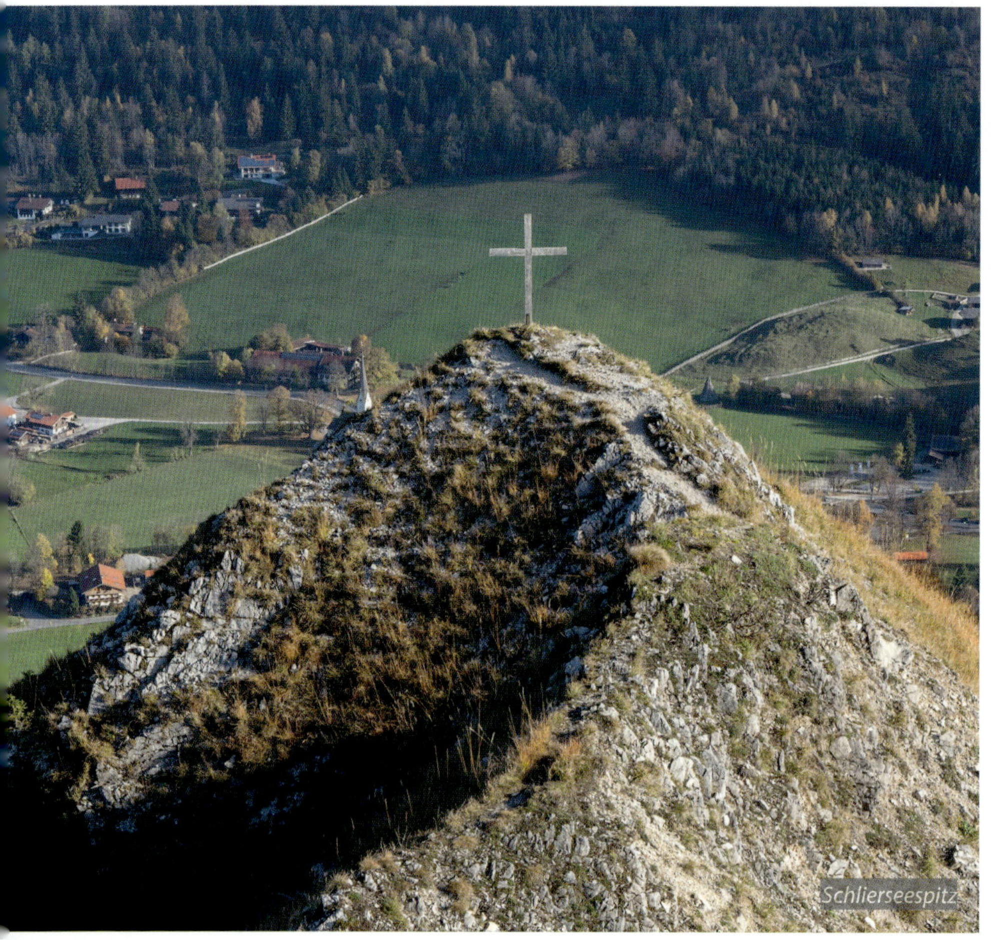
Schlierseespitz

Parkplatz:	Neuhaus	Höhe: 840 m N 47 42.035' E 11 52.179'
Gipfel:	Ankelspitz	Höhe: 1112 m N 47 41.712' E 11 52.234'
	Schlierseespitz	Höhe: 1279 m N 47 41.643' E 11 51.970'
	Brecherspitz	Höhe: 1685 m N 47 40.588' E 11 52.266'
Charakter:	Panorama-Gratrunde vom Schliersee mit Erweiterungsoptionen. Trittsicherheit und Schwindelfreiheit sind erforderlich. Auf dem Ankelsteig müssen Kletterstellen UIAA I überwunden werden.	
Markierung:	Keine	
Einkehr:	Ankelalm	

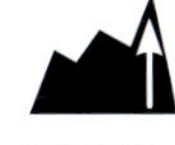

1000 Hm

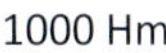

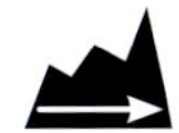

10,8 km

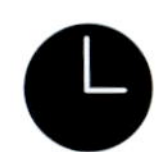

Ankelspitz 1h
Ankelsteig-Runde: 3h30
Brecherspitz-Runde: 6h

Orientierung

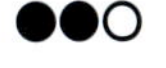

Kondition

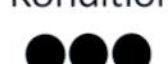

Schwierigkeit

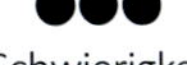

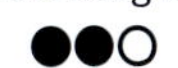

Ankelsteig:
Schwierigkeit

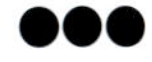

Neuhaus macht das Parken schwer. Obwohl hier ein ordentliches Netz an Wanderwegen besteht, findet man kaum öffentliche Parkplätze. Größere Parkmöglichkeiten gibt es am Ende der Dürnbachstraße. Von dort geht es zu Fuß weiter: Auf Höhe der Bodenschneidstraße zweigt ein Weg ab, der uns über den Dürnbach führt. Wir folgen der Krettenburgstraße und zweigen alsbald nach rechts in eine Straße mit Fahrverbot und folgen den Wegweisern zum Brecherspitz. Die Straße führt zum Wald und geht in eine Forststraße über. Wir passieren nach wenigen Minuten eine Schranke und nach noch kürzerer Zeit stößt von links ein Karrenweg auf die Forststraße. Etwa 20 Meter danach befindet sich rechts eine Bucht mit Kies und darüber der nicht ganz deutlich erkennbare Pfad. Diesem folgen wir nun durch zugewachsenes Unterholz. Das endet nach kurzer Zeit und der Weg zieht in ordentlicher

Steilheit durch den Wald und später durch eine Schneise nach oben. Unser Pfad endet auf einem Grat. Hier steigen wir nach links einige Meter hinauf und erreichen den Ankelspitz mit Kreuz und Gipfelbuchrohr. Unter uns liegen Neuhaus und der Schliersee, in der Ferne sehen wir Breiten- und Wendelstein.

Nun können wir wieder absteigen oder den Weiterweg am Grat nach rechts einschlagen. Dann sind aber Schwindelfreiheit und Trittsicherheit gefordert. Wir folgen dem Grat über eine Kletterstelle und

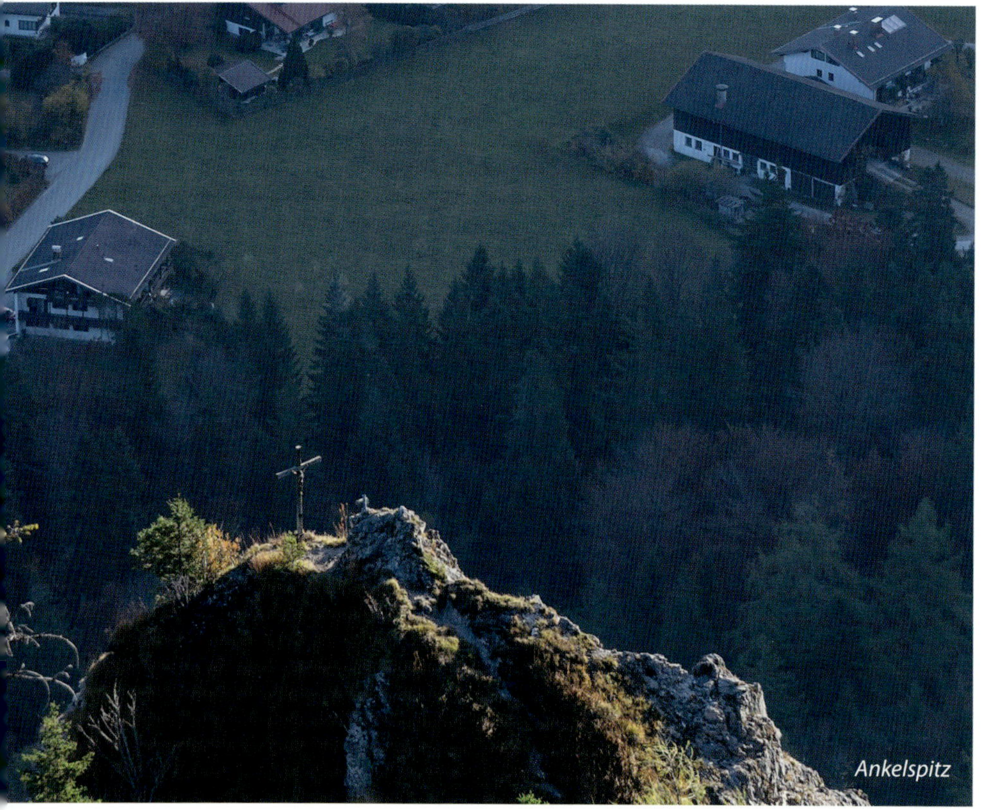

Ankelspitz

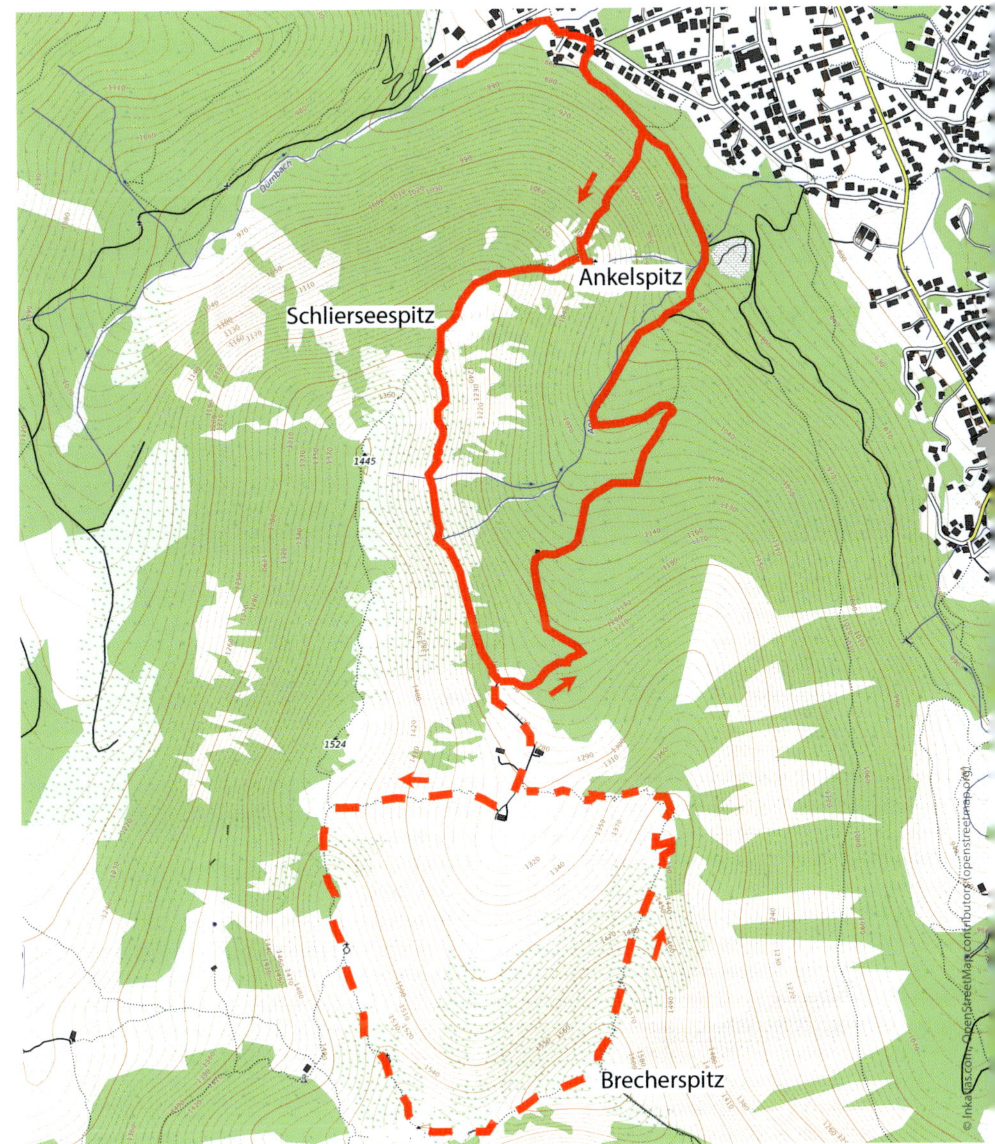
Ankelspitz
Schlierseespitz
Brecherspitz
1445
1524
Dürnbach
© Inkatlas.com, OpenStreetMap contributors (openstreetmap.org)

Die „Bockerlbahn"

Im Jahr 1919 fällten gewaltige Stürme im Spitzingseegebiet insgesamt rund 300.000 Bäume. Um das wertvolle Holz noch zu nutzen, musste es schnell ins Tal gebracht werden, da der Befall durch Borkenkäfer drohte. Weil damals noch keine für das Befahren mit größeren Fahrzeugen geeignete Straße zum Spitzingsattel existierte, beschloss man eine Waldbahn zum Abtransport der Stämme zu bauen. In kurzer Zeit errichteten Arbeiter vom Bahnhof in Fischhausen-Neuhaus eine insgesamt zwölf Kilometer lange Strecke, die über die Stockeralm hoch zum Spitzingsattel und weiter zur Wurzhütte, über die Valepper Almen zum Blecksteinhaus und von dort hinunter zur Waitzinger Alm führte. Wegen der großen Höhenunterschiede mit Steigungen bis zu 40 Prozent mussten drei Bremsberge errichtet werden und beim Blecksteinhaus wurde sogar ein Aufzug gebaut. Zudem baute man diverse Brücken, etwa über den Dürnbach, den Ankelbach und die Valepp.

Eine Herausforderung war auch die Unterbringung und Verpflegung der Arbeiter. Etwa 1500 bis 2000 Leute waren ständig im Einsatz, um die schwere und oft auch lebensgefährliche Arbeit zu verrichten. Für viele Betriebe in Neuhaus und Schliersee war die Sturmkatastrophe allerdings auch ein wirtschaflicher Segen, da sie ihnen Aufträge verschaffte und die Folgen des gerade verlorenen Weltkriegs damit weniger spürbar waren als in anderen Regionen.

Nach drei Jahren waren die Windbruchschäden beseitigt und die Waldbahn wurde zurückgebaut. Heute sind ihre Spuren kaum noch zu erkennen, zum Teil verlaufen aber noch Wanderwege entlang der Trassen.

Quelle: www.fischhausen-neuhaus.de

erreichen in exponiertem Gelände einen Grashang. Der Pfad steigt hier extrem steil an, sodass wir ab und zu die Hände zur Hilfe nehmen müssen. Es werden zwei Kletterstellen überwunden, die ziemlich ausgesetzt sind.

Danach wird das Gelände einfacher und wir erreichen schnell das Gipfelkreuz des Schlierseespitz'. Anschließend führt der Pfad über einen schmalen und ausgesetzten Grat, allerdings ohne Schwierigkeiten.

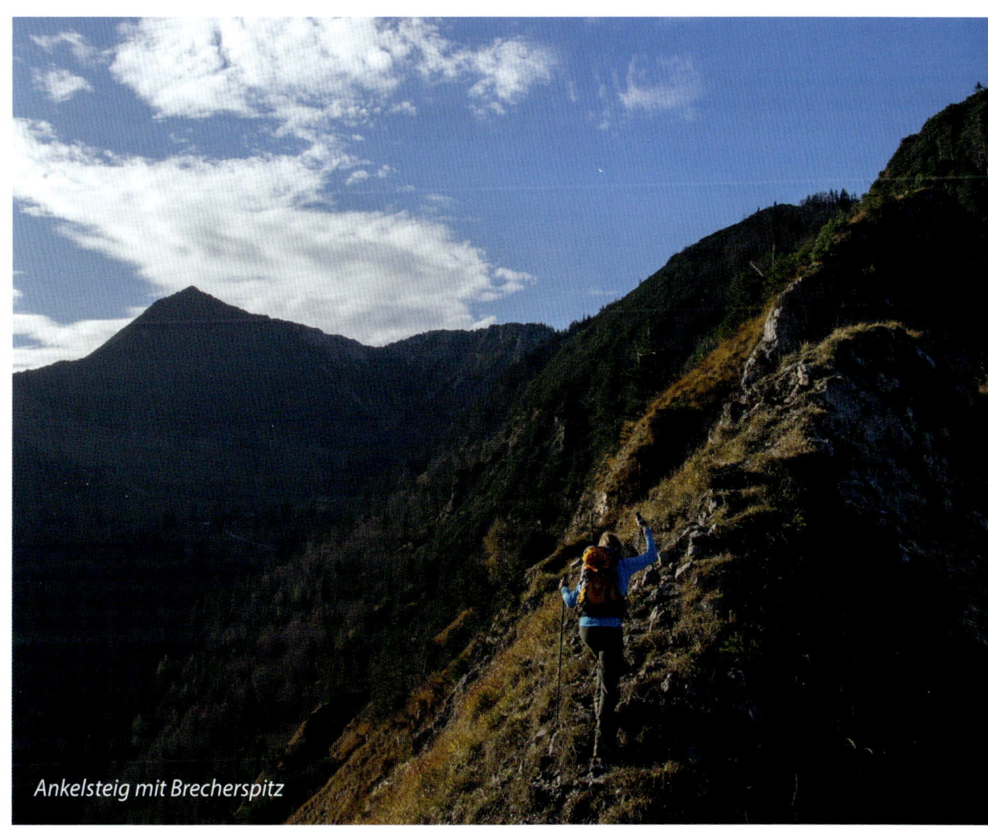

Ankelsteig mit Brecherspitz

Eine letzte Kletterstelle muss bis zum Erreichen des Ankelsteigs überwunden werden. Diesem folgen wir nach links, doch Vorsicht: Wir müssen nicht mehr klettern, aber die Steigspuren sind oft vom Gras überwuchert, einige Passagen sind exponiert und ein Stück des Wegs ist abgebrochen. Nach etwa 30 Minuten erreichen wir den Fahrweg zur Ankelalm. Hier können wir absteigen oder über die beschilderten Wanderwege zum Brecherspitz aufsteigen.

Burgruine Hohenwaldeck

Perfekt für heiße Tage. Wir starten schon früh, nutzen den leeren Parkplatz, eine kleine Aussichtstour und dann ab zum Schliersee zum Baden. Dafür gehen wir direkt vom Parkplatz am See entlang bis zu einem kleinen Kiosk mit nettem Strand. Oder wir fahren – wenn's richtig heiß ist – mit dem Auto nach Neuhaus Josefsthal, biegen in die Josefsthaler Straße und folgen dieser bis zum Schluss. Hier parken wir und folgen den Schildern zum Wasserfal. Schon der Bachlauf im Wald kühlt, doch die Dusche unter dem Fall toppt alles.

Parkplatz:	Am Ende des Schliersees kurz vor Neuhaus	Höhe: 780 m N 47 42.752' E 11 52.179'
Logenplatz:	Burgruine Hohenwaldeck	Höhe: 986 m
Charakter:	Kurzer, aussichtsreicher Ausflug mit diversen „Anschlussoptionen" am See. Auch mit kleineren Kindern uneingeschränkt empfehlenswert.	
Markierung:	Perfekt ausgeschildert	
Einkehr:	Diverse am See	

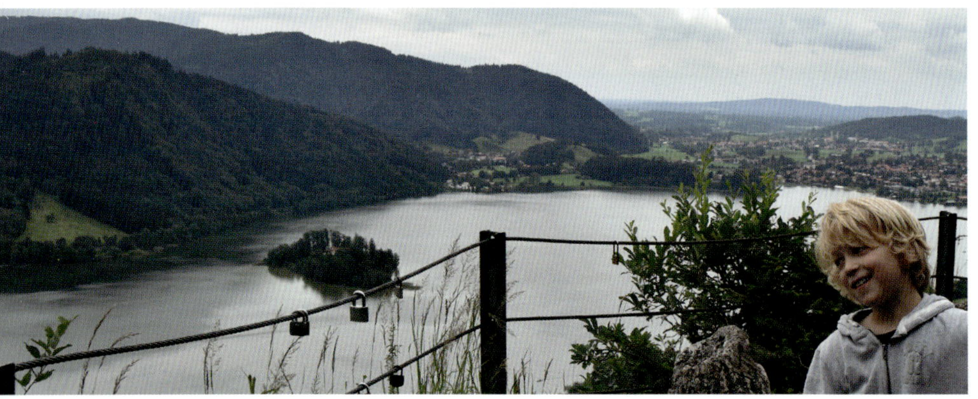

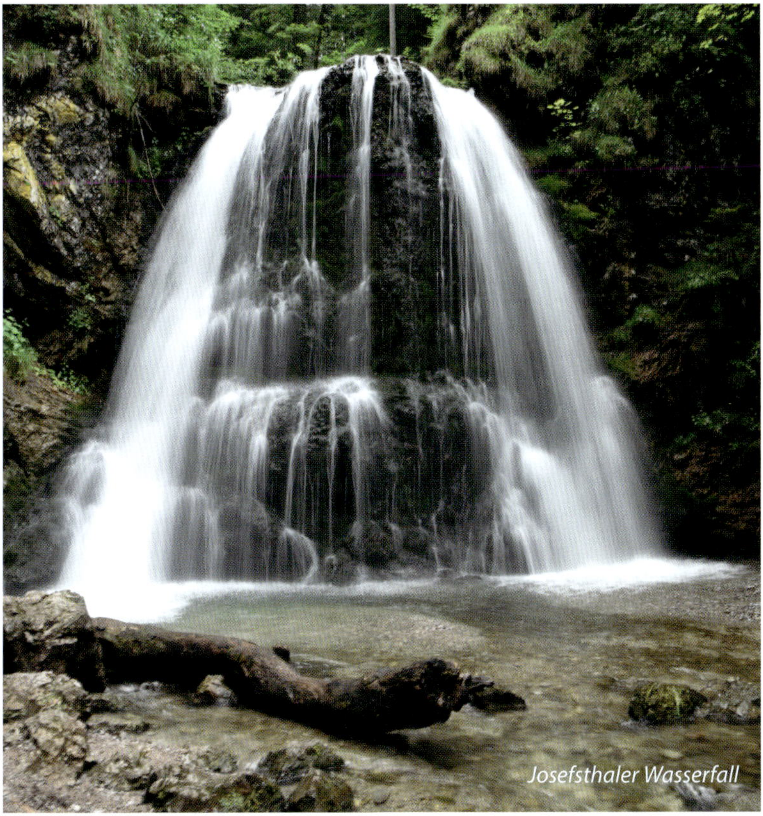

Josefsthaler Wasserfall

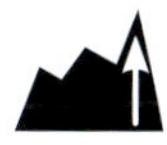

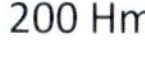

200 Hm

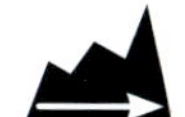

3,5 km gesamt

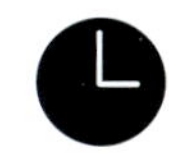

1h Burgruine

Orientierung
●○○
Kondition
●○○
Schwierigkeit
●○○

Vom Parkplatz am Ende des Schliersees an der Straße entlang, bis nach dem Gasthaus die Beschilderung zur Burgruine führt. Wir wandern erst auf einer kleinen Teerstraße, dann über eine Weide und in Serpentinen durch den Wald hinauf. Der Weg ist gut ausgeschildert und mehrere große Tafeln erklären Wissenswertes zu Bäumen und Tieren im Wald. Die seit dem 15. Jahrhundert verlassene Burg ist überraschend gut erhalten und lädt zum Entdecken ein. Leider ist man am Gipfelkeuz selten allein.

Kreuzbergköpfel

Nur selten lässt sich eine gemütliche Almtour so unkompliziert mit einem Logenplatz verbinden. Zwischen Kreuzbergalm und Baumgartenschneid versteckt sich ein exponiertes Plätzchen, das uns schöne Ausblicke Richtung Tegernsee schenkt.

Parkplatz:	In Tegernsee Richtung Bahnhof und noch vor diesem rechts in die Max-Josef-Straße, die später zum Prinzenweg wird. Parkmöglichkeiten am Eingang des Alpbachtals (Ecke Prinzenweg/Schützenstraße)	Höhe: 790 m N 47 42.775' E 11 46.090'
Gipfel:	Kreuzbergköpfel	Höhe: 1260 m N 47 42.700' E 11 48.634'
Charakter:	Kurzer, lohnender Panorama-Abstecher. Um auf den Grat zu gelangen, sind mehrere Pfade (von unterschiedlicher Steilheit) möglich. Der direkteste Weg führt gleich nach Querung der Felsen links hinauf. Mit Kindern teilt sich die Gruppe am besten in „Alm"- und „Gipfel"-Geher.	
Markierung:	Nur Kreuzbergalm ausgeschildert	
Einkehr:	Kreuzbergalm	

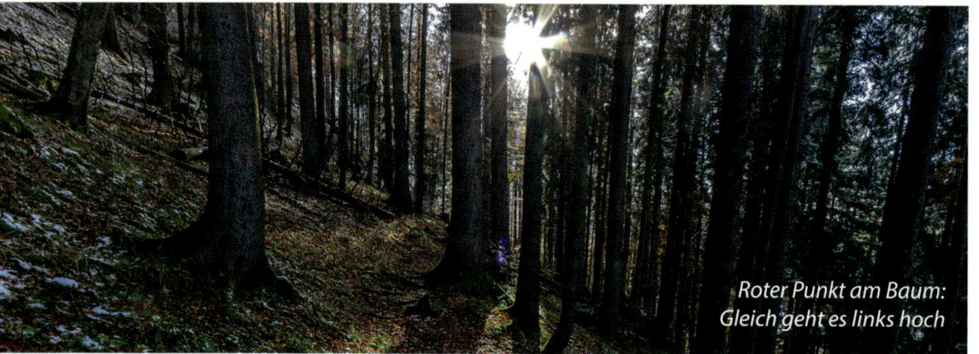

Roter Punkt am Baum: Gleich geht es links hoch

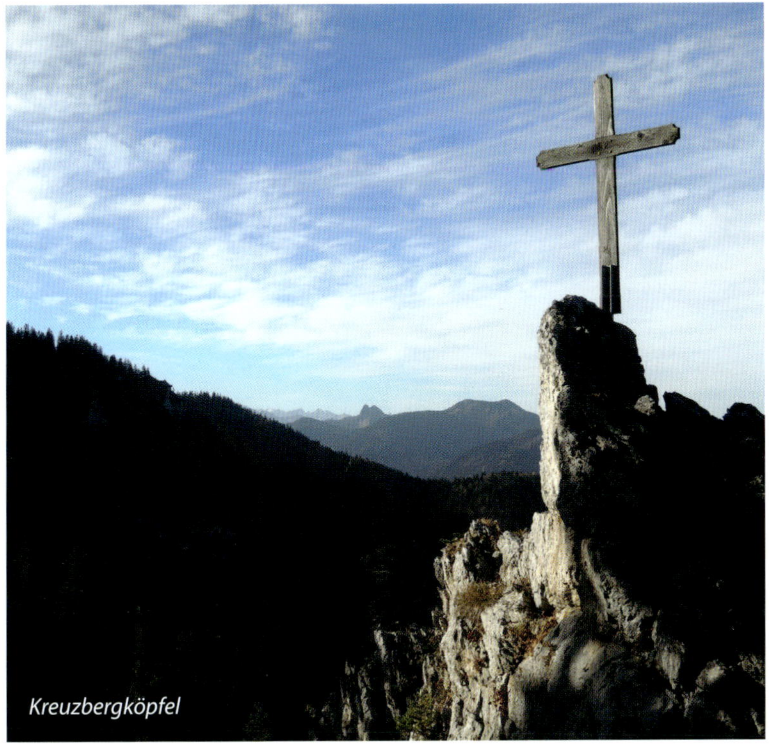
Kreuzbergköpfel

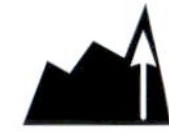
550 Hm

11,5 km

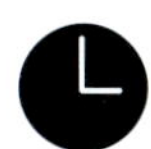
2h30
Kreuzbergköpfel
3h
mit Kreuzbergalm

Orientierung
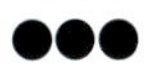
Kondition
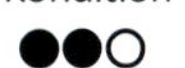
Schwierigkeit
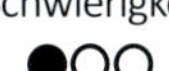

Aufstieg (oder mit dem Radl) über das Alpbachtal. Hier folgt man immer der Forststraße Richtung Kreuzbergalm. Wo diese aus dem Wald ins offene Almgelände hinausführt, zweigt rechts ein Wanderweg Richtung Baumgartenschneid ab. Dieser steigt sanft an und umrundet fast eben das Kreuzbergköpfel. Etwa fünf Minuten nach Beginn dieses Wegs passiert man einen Baum mit einem blassen roten Punkt. Rund zehn Meter dahinter trifft in steilem Winkel ein schwach ausgebildeter Pfad auf unseren Steig. Er führt zuerst leicht ansteigend wieder in Richtung Kreuzbergalm, macht aber nach wenigen Metern eine scharfe Biegung nach rechts und quert dann die Felsen unterhalb des Köpfels. Der

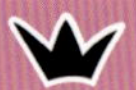

Pfad ist schottrig und nicht besonders gut erhalten. Doch bald wird er deutlicher und zieht nach links hoch bis zu einem Grat. Diesem folgt er mehr oder weniger deutlich bis zum höchsten Punkt. Nun sind es noch wenige Schritte leicht abwärts und rechts an den Felsen vorbei bis zum bereits sichtbaren Gipfelkreuz.

Auf dem Rückweg sollte man den Abstecher zur Kreuzbergalm natürlich nicht auslassen. Die Aussicht ist fantastisch und das Bier sowieso.

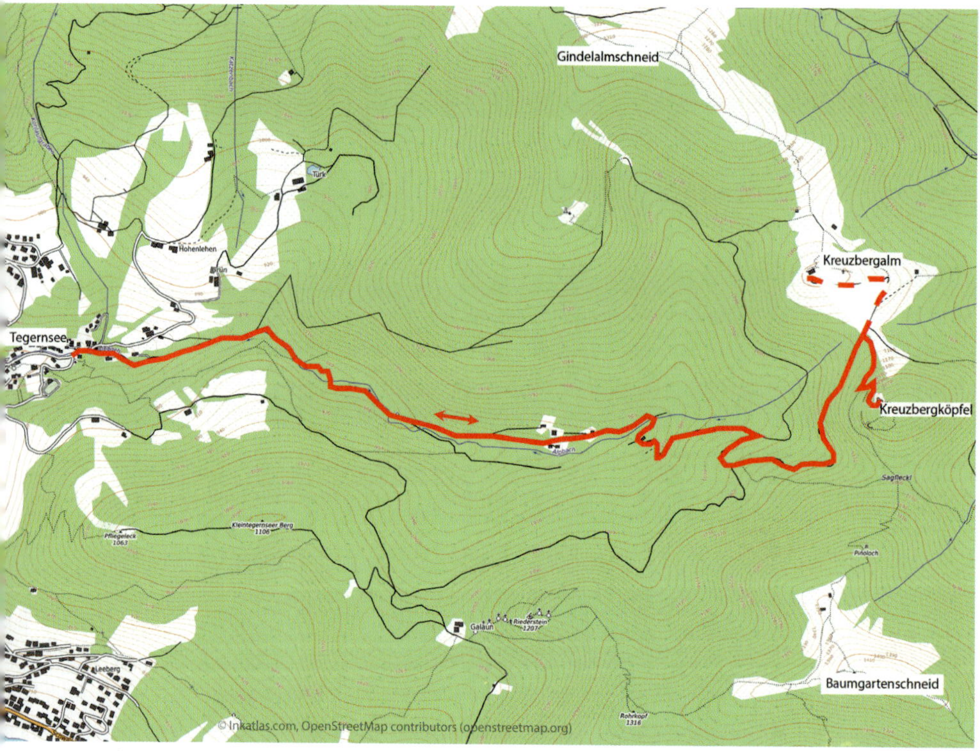

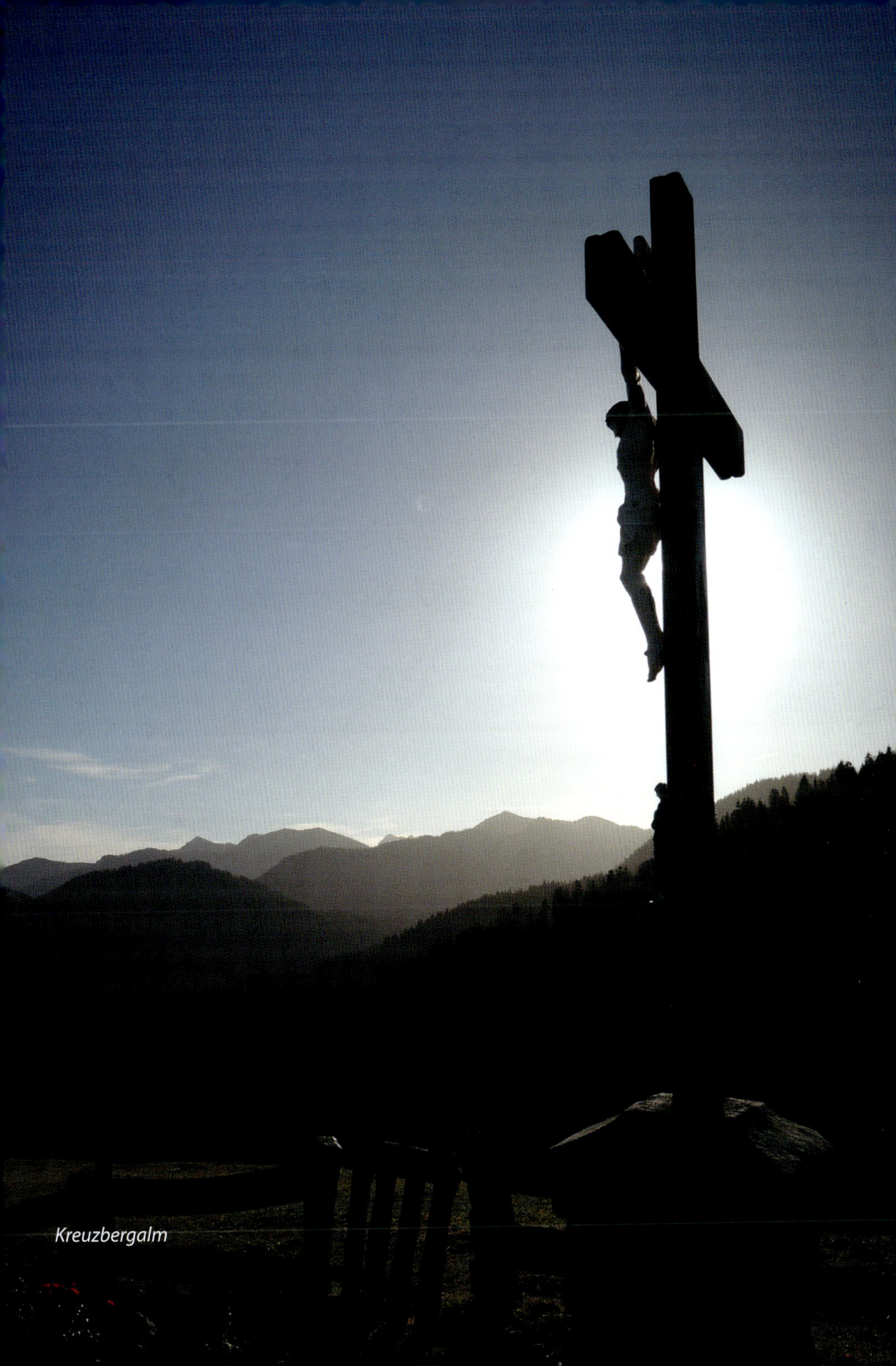
Kreuzbergalm

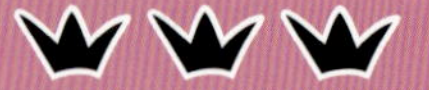

Leonhardstein

An diesem Logenplatz begeben wir uns auf die Spuren des Wildschütz' Lampl, der hier auf der Flucht vor Jägern die steile Südwand hinuntergesprungen sein soll – und unten ohne große Blessuren das Weite suchte. Mit einer List hatte er seine Verfolger ausgetrickst. Doch für die stand fest: Das konnte nur der Teufel gewesen sein!

Parkplatz:	B 307 Kreuth Richtung Achenpass: gebührenpflichtiger Parkplatz mit Ausschilderung zur Schwarzentennalm oder gegenüberliegend zur Königsalm	Höhe: 810 m N 47 37.299' E 11 42.666'
Gipfel:	Leonhardstein	Höhe: 1452 m N 47 38.211' E 11 42.959'
Charakter:	Kurze Bike & Hike-Tour mit sagenhafter Geschichte und tollem Ausblick. Im Gipfelbereich etwas Schwindelfreiheit nötig. Auch mit Kindern gut machbar bei entsprechender Vorsicht am Gipfel.	
Markierung:	Sehr gut	
Einkehr:	Schwarzentennalm	

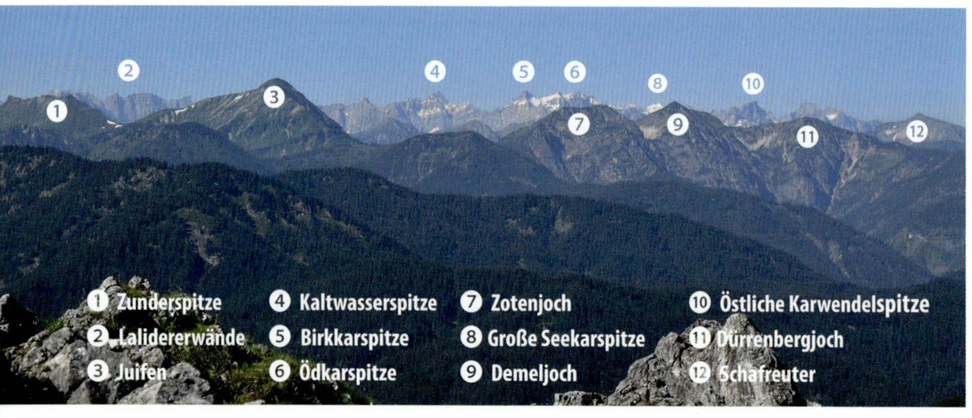

Wir fahren mit dem Radl die Forststraße zur Schwarzentennalm, bis uns ein Wegweiser zum Leonhardstein nach rechts auf eine weitere Forststraße steil bergauf führt. Nach etwa vier Kilometern ab dem Parkplatz zweigt der ausgeschilderte Wanderweg zum Leonhardstein ab.

Nach Überqueren eines Bachs geht es nun bald über blankpolierte Felsen ziemlich steil – teilweise mit Unterstützung der Hände – hinauf bis zum Lamplsprung. Doch nur der Teufel sollte es wagen!
Wir anderen steigen zum Gipfelkreuz und genießen auf einem netten Bankerl die Aussicht bis tief ins Karwendel.

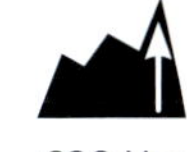
630 Hm

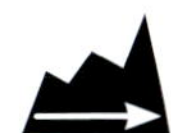
9,5 km

2h
Leonhardstein

Orientierung
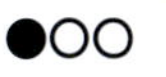

Kondition
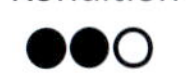

Schwierigkeit
●●○

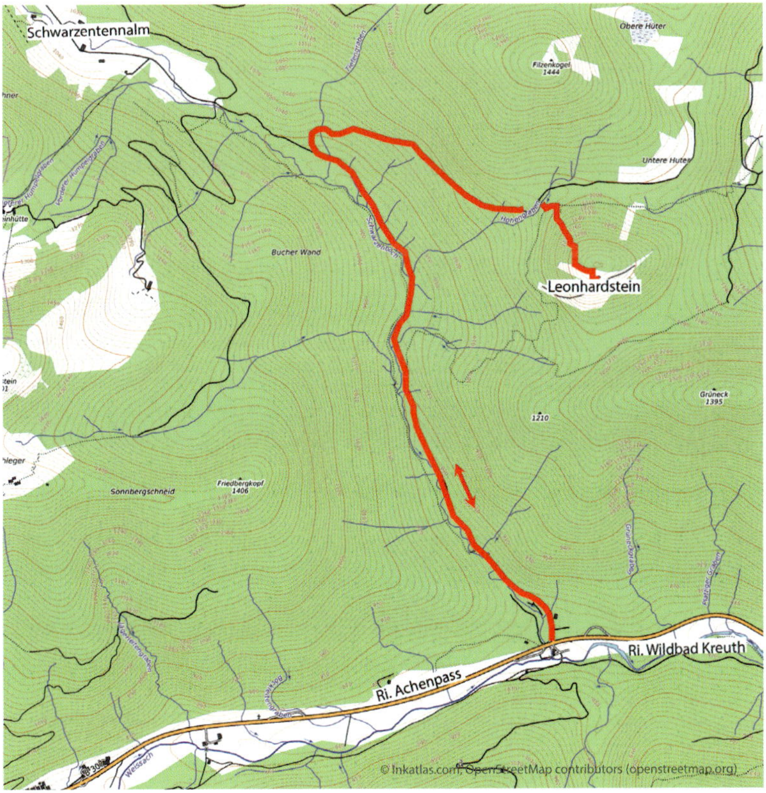

Die Geschichte des Wilderers Lampl

beschreibt Rupert Berlinger in der Festschrift „900 Jahre Pfarrgemeinde Gmund" aus dem Jahr 1975: „In der Zeit des Wildschützen Jennerwein lebte zu Reichersbeuern der vom Gericht bereits für vogelfrei erklärte Wilderer Lampl. Einmal packte er am Leonhardstein gerade eine erlegte Gams in den Rucksack. Da bemerkte er, dass er von Jägern eingekreist war. Kurz entschlossen warf er Rucksack und Gewehr über die steile Südwand hinunter und sprang selbst nach. Auf den Ästen einer Fichte blieb er so glücklich hängen, dass er sich nicht ernstlich verletzte. Nun lief er, was die Beine hergaben, nach Reichersbeuern. Dort wurde er nach eineinhalb Stunden bereits gesehen. So konnte er bei der Gerichtsverhandlung sein Alibi nachweisen, da der Richter es für unmöglich erklärte, dass ein Mensch in eineinhalb Stunden vom Leonhardstein nach Reichersbeuern gelangen kann.

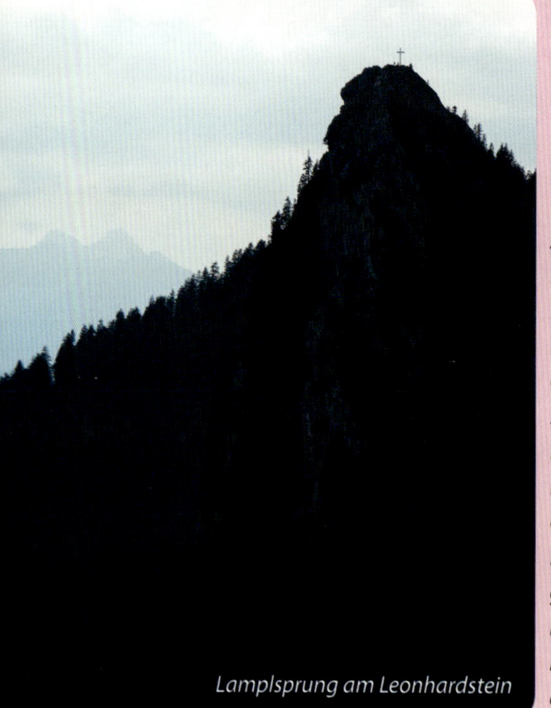

Lamplsprung am Leonhardstein

Lampl ruht auf dem Gmunder Friedhof, da er seine letzten Jahre auf dem Mühltaler Hof bei Louisenthal bei Verwandten verbrachte. Auf dem Mühltaler Hof hat er sich dann auch mit seinem Gewehr im Hausgang erschossen. Als alter Mann hatte er oft mit den Händen in die Luft gezielt und seinen Leibspruch gerufen: „Bluat vo da Gams!"

Quelle: www.tegernseer-tal-verlag.de

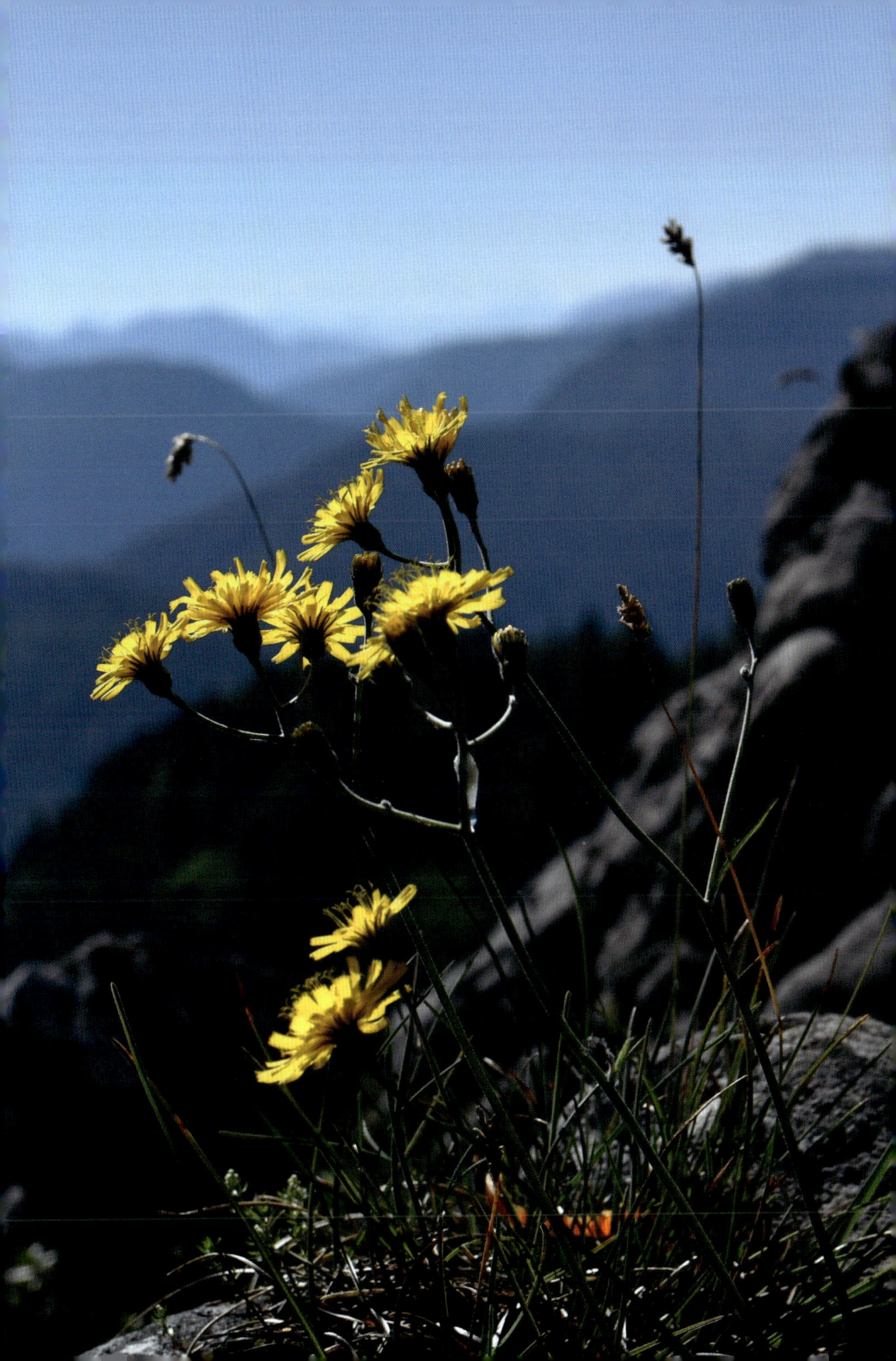

Riederstein

Schon aus dem Tal fällt die kleine Kapelle am Berg auf. Warum nicht einmal von oben herunterschauen? Es lohnt sich! Und auch hier wandern wir wieder auf den Spuren eines Wilderers aus dem Tegernseer Tal – der auf mysteriöse Weise ums Leben kam.

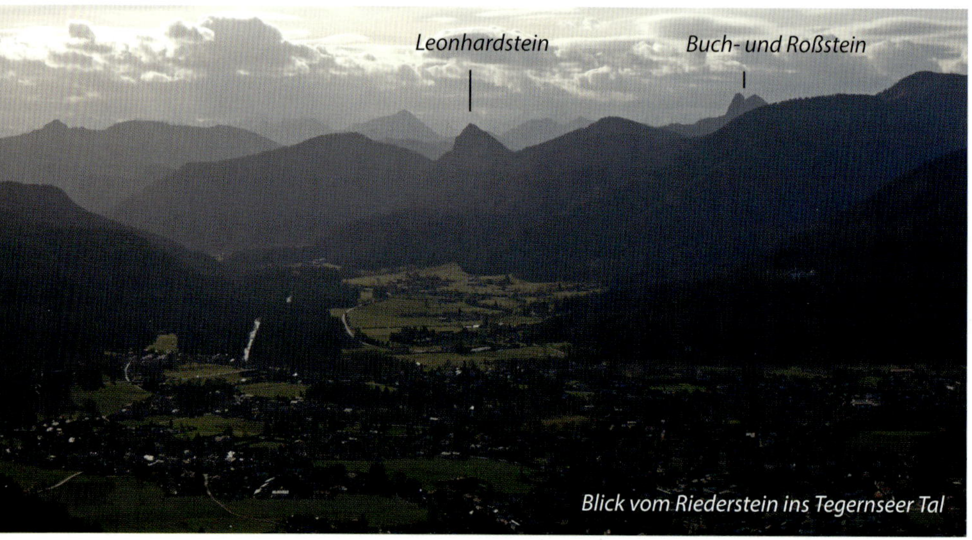

Blick vom Riederstein ins Tegernseer Tal

Vom Wanderparkplatz direkt bergan und auf der Forststraße bis kurz vor das Gasthaus Riederstein, bei den Einheimischen nur Galaun genannt. Hier zweigen wir nach rechts auf einen schmalen Treppensteig ab. Ein Kreuzweg führt uns an einer Grotte vorbei. Im Boden markiert ein eingelassener Grabstein mit einem Kreuz die Fundstelle des Skeletts des Wildschütz' Pöttinger und am Felsen über der Bank erinnert eine Tafel an seine Geschichte.

Wir bleiben auf dem Treppensteig, bis wir den Kamm erreichen. Hier teilt sich der Weg und wir gehen nach links zur Kapelle. Dort öffnet sich ein herrlicher Blick auf den Tegernsee und die Tegernseer Berge bis tief ins Karwendel hinein: Ein Logenplatz vom Feinsten.

Parkplatz:	Rottach-Egern: Wanderparkplatz am Ende der Riedersteiner Straße	Höhe: 780 m N 47 41.614' E 11 46.873'
Gipfel:	Riederstein	Höhe: 1207 m N 47 42.250' E 11 47.598'
	Baumgartenschneid	Höhe: 1448 m N 47 42.141' E 11 48.547'
Charakter:	Einfache Wanderung, die bis zum Riederstein auch mit Kindern gut machbar ist. Der Weiterweg zum Baumgartenschneid ist dann ein sehr steiler Wanderweg und für Kinder vermutlich zu lang. Bis zum Gasthaus könnte man auch radeln, allerdings ist der Weg sehr steil. In diesem Fall besser übers Alpbachtal bis zum Galaun.	
Markierung:	Sehr gut ausgeschildert	
Einkehr:	Gasthaus Riederstein (Galaun)	

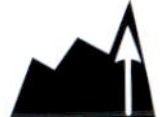

650 Hm

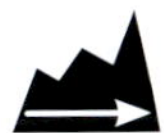

7,8 km

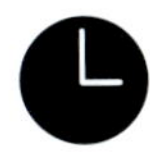

2h30 gesamt Riederstein, Baumgartenschneid 1h30 zusätzlich

Orientierung ●○○

Kondition ●○○

Schwierigkeit ●○○

bei Verlängerung zum Baumgartenschneid:

Kondition ●●○

Schwierigkeit ●●○

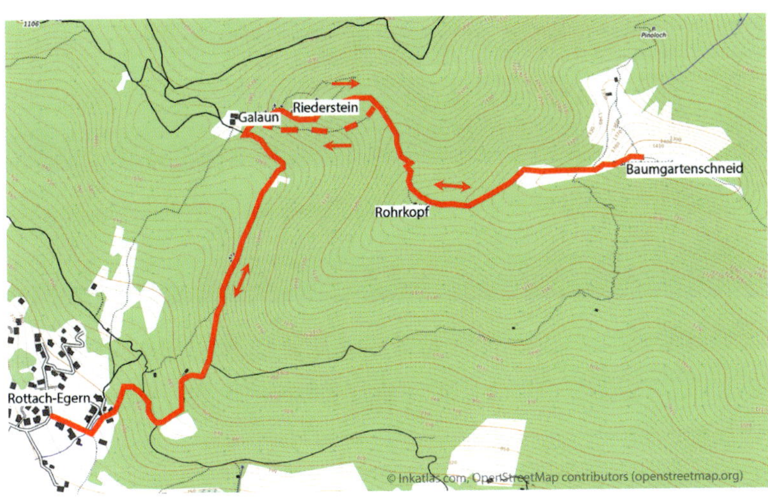

Wem die Tour bisher zu kurz erschien, kann noch zum Baumgartenschneid aufsteigen, der Ausblick in das dahinter liegende Mangfallgebirge bietet. Dazu gehen wir zurück zum Abzweig und folgen dem Steig immer entlang des bewaldeten Kamms, teilweise recht steil. Der Schlussanstieg geht über einen baumfreien Rücken bis zum Kreuz (1444 m). Nicht ganz der höchste Punkt. Der liegt etwas hinter den Bäumen am Grat.

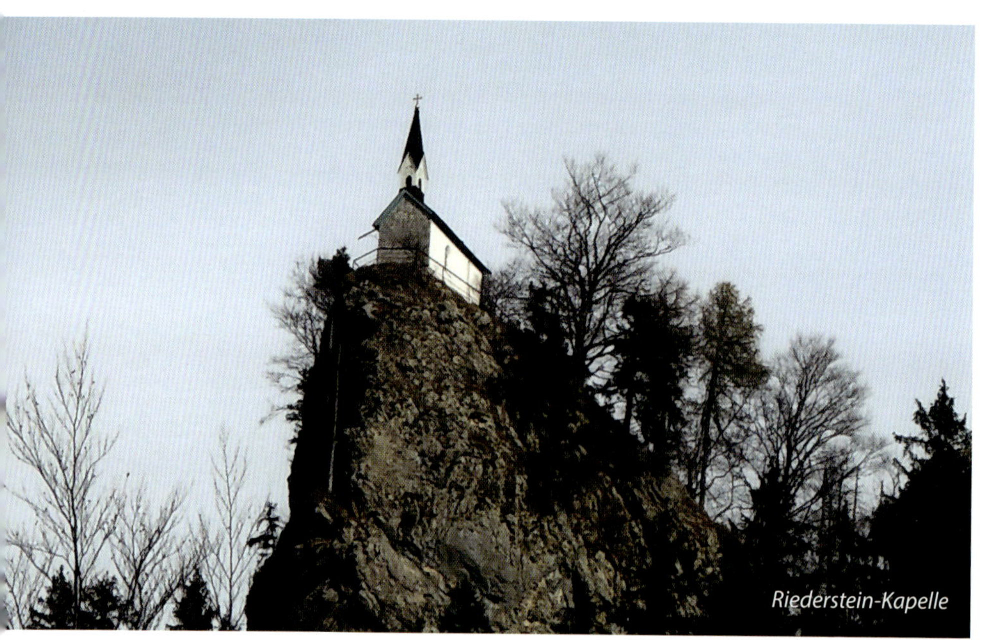

Riederstein-Kapelle

Der Hut des Wildschütz'

Der Tegernsee als Hochburg der Wilderer? Auch am Riederstein hat sich Schauriges abgespielt. Dort entdeckt im August 1897 ein Arbeiter beim Wegausbessern zufällig Skelettteile und menschliche Knochen. Dass es Mord war, erkennt man schnell an den Löchern in den Schulterblättern. Schnell wird vermutet, dass es der Wildschütz Leonhard Pöttinger aus St. Quirin sein könnte, der seit mehr als 30 Jahren als vermisst gilt. Doch die vermutete Identität ist nicht beweisbar. Hatte man doch den Trachtenhut vom Pöttinger am Wallberg gefunden. Doch als man den Hut dem Totenschädel aufsetzt, ist klar: Passt perfekt!

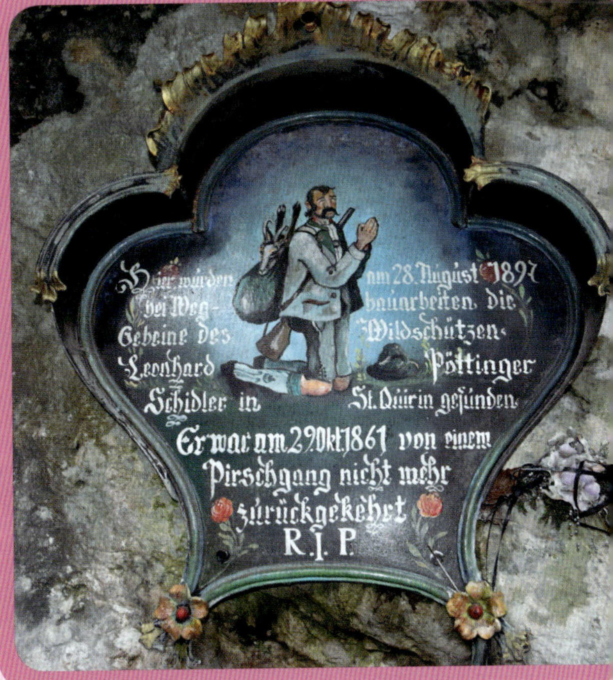

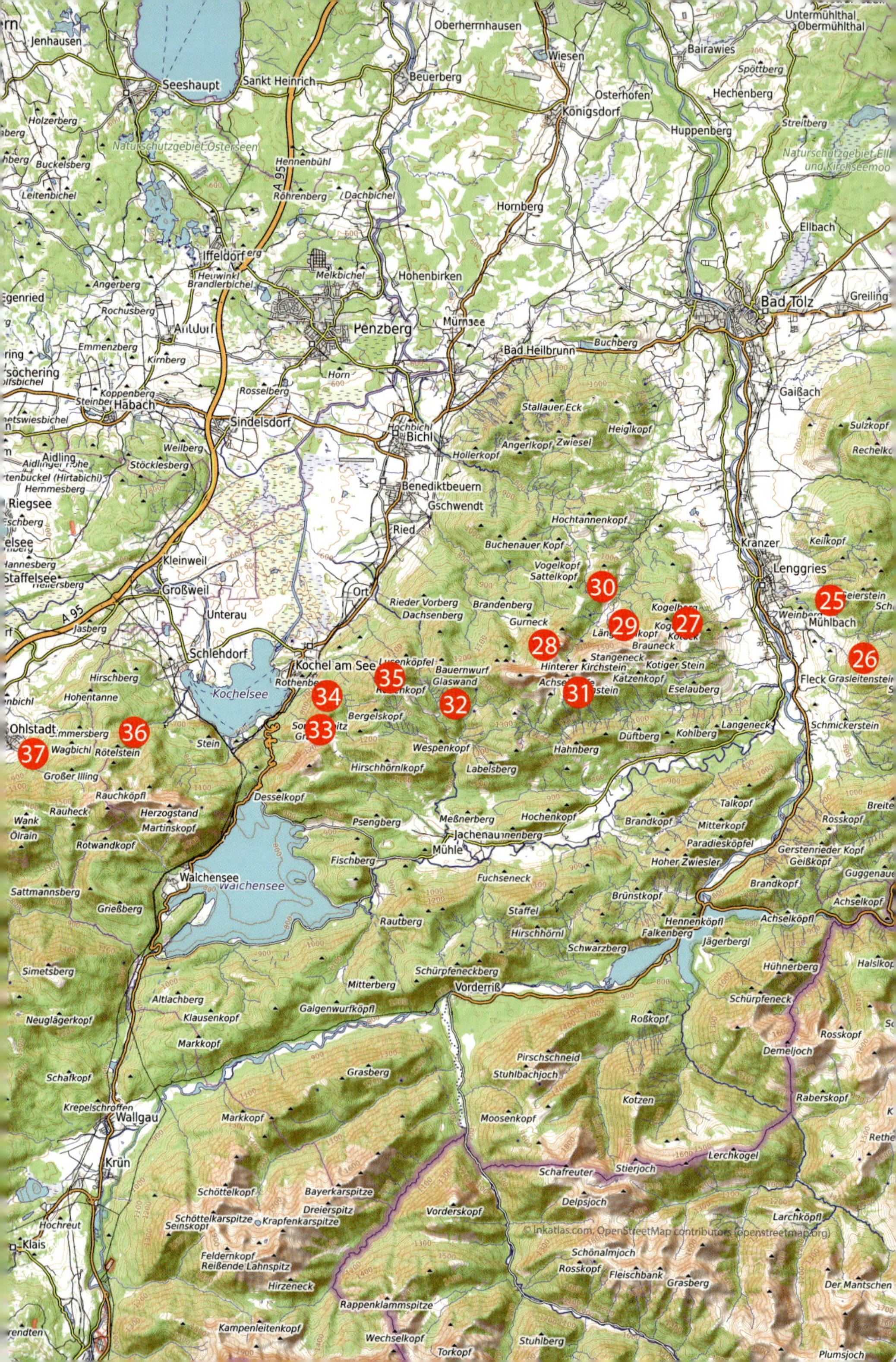
© Inkatlas.com, OpenStreetMap contributors (openstreetmap.org)

Bayerische Alpen

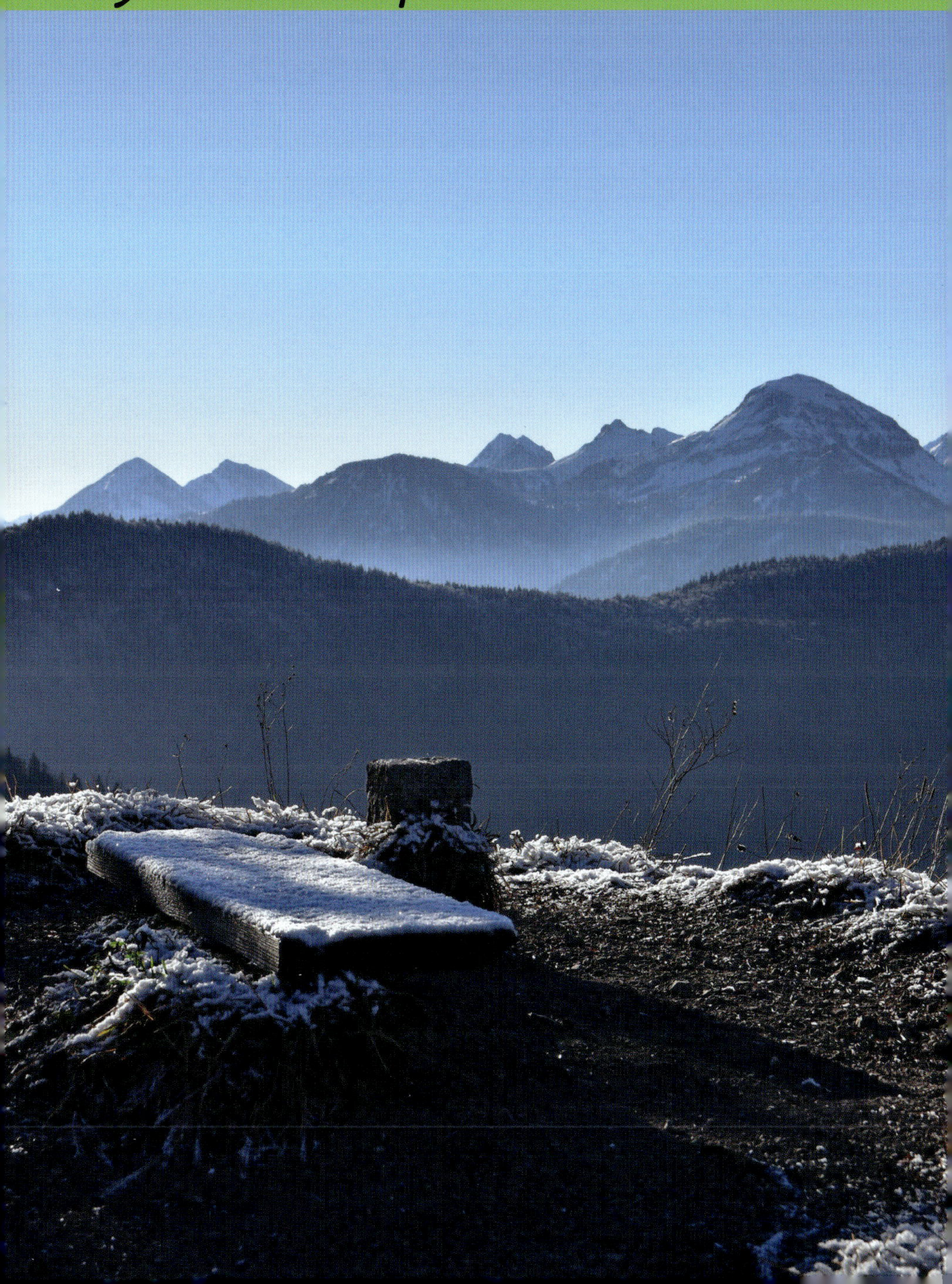

Unterm Geierstein

Unterhalb des Geiersteins versteckt sich ganz heimlich ein herrlicher Logenplatz. Scheinbar so unbedeutend, dass man ihm nicht einmal einen eigenen Namen gab. Oder aber, weil es für die meisten nur ein Halt auf dem Weg zum Geierstein ist.

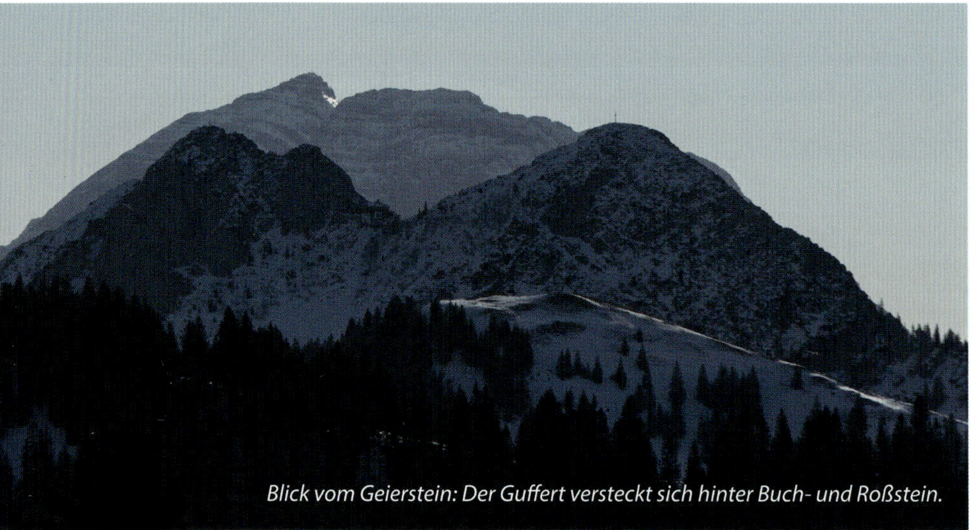

Blick vom Geierstein: Der Guffert versteckt sich hinter Buch- und Roßstein.

Parkplatz:	Lenggries/Schloß Hohenburg	Höhe: 650 m N 47 40.279' E 11 35.525'
Logenplatz:	Aussichtspunkt unterhalb des Geiersteins	Höhe: 1259 m N 47 40.762' E 11 36.772'
Charakter:	Panorama-Quickie. Auch mit Kindern gut machbar, aber Vorsicht: Im Gipfelbereich besteht Absturzgefahr. Auch hier lohnt der Abstecher zur Ruine Hohenburg (siehe Tour 30/Grasleitenstein).	
Markierung:	Durchgängig Richtung Geierstein	

Vom Parkplatz überqueren wir die Straße und den kleinen Bach und folgen dem Wegweiser zum Geierstein nach rechts an der Fischzucht entlang bis zum Schlossweiher. Hier nach rechts am Ufer entlang, bis wir am anderen Ende des Weihers, durch die Beschilderung geführt, nach rechts steil in den Wald abbiegen. Zuerst ist der Weg leider von Forstmaschinen deformiert, doch dann liegt vor uns ein netter Wanderweg, der mal steiler, mal flacher, mal am Grat, mal in einer Senke hinaufführt. Teilweise ist Vorsicht geboten, denn der Weg quert einige Male steile Hänge oder kleinere Felsabbrüche. Doch alles in allem ist es ein problemloser Aufstieg. Bis wir unseren Ausguck erreichen, ist die Aussicht etwas bescheiden. Doch die kleine Felskanzel mit dem großartigen Blick ins Isartal und ins Karwendel entschädigt für alles.

Wenn wir nicht weiter zum Geierstein wandern (diesen könnte man überschreiten und so absteigen, dass man in Lenggries am Schwimmbad Isarwelle herauskommt), folgen wir für den Abstieg wieder unserem Aufstiegsweg. Beim Abstieg bemerken wir nun vermutlich ein kleines Kreuz aus Birkenholz. An dieser Stelle verlässt der Wanderweg den Grat, doch wir können auch den unmarkierten Spuren am Grat entlang folgen. Später stoßen wir wieder auf den Anstiegsweg.

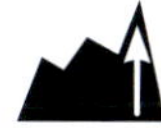

600 Hm

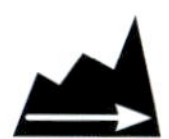

5,2 km

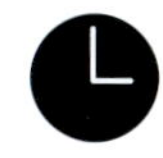

1h30 bis Aussichtspunkt, 2h bis Geierstein

Orientierung ●○○

Kondition ●○○

Schwierigkeit ●●○

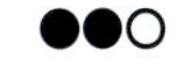

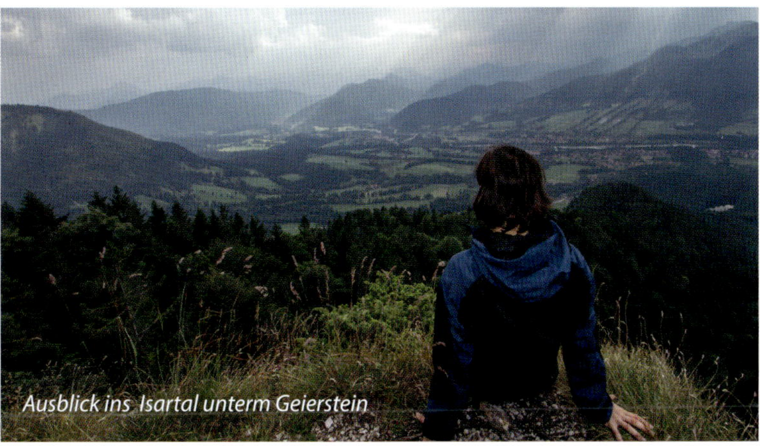

Ausblick ins Isartal unterm Geierstein

Der Einsiedel vom Gei(g)erstein

Wie der Geierstein – auf einigen Karten auch als Geigerstein vermerkt – zu seinem Namen kam, erzählt eine alte Sage: Danach soll vor langer Zeit ein Einsiedler in Nähe des Gipfels gelebt haben. In einer Höhle hatte er sich mit Rinden und Moos ein Lager gebaut. Er aß Beeren aus dem Wald und holte sich Wasser aus einem nahen Bächlein. Die wenigen Dinge, die er sonst zum Leben brauchte, brachten ihm Bauern aus dem Tal hinauf. Sie blieben dann eine Zeit lang bei ihm sitzen und klagten ihm ihre Sorgen in Haus und Stall – und er tröstete sie und half Menschen und Tieren, wo er konnte.

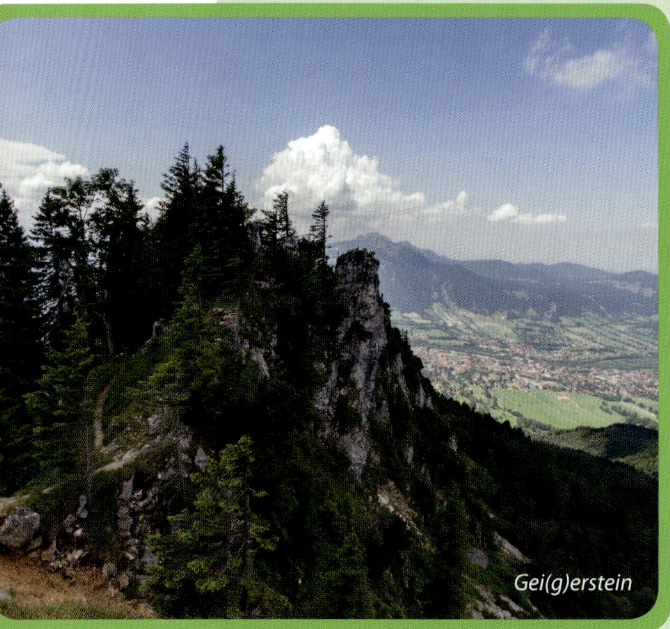
Gei(g)erstein

Wenn der Tag sich dem Abend neigte, die Sonne hinter den Bergen verschwand und der Wald finster wurde, spielte der Einsiedler am liebsten auf seiner Geige. Er spielte so schön, dass die Vögel geflogen kamen, die Hasen zu seiner Klause hoppelten und die Rehe unter den Bäumen innehielten und alle andächtig zuhörten. Einmal lockte sein Spiel aber auch einen riesigen Geier an. Der kam, packte den Mann und kratzte ihm die Augen aus. So starb der Einsiedel vom Gei(g)erstein.

Quelle: www.sagen.at

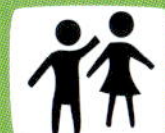

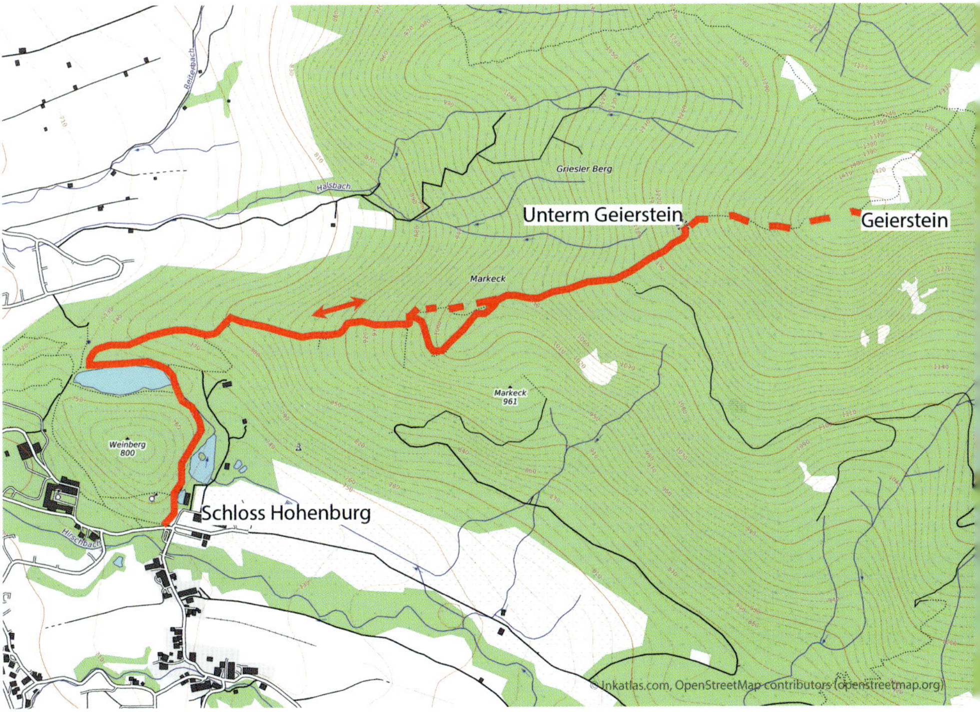

Griesler Berg

Halsbach

Unterm Geierstein

Geierstein

Markeck

Markeck 961

Weinberg 800

Schloss Hohenburg

Hirschbach

© lnkatlas.com, OpenStreetMap contributors (openstreetmap.org)

GrasleitenStein & Kopf

Beide Logenplätze sind aus dem Tal betrachtet schnell übersehen, denn im Hintergrund thront die Seekarspitze. Dabei bieten sie eine herrliche Aussicht und einen spannenden Weg. Mittlerweile leider auch den einzig lohnenden Weg, denn der früher so beliebte Wanderweg 621 zur Lenggrieser Hütte ist zur Hälfte unter einem Forstweg begraben worden.

Vom Parkplatz über den Hirschbach auf der Straße Richtung Süden nach Mühlbach. Wir folgen dem Weg 621, der hier als kleine Straße zum letzten Weiler Tradln führt. Hier geht die Straße in einen Forstweg über und führt durch Wiesen entlang einer Baumreihe dem Berg entgegen. Am Ende der Baumreihe führt der Weg nach rechts. (Hier könnte man ein Radl deponieren.) Wir halten uns aber links und queren etwa 100 Meter über eine Wiese, um auf einen anderen Forstweg zu stoßen. Auf diesem nun teilweise steil bergan. Am Ende führt uns der Weg über eine Weide und biegt dann rechts in den Wald. Immer steiler, aber

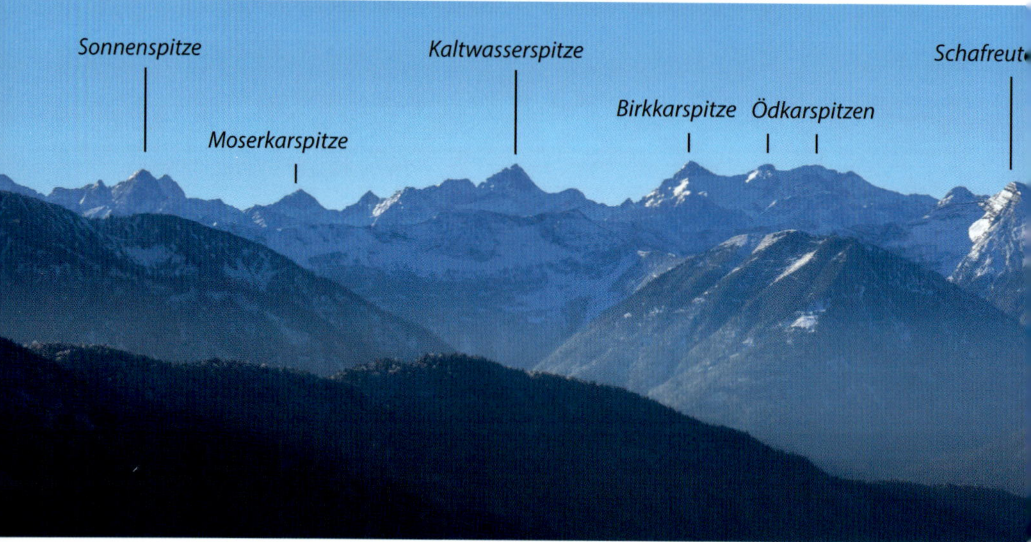

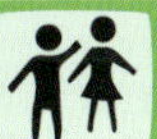 

Parkplatz:	Lenggries/Schloß Hohenburg	Höhe: 650 m N 47 40.279' E 11 35.525'
Gipfel:	Grasleitenstein	Höhe: 1268 m N 47 39.314' E 11 37.115'
	Grasleitenkopf	Höhe: 1433 m N 47 39.238' E 11 37.786'
Charakter:	Lohnende Wanderung, die auch mit schon etwas größeren Kindern gut machbar ist. Dann aber besondere Vorsicht auf dem Gipfelplateau (Absturzgefahr).	
Markierung:	Nicht durchgängig	
Einkehr:	Bei Erweiterung über den Grasleitenkopf: Lenggrieser Hütte	

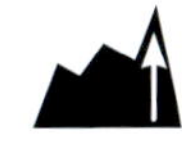

780 Hm

9,7 km

1h45
Grasleitenstein
3h15
Runde

Orientierung

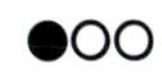

Kondition

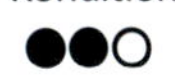

Schwierigkeit

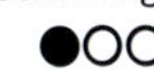

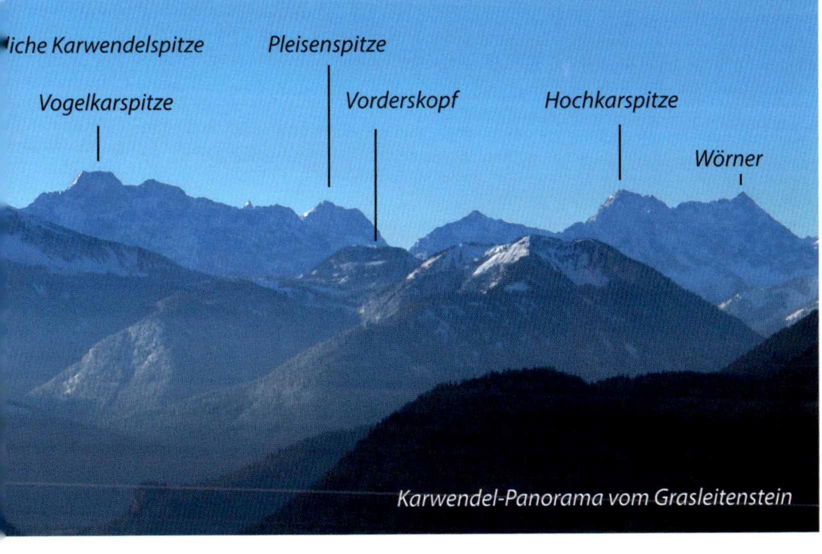

Karwendel-Panorama vom Grasleitenstein

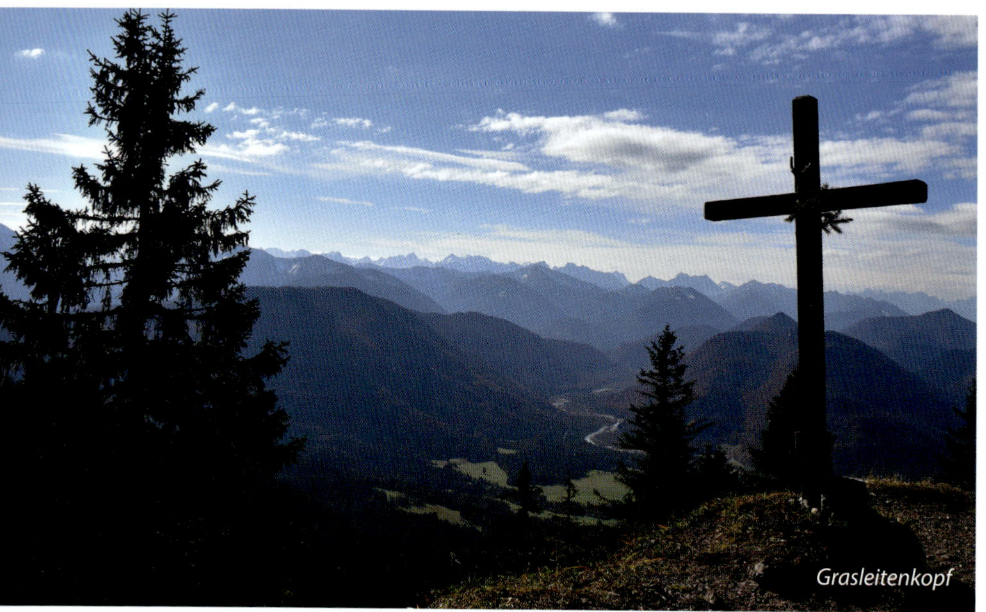
Grasleitenkopf

gut erkennbar und markiert führt uns der Pfad bald zum Gipfelkreuz und dem dahinterliegenden, etwas ausgesetzten Felsen des Grasleitensteins. Die kleine Bank lädt zur Pause ein und der Blick über das Isartal ins Karwendel lässt zu Recht die Frage aufkommen, ob es für heute schon genügen soll?

So folgen wir dem Pfad für etwa eine halbe Stunde weiter, bis wir unseren zweiten Logenplatz, den Grasleitenkopf, erreichen. Dieser liegt etwas höher und lässt uns nun auch zum Seekarkreuz blicken.
Von hier liegt es nahe das kurze Stück zur Lenggrieser Hütte abzusteigen und vielleicht einzukehren.

Um nicht auf dem gleichen Weg zurückzukehren, können wir von der Hütte über den Sulzersteig oder in südlicher Richtung über den nicht mehr empfehlenswerten Wanderweg 621 wieder den Ausgangspunkt (bzw. unser Radl) erreichen.

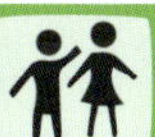

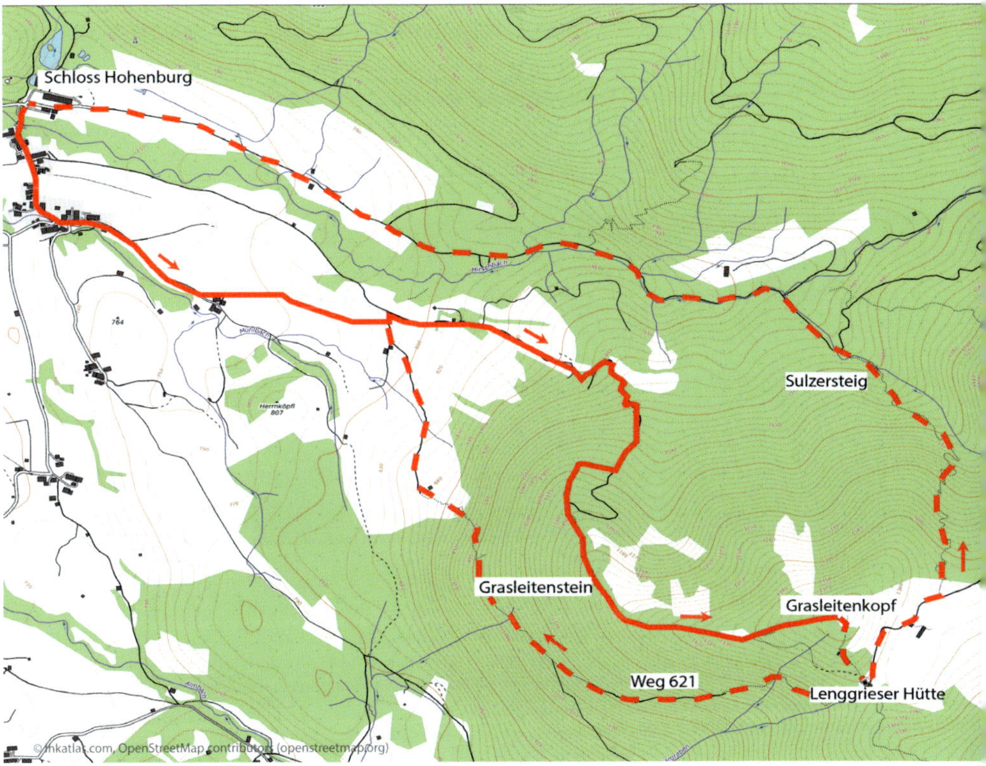

» Tipp Wer nach der Tour noch Lust auf einen kleinen Abstecher zur Ruine Hohenburg hat, kann vom Parkplatz über den Ablauf der Fischerweiher den Weg parallel zur Straße Richtung Schloss Hohenburg gehen. Dort treffen wir auf den Wegweiser zur Hohenburg. Oben angekommen, können wir einige Fundamente und den alten Sockel des Turms erklimmen (etwa 30 Minuten zusätzlich).

Waxenstein & Koteck

Fährt man ins Isartal, fällt beim Blick Richtung Brauneck die kühne Demelspitze ins Auge. Diese könnte ein spannendes Kletterziel sein, wegen Bergsturzgefahr ist das Gelände darum allerdings gesperrt. Doch einen Gipfel dahinter finden wir unseren Logenplatz mit Erweiterungsmöglichkeiten.

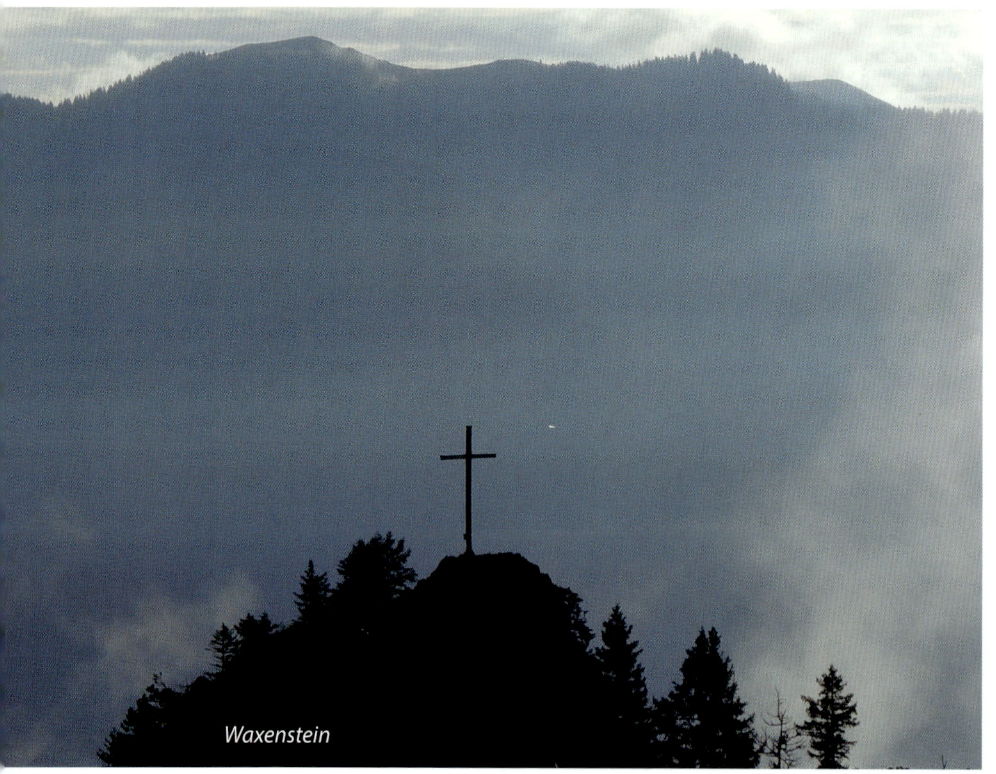

Waxenstein

Vom Parkplatz des Skigebiets in Wegscheid nehmen wir den südseitig parallel zur Piste aufsteigenden Wirtschaftsweg. Dieser mündet in eine Forststraße, der wir nach rechts folgen. Im Bereich des Milchhäusls kreuzt die Forststraße die Skipiste und steigt steil durch den Wald und

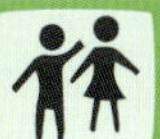

Parkplatz:	Skigebiet Wegscheid	Höhe: 714 m N 47 39.798' E 11 34.031'
Gipfel:	Waxenstein	Höhe: 1310 m N 47 39.947' E 11 32.590'
	Koteck	Höhe: 1380 m N 47 40.014' E 11 32.283'
Charakter:	Abstecher aus dem Skigebiet mit spektakulärem Ausblick ins Isartal. Auch mit trittsicheren Kindern machbar. Als Bike & Hike mit Radlstrecke bis zur Kotalm möglich, jedoch sehr steil.	
Markierung:	Kotalm ausgeschildert, ansonsten fehlend	
Einkehr:	Kotalm	

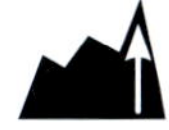

780 Hm

9,2 km

2h Waxen-stein, mit Koteck 3h

Orientierung

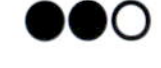

Kondition

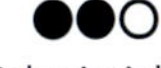

Schwierigkeit

später in Serpentinen über die Skipiste auf. Auf der Hochfläche der Kotalm angekommen, zweigt bei einem großen Stein mit Marterl ein wenig genutzter Karrenweg rechts ab. Diesem Weg folgen wir um die erste Linkskurve herum, bis bei einer Ausbuchtung rechts ein deutlicher Steig abzweigt. Er führt in den Wald und quert zum Schluss etwas ausgesetzt den Gipfelaufbau. Das Gipfelkreuz ist nun schnell erreicht. Dort wartet eine herrliche Aussicht ins Isartal – und die Erkenntnis, dass die Demelspitze von hier oben doch gar nicht mehr so spannend wirkt.

Um die Tour zu erweitern, können wir dem Karrenweg an der Ausbuchtung weiter folgen. Dieser steigt durch Weideflächen weiter an, beschreibt eine Rechtskehre und endet sehr bald im Wald. Hier zweigen Steigspuren ab, die in wenigen Minuten zu einer Sendestation und dem dahinter liegenden Koteck führen.

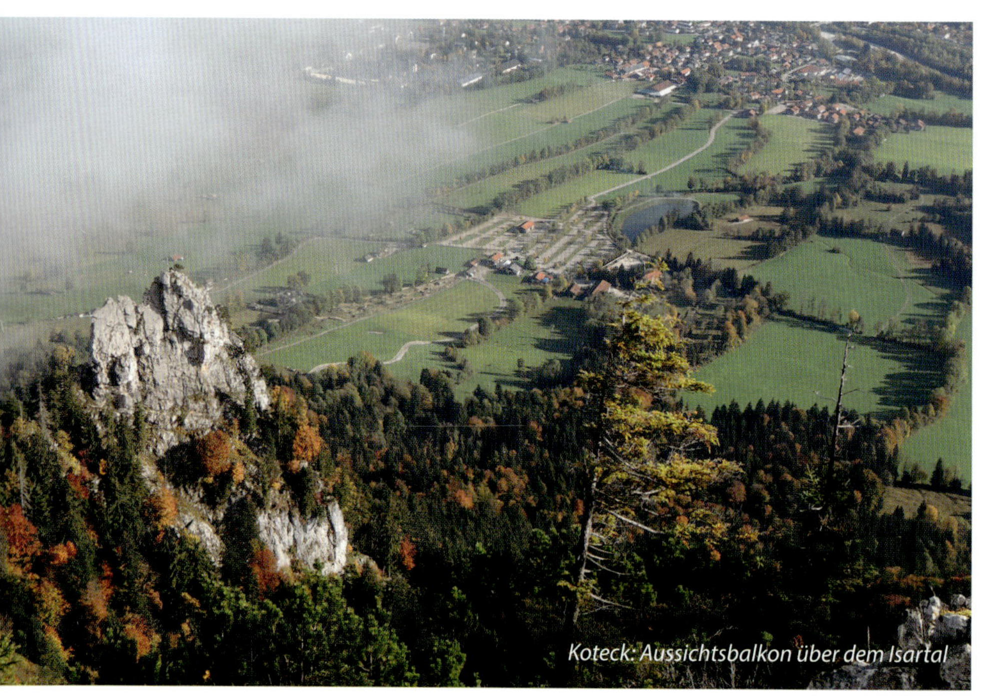
Koteck: Aussichtsbalkon über dem Isartal

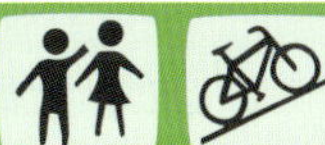

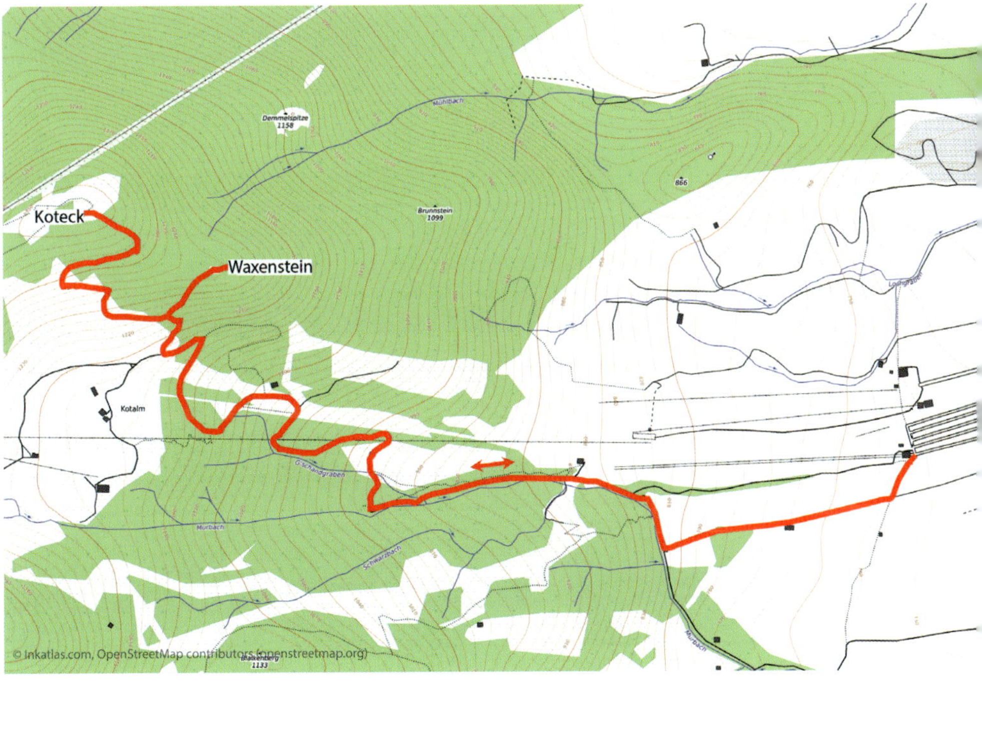

Koteck

Waxenstein

Hennenkopf

Auf dem Weg zum Hennenkopf gibt es einiges zu entdecken. Verschiedene Marterl, eine alte Grenzmarkierung, einen frischen Felssturz und mit etwas Glück begegnen wir sogar Steinböcken. Doch vorsichtig: Der Rundweg erfordert immer unsere volle Aufmerksamkeit.

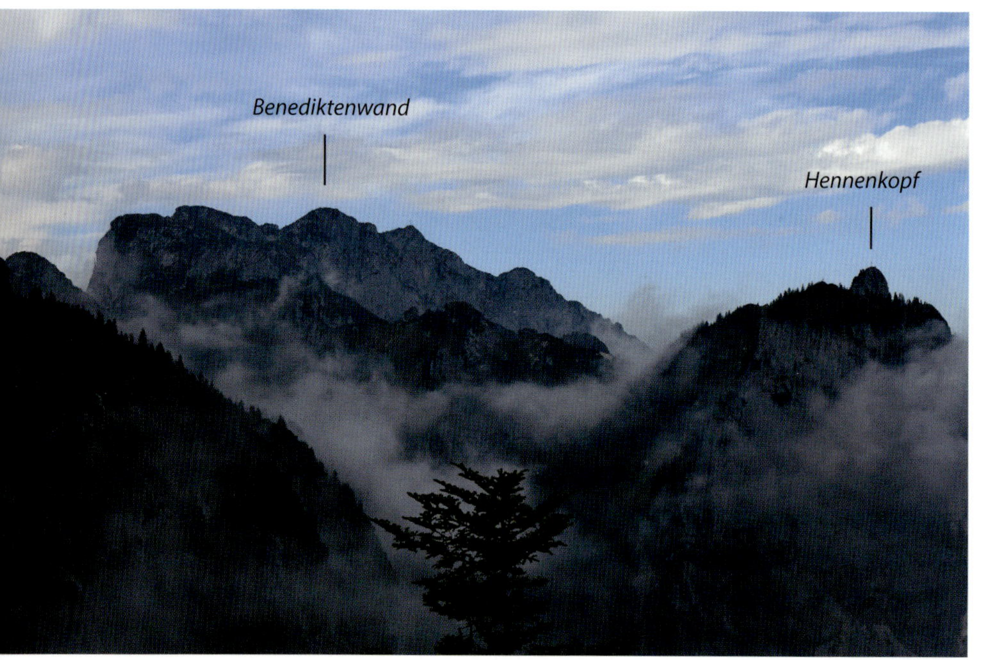

Vom Parkplatz zunächst auf der schnell ansteigenden Forststraße in Richtung Kirchsteinhütte. Nach zwei Serpentinen, die man mit einem Pfad abkürzen kann, wird es flacher: Hier teilt sich die Forststraße und wir halten uns, ganz nach der Beschilderung, links bis zur Kirchsteinhütte. An dieser vorbei, gleich darauf queren wir eine betonierte Furt und passieren einen Weidezaun. Die Forststraße führt nun über eine flache Strecke bis zur Hinteren Längentalalm. Hier gibt es zwei Mög-

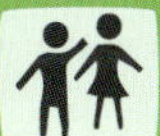

Parkplatz:	Von Bad Tölz/Lenggries nach Arzbach und über die Längentalstraße in gleichnamiges Tal. Wanderparkplatz vor dem Fahrverbot	Höhe: 800 m N 47 41.563' E 11 30.929'
Gipfel:	Hennenkopf	Höhe: 1613 m N 47 39.723' E 11 28.916'
Charakter:	Kurzweilige Bike & Hike - Runde, die ggf. auch mit älteren, konditionsstarken Kindern machbar ist. Die Kletterstelle am Hennenkopf kann durch vorhandene Haken mit eigenem Seil gesichert werden, die Querung nicht. Trittsicherheit und Schwindelfreiheit erforderlich, im Zweifel besser zur Probstenwand ausweichen. Beste Jahreszeit sind Frühjahr und Herbst. Im Sommer ziemlich hoher Bewuchs im weglosen Teil, was vor allem bei Nässe unangenehm ist.	
Markierung:	Markiert bis zur Kirchtsteinhütte, danach Pfade bzw. weglos	
Einkehr:	Kirchsteinhütte, Längentalalm	

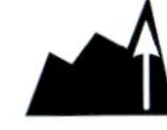

820 Hm

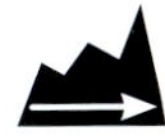

14,4 km

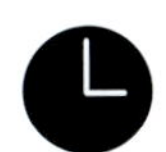

4h30
Runde

Orientierung

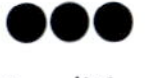

Kondition

●●●

Schwierigkeit

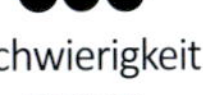

lichkeiten: Zu Fuß gehen wir direkt hinter der Hütte über eine Brücke mit dem Hinweis „Betreten auf eigene Gefahr". Der Weg folgt einem recht ausgewaschenen Karrenweg steil durch den Wald. Wir halten uns immer links bzw. orientieren uns an den verblassten gelben Markierungen. Nach etwa 20 Minuten verlassen wir den Wald. Hier könnten wir auf den Aussichtspunkt des Längenbergs steigen. Aber wir halten uns links und hangeln uns über die vielen matschigen Stellen am Weidezaun entlang. Nun folgen wir dem ansteigenden Forstweg rechts des Bergrückens, bis nach etwa drei Minuten ein roter Pfeil auf einen Pfad hinweist. Diesen steigen wir steil hinauf und mit etwas Aufmerksamkeit entdecken wir ein in den Baum geschnitztes Marterl. Wir übersteigen den Längenberg, um danach in eine Senke zu gelangen.

Alternativ dazu können wir auch von der Längentalalm weiter mit dem Radl der Forststraße folgen. Diese führt zuletzt steil hinauf in den

Kessel unter der Probstenwand. Etwa 200 Meter bevor die Forststraße endet – gegenüber der Einfahrt zur Edelweißhütte, die linker Hand etwas versteckt liegt – zweigt rechts ein Karrenweg ab und leitet durch den Arzbach. Hier deponieren wir das Radl und folgen dem Weg, bis dieser sich verliert (man beachte den imposanten Felssturz vom Frühjahr 2014). Immer steiler und wegloser steigen wir hoch bis zum Grat und dem zuvor beschriebenen Pfad.

Nun stehen wir unterhalb des Kars zwischen Probstenwand und Hennenkopf. Unser Pfad führt hier sehr steil hinauf. Oben angekommen, können wir links relativ schnell das Gipfelkreuz der Probstenwand erreichen. Wir gehen aber in die Südflanke des Hennenkopfs und queren ein Schuttfeld bis direkt unter den Gipfelaufbau. Für den Gipfel müssen wir über eine kleine Stufe klettern (Schwierigkeitsgrad etwa UIAA II), was bei trockenem Fels aber problemlos machbar ist. Danach queren wir noch eine recht ausgesetzte Flanke. Und schon haben wir ihn erklommen, diesen großartigen Logenplatz im Amphitheater der Benediktenwand.

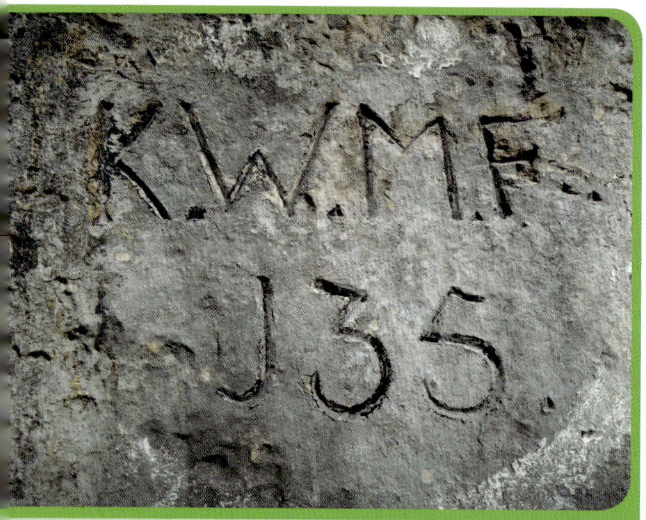

Felsmarch am Hennenkopf: „KW" steht für „Königlicher Wald" und „MF" für „Militärfohlenhof". (Quelle: Jost Gudelius (2014): „Doppelter Abtstab und Hebscheidt". Siehe Tour 31, S. 153.)

Bevor wir den Rückweg antreten, sollten wir uns noch die Mühe machen das historische Felsmarch (Grenzmarkierung) am Hennenkopf zu suchen. Tipp: nach dem Abklettern rechts orientieren.

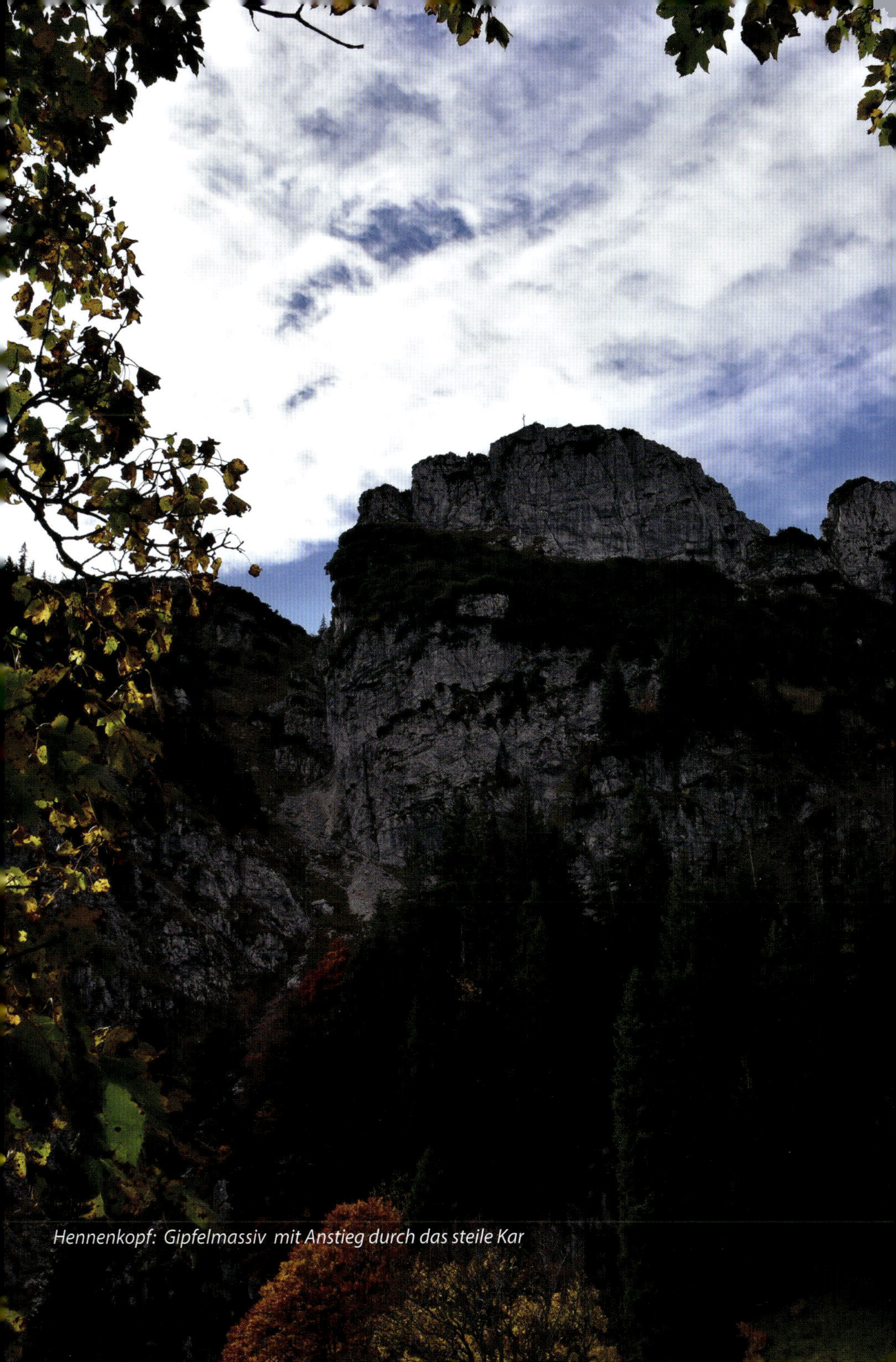

Hennenkopf: Gipfelmassiv mit Anstieg durch das steile Kar

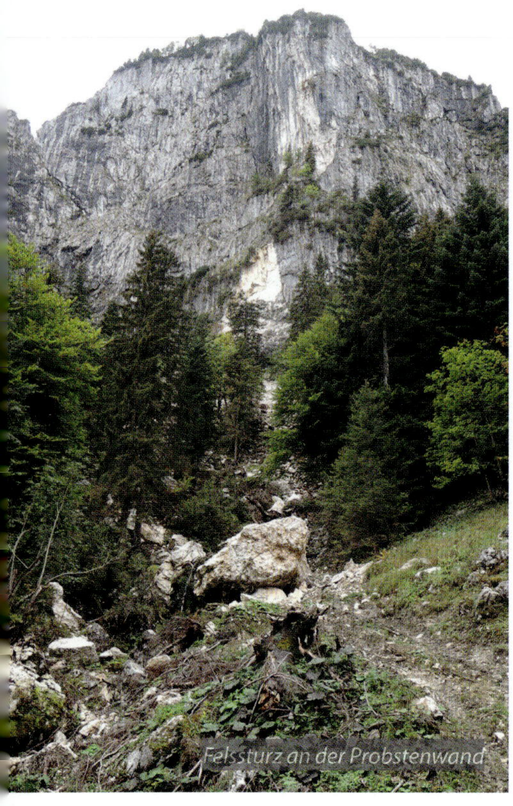
Felssturz an der Probstenwand

Für den Abstieg wählen wir den Pfad Richtung Südwesten. Er leitet deutlich erkennbar durch die Latschen absteigend bis zu einem Joch. Hier geht es nun über Spuren nach links das Kar hinab. Der Pfad leitet nach wenigen Minuten nach rechts in den großen Kessel der Probstalm.

Die Wegfindung ist zum Teil recht anspruchsvoll, der Pfad verliert sich ab und zu und man muss sehr aufmerksam gehen. (Geht man die Tour in umgekehrter Richtung, nutzt man bei der Probstalm gleich die Spuren, die zur Wasserfassung der Alm führen, womit der Weg gefunden ist.)

Ab der Probstalm ist der Weg nach Arzbach wieder ausgeschildert. Er führt im Wesentlichen am gleichnamigen Bach entlang immer abwärts. Vorbei an einem markanten Fels mit vielen Marterl und dann wieder in den Kessel unter der Probstenwand zum Radl zurück.

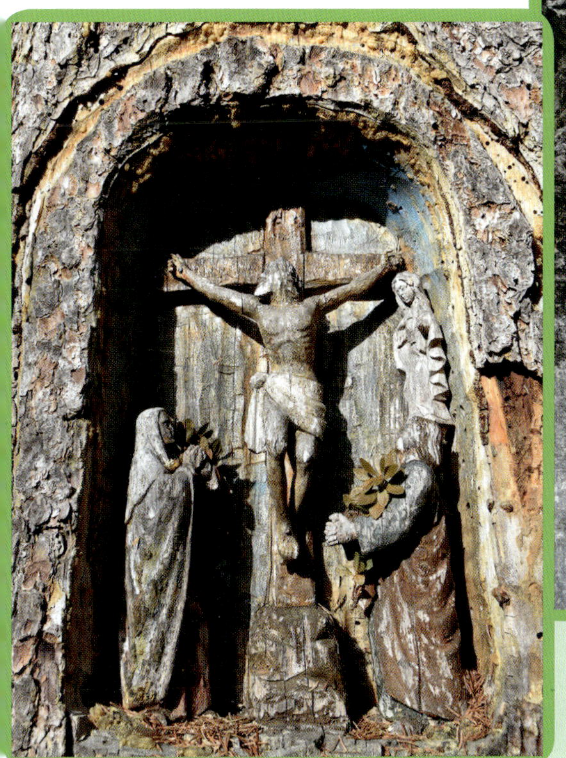

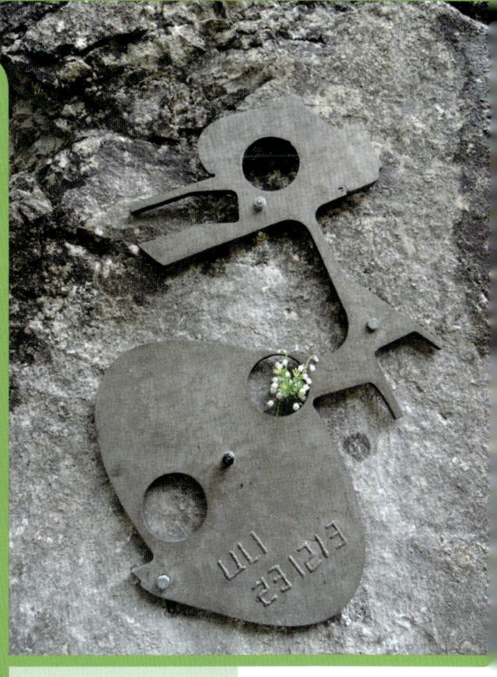

Marterl im Wandel der Zeit

1961 aufwendig in einen Baum geschnitzt, 2013 mit viel Technik aus Metall gearbeitet. Verunglückte hier jemand? War es ein besonderer Platz? Die Geschichten bleiben im Verborgenen, der Aufwand spricht für sich: Hier wurde viel Zeit investiert, um sich zu erinnern und inne zu halten.

Die Steinböcke der Benediktenwand

Zwischen Benediktenwand und Hennenkopf trifft man mitunter auf Kletterkünstler mit imposanten Hörnern. Hier hat sich eine Population von Alpensteinböcken angesiedelt, die aktuell rund 70 bis 80 Tiere zählen soll. Begonnen hat alles mit einem einzelnen Bock, der aus dem St. Gallener Wildpark „Peter und Paul" stammt und Ende der 1950er Jahre gemeinsam mit einigen Kollegen zwecks Wiederansiedelung im Rofan ausgesetzt wird. Doch der Bock geht auf Wanderschaft und wird 1959 das erste Mal im Benediktenwand-Gebiet gesehen. Bis 1967 lebt er dort allein, dann kommen findige Jäger auf die Idee ihm weibliche Gesellschaft zu verschaffen: Zuerst zwei Steingeißen aus dem Frankfurter Zoo, die aber bereits im ersten Winter verunglücken. 1968 werden erneut einige Geißen und ein Bock aus dem Schweizer Wildpark geholt und per LKW und Hubschrauber in das Gebiet befördert. Doch auch diesmal hängt alles am seidenen Faden: Während der „neue" Bock ein Leben als Einzelgänger vorzieht, zeugt der „Rofan-Bock" mit den Geißen einige Kitze – bevor er kurze Zeit später zu Tode stürzt. Auf diese Tiere geht die gesamte heutige Population zurück, womit sie einen hohen Inzuchtgrad aufweist und wohl auf Dauer nicht überleben wird. Bislang erfreut sich die Herde jedoch guter Gesundheit und die prächtigen Tiere beeindrucken immer wieder Wanderer. Quelle: www.dav-tutzinger-huette.de

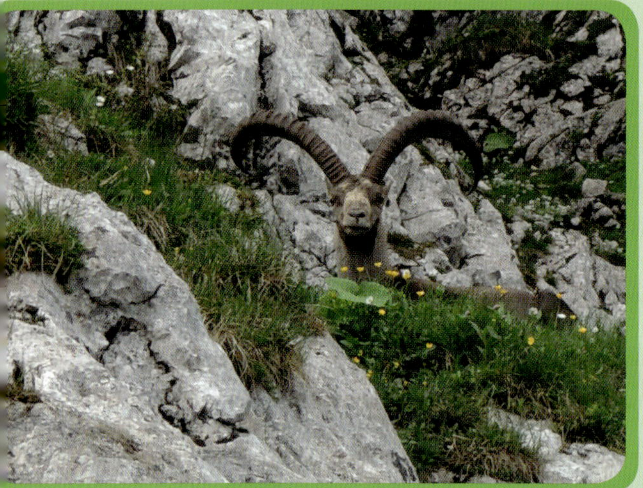

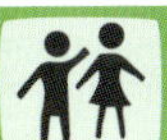

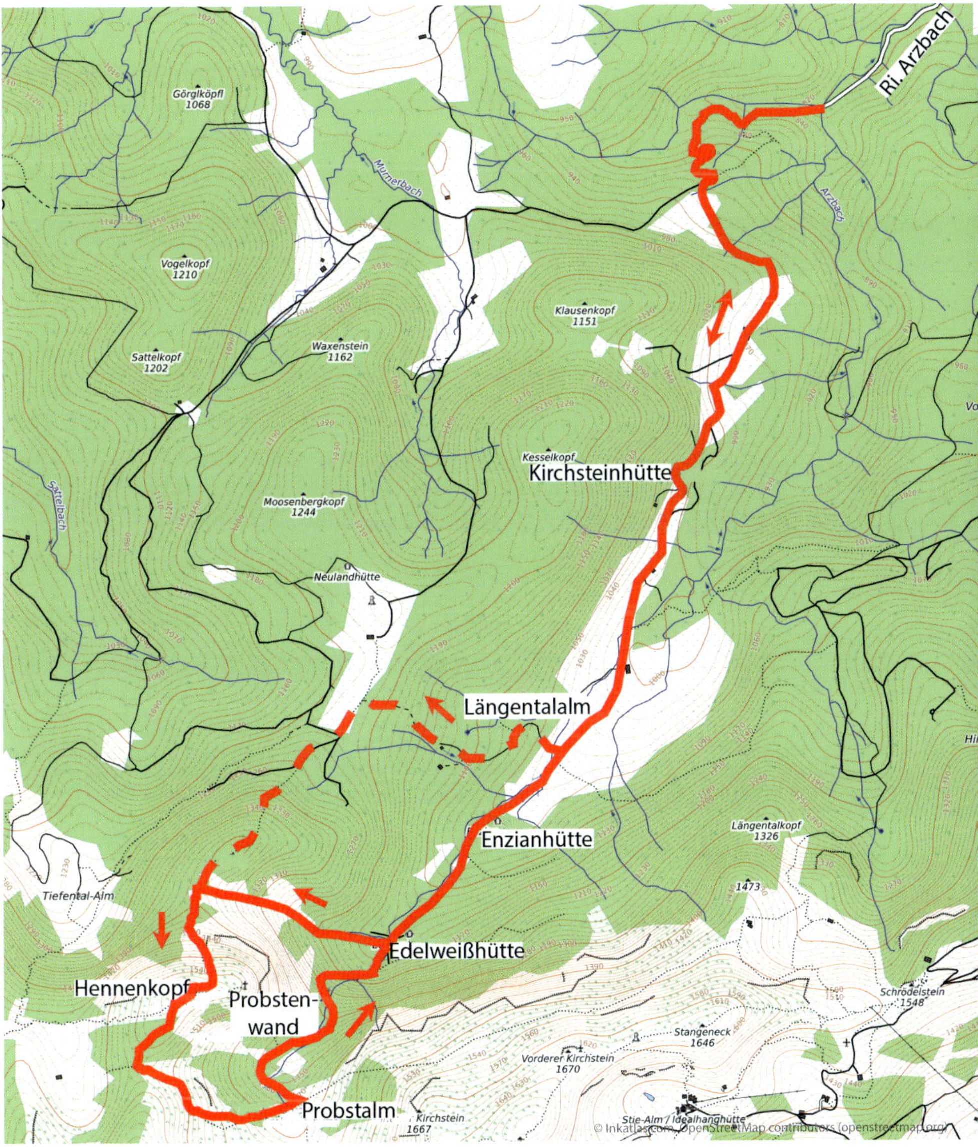

Ri. Arzbach
Görglköpfl 1068
Murnerbach
Arzbach
Vogelkopf 1210
Klausenkopf 1151
Waxenstein 1162
Sattelkopf 1202
Kesselkopf
Kirchsteinhütte
Sattelbach
Moosenbergkopf 1244
Neulandhütte
Längentalalm
Enzianhütte
Längentalkopf 1326
Tiefental-Alm
1473
Edelweißhütte
Schrödelstein 1548
Hennenkopf
Probsten-wand
Stangeneck 1646
Vorderer Kirchstein 1670
Probstalm
Kirchstein 1667
Stie-Alm / Idealhanghütte

Kirchel

Kaum begangene Rundtour durch das Längental auf einen in vielen Karten namenlosen Gipfel mit grandioser Aussicht. Je nach Wetter und Betrieb auf dem Brauneck können wir die Gleitschirmflieger beobachten und sind dennoch für uns allein. Und mit etwas Glück ist im Tal die Hintere Längentalalm geöffnet und lockt zur Einkehr.

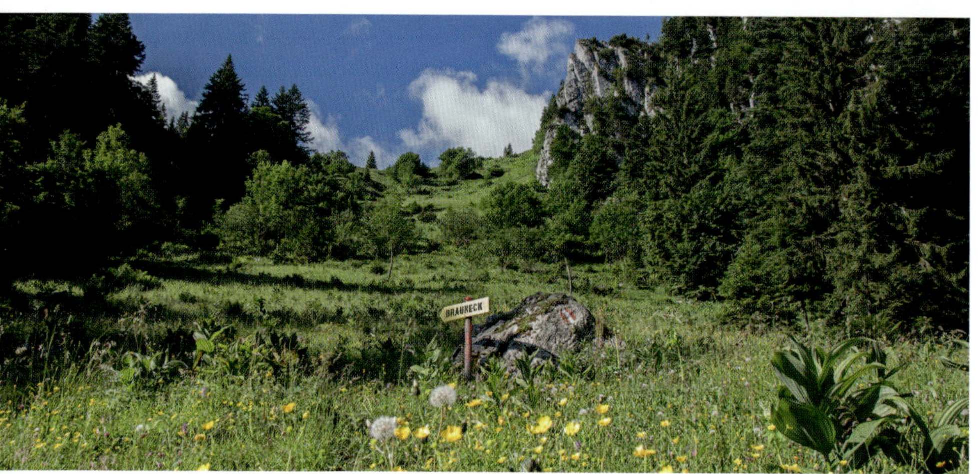

Parkplatz:	Arzbach bei der Brücke	Höhe: 738 m N 47 42.132' E 11 31.687'
Gipfel:	Kirchel	Höhe: 1473 m N 47 39.943' E 11 30.658'
Charakter:	Bike & Hike-Tour mit mittlerer Anforderung an die Orientierung. Die zum Teil steilen Pfade fordern Kondition.	
Markierung:	Brauneck als Orientierung ausgeschildert	
Einkehr:	Hintere Längentalalm	

Vom Parkplatz über den Arzbach, gleich nach links abzweigen und nach etwa 200 Metern an der Kreuzung scharf rechts der ansteigenden Forststraße (Wanderweg 468) folgen. Diese steigt mal steiler, mal flacher an und führt zu dem nach rechts ausgeschilderten Wanderweg Richtung Brauneck/Längental. Mit dem Radl fahren wir nun aber etwas abweichend der Beschilderung immer der Forststraße nach. Bald schon lässt die Steilheit nach und die Forststraße zieht Richtung Südwesten. Sie passiert eine nach links abzweigende Forststraße und führt kurz danach leicht bergab. In einer Kurve weist uns ein Schild nach links in einen steilen Karrenweg zum Brauneck, der jedoch lediglich eine Abkürzung darstellt. Wir folgen der Forststraße und stoßen in einer Linkskurve auf den Abzweig ins Längental. Hier deponieren wir das Radl. Wir wandern auf der Forststraße weiter und passieren das Ende der Abkürzung. Nach weiteren zehn Minuten führt die Forststraße nach rechts und verlässt damit die fast nicht mehr erkennbare Trasse des Wanderwegs, bevor sie diesen in einem Linksbogen wieder quert. (Aktuell – Sommer 2017 – werden hier die Markierungen angepasst).

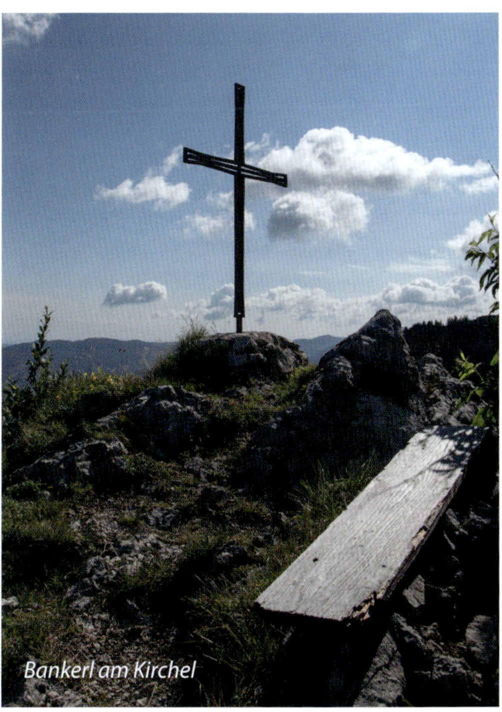

Bankerl am Kirchel

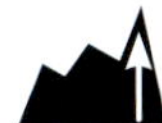

750 Hm

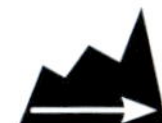

15,5 km

5h Runde

Orientierung

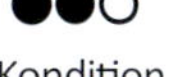

Kondition

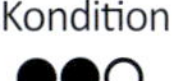

Schwierigkeit

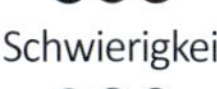

Wir müssen aber nicht bis zu dieser Querung gehen, sondern können kurz zuvor einen steilen Karrenweg nach rechts aufsteigen. Dieser ist in besserem Zustand und trifft oben wieder auf unseren Wanderweg, welcher schnell aus dem Wald zu einem Grashang führt. Dort zieht der eher an Steigspuren erinnernde Weg in einigen Serpentinen hoch, vorbei an einem Schild zum Brauneck und führt auf einen Grat. In dem dahinter liegenden Kessel befindet sich die Tennen-Alm. Je nach Jahreszeit weiden hier Schafe oder Kühe.

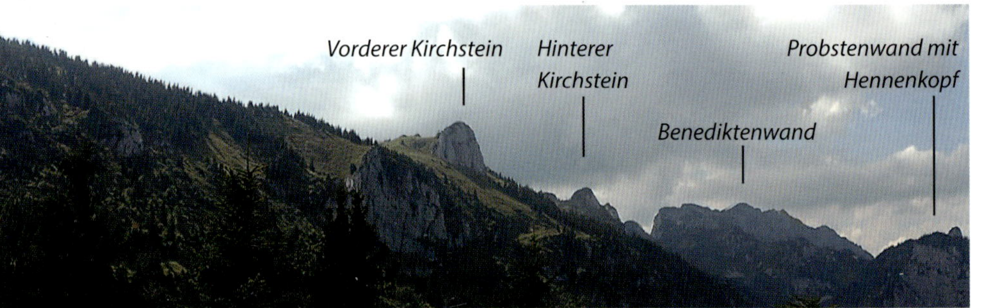

Steigspuren führen uns über den Grat auf eine Anhöhe. Hier wandern wir kurz absteigend in eine Senke, aus der wir direkt aufs Kirchel steigen. Oben thront das kleine Gipfelkreuz, darunter finden wir eine windgeschützte Bank. Die Aussicht ist grandios: Brauneck, Vorderer und Hinterer Kirchstein, Benediktenwand, Probstenwand und Hennenkopf.

Für den Abstieg treffen wir direkt in der Senke nach dem Kirchel auf Steigspuren, die nach rechts leicht bergab führen. Der Weg wird schnell deutlicher und führt teilweise sehr steil durch den Wald und später stets an einem kleinen Bach hinab bis zur Hinteren Längentalalm. Um zum Radl zurückzukommen, folgen wir der Forststraße aus dem Längental heraus. Vor der Brücke über den Arzbach zweigt rechts der Jägersteig nach Lenggries/Bergbahn ab. Dieser führt in den Wald und passiert ein kleines Tal, bis wir wieder auf der Forststraße mit dem Radldepot ankommen.

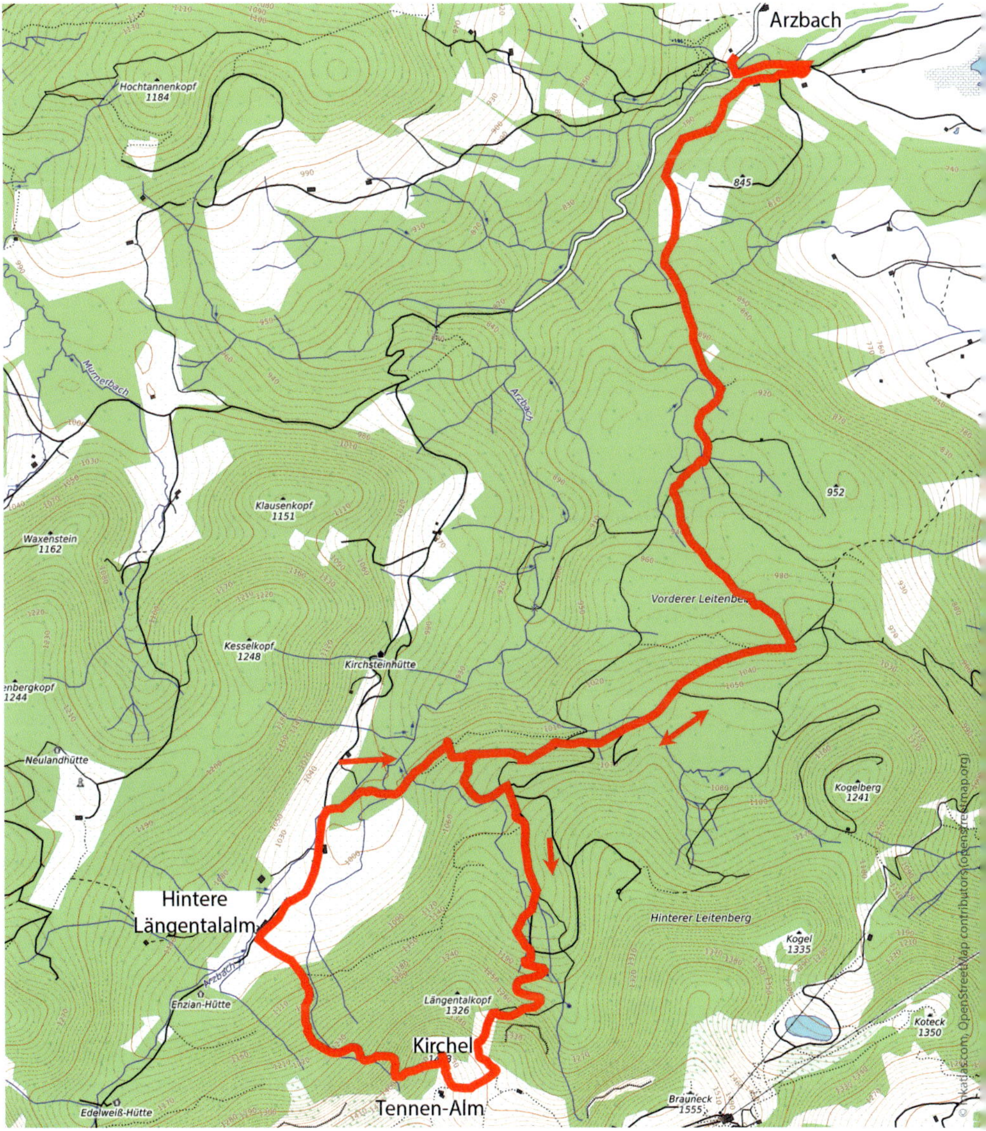

Arzbach

Hochtannenkopf
1184

845

Murnerbach

Arzbach

952

Klausenkopf
1151

Waxenstein
1162

Vorderer Leitenberg

Kesselkopf
1248

Kirchsteinhütte

...enbergkopf
1244

Neulandhütte

Kogelberg
1241

Hintere
Längentalalm

Hinterer Leitenberg

Kogel
1335

Enzian-Hütte

Längentalkopf
1326

Koteck
1350

Kirchel

Tennen-Alm

Edelweiß-Hütte

Brauneck
1555

Waxenstein Reibn

Waxensteine gibt es viele, doch keiner ist einsamer. „Wax“ als altes bayerisches Wort bedeutet scharf und das beschreibt den Felszacken genau. Zu „wax“, um ihn ohne Kletterausrüstung sicher zu besteigen. So können wir uns mit der urigen Brotzeitbank des Nebengipfels begnügen oder die kleine Reibn gehen, die uns einen zweiten Logenplatz beschert.

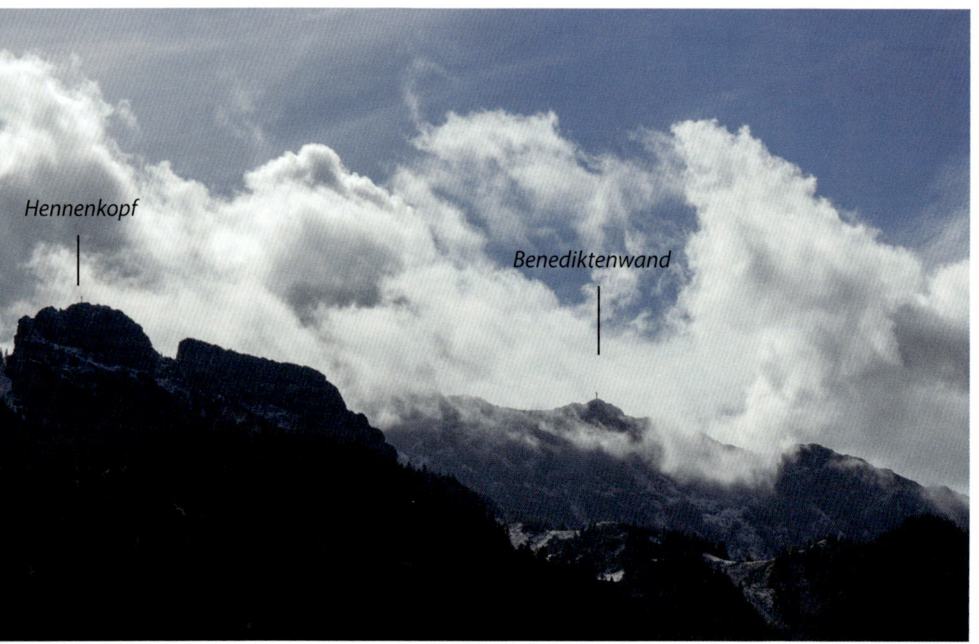

Vom Parkplatz aus zunächst auf der gut ansteigenden Forststraße Richtung Kirchsteinhütte. Der Weg führt in zwei Serpentinen, die man mit einem Pfad abkürzen kann, hinauf und wird dann flacher. Hier zweigt der Weg zur Kirchsteinhütte ab, wir folgen aber der Forststraße geradeaus weiter Richtung Neulandhütte. Nach einer Weile erreichen wir den Abzweig nach links zur Neulandhütte. (Hier könnten

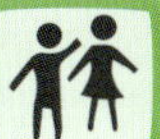

Parkplatz:	Von Bad Tölz/Lenggries nach Arzbach und über die Längentalstraße in gleichnamiges Tal. Wanderparkplatz vor dem Fahrverbot	Höhe: 800 m N 47 41.563' E 11 30.929'
Gipfel:	Waxenstein (Nebengipfel)	Höhe: 1162 m N 47 41.076' E 11 29.450'
Charakter:	Kurze Bike & Hike-Tour auf einen kaum besuchten Gipfel, die sich zu einer lohnenden Rundtour ergänzen lässt. Auch mit größeren Kindern gut machbar.	
Markierung:	Tutzinger Hütte	

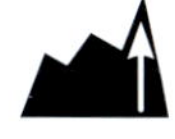

700 Hm

12,5 km

1h30 Waxenstein, 3h gesamte Runde (mit Radl)

Orientierung

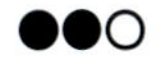

Kondition

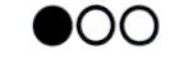

Schwierigkeit

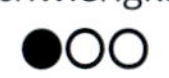

wir das Radl deponieren, weil nicht alles uneingeschränkt fahrbar ist und auch mal geschoben werden muss.)
Geradeaus geht es weiter und auch beim nächsten Abzweig nach rechts halten wir uns geradeaus Richtung Tutzinger Hütte. Wir queren dabei ein Almgelände mit netter Hütte und können linker Hand zwischen den Bäumen schon das Kreuz des Waxensteins erkennen.

Um uns diesem zu nähern oder gar zu erklimmen, schlagen wir noch vor Beginn des Walds den nach links führenden Wirtschaftsweg ein, der in deutlich schlechterem Zustand als die Forststraße ist. Spätestens hier endet nun die Radlstrecke. Der Weg führt in den Wald und quert nach einem Abzweig einen kleinen Bach. Dabei folgt er parallel der eben verlassenen Forststraße, um dann in einer Linkskurve immer steiler aufzusteigen. Am Scheitelpunkt des Bergrückens folgt eine Rechtskurve, der Weg wird wieder steiler. Hier führt auch ein neu angelegter Forstweg gerade in die Flanke des Bergrückens. Doch wir folgen einem wohl nicht mehr genutzten Forstweg nach links in den Wald und biegen bei einem Zaun weglos in den Wald. Der Zaun ist unser Wegweiser und bald finden sich wieder deutliche Spuren. Diese führen sehr schnell auf den Gipfelgrat. Links geht es hinab zum sehr ausgesetzten Gipfelkreuz, rechts haltend hoch zu unserer Pausenbank.

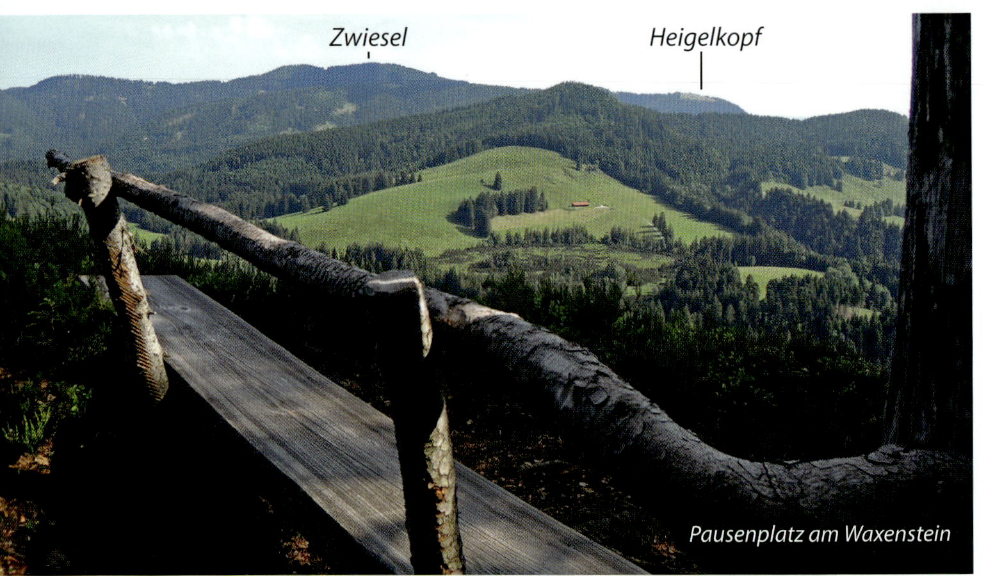

Pausenplatz am Waxenstein

Vom Gipfel wandern wir zurück zum Radldepot. Ab dort folgen wir der Forststraße für etwa zehn Minuten und biegen an deren Scheitelpunkt in den nach links sehr steil ansteigenden Forstweg. Vermutlich muss man hier ein Stück schieben, doch dann wird es flacher und wir gelangen direkt zur Neulandhütte.

Kurz nach der Hütte steigen wir noch auf den kleinen Hügel: Logenplatz Nummer zwei mit „Zsammagflicktem Bankerl". Hier blicken wir vom Brauneck über die Benediktenwand und bis tief in die Ammergauer Alpen. Die Logenplätze Kirchel, Hennenkopf und Glaswand liegen wie aufgereiht vor uns.

Zurück beim Radl biegen wir beim nächsten Abzweig nach links in den Wald. Hier geht es über einen relativ schlechten und sehr steilen Forstweg hinab und man muss vermutlich ein paarmal schieben. Schnell erreichen wir wieder die Ebene und stoßen nach kurzer Zeit auf unseren Anfahrtsweg, dem wir nach rechts zurück zum Parkplatz folgen.

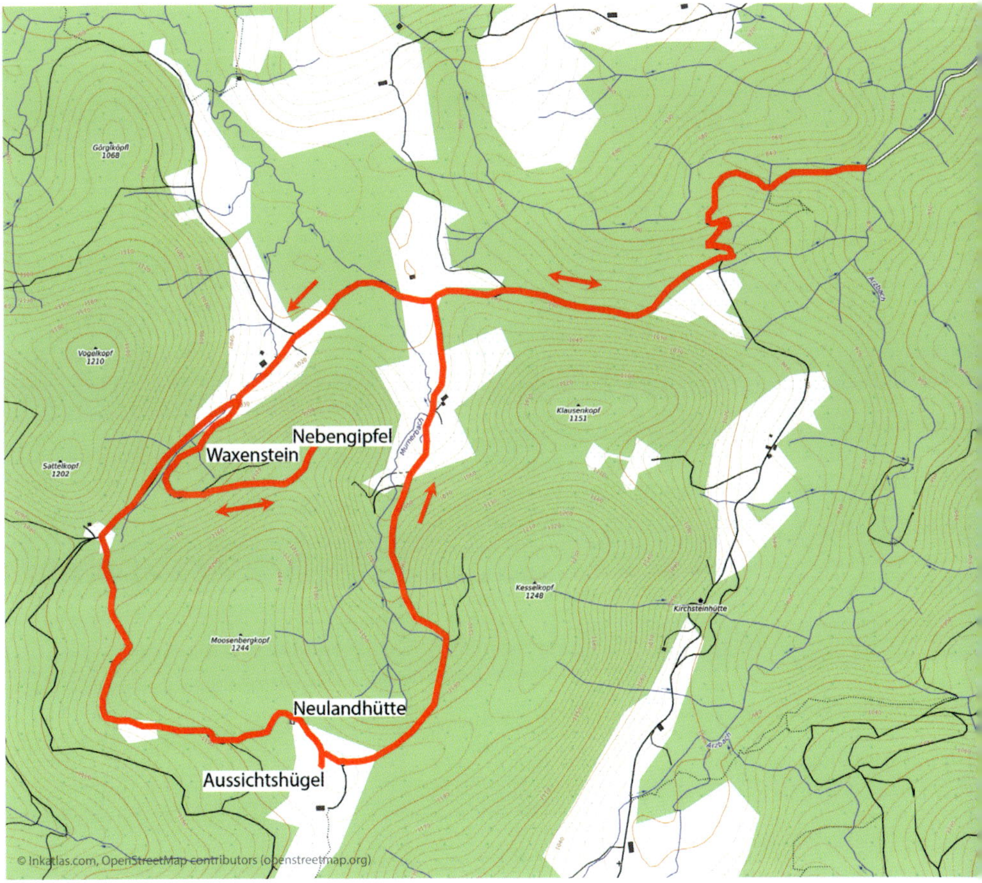

Görgiköpfl 1068

Vogelkopf 1210

Sattelkopf 1202

Nebengipfel

Waxenstein

Klausenkopf 1151

Kesselkopf 1248

Kirchsteinhütte

Moosenbergkopf 1244

Neulandhütte

Aussichtshügel

Beigenstein

Der Preis für Ruhe, Einsamkeit und erstaunliche Weitblicke: So gemächlich die Tour mit dem Radl beginnt, so fordernd ist der Aufstieg über den steilen Karrenweg zur Krottenalm. Aber es lohnt sich und auf dem Rückweg können wir noch eine alte Grenzmarkierung entdecken.

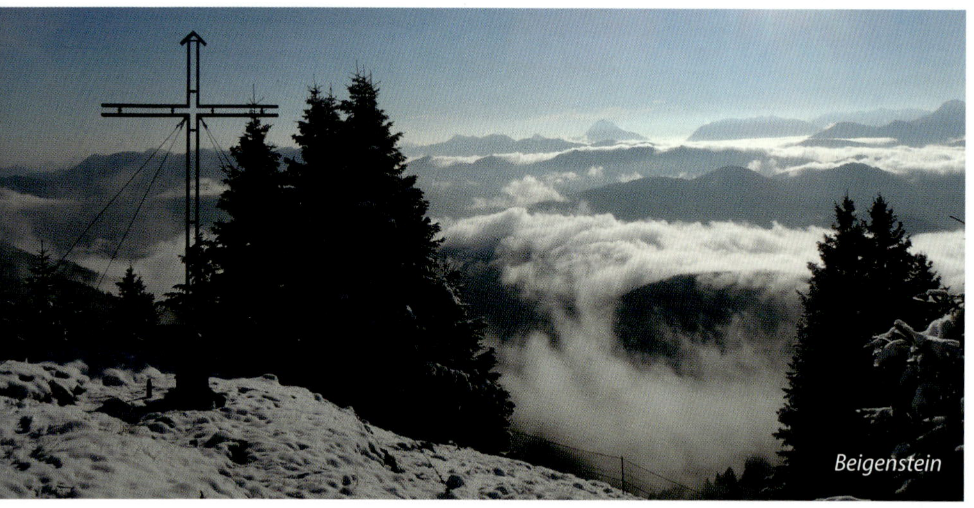

Beigenstein

Parkplatz:	Lenggries/Wegscheid, an der Hauptstraße am Eingang zum Schwarzenbachtal (kleine Brücke)	Höhe: 700 m N 47 39.034′ E 11 34.897′
Gipfel:	Beigenstein	Höhe: 1518 m N 47 39.048′ E 11 29.857′
Charakter:	Ruhige Tour, auf der es einiges zu entdecken gibt. Wer kein Fan langer Forststraßenwanderungen ist, sollte unbedingt das Radl mitnehmen.	
Markierung:	Teilweise ausgeschildert bis zur Alm, ab dort bis zum Sattel sporadisch rote Punkte	

Wir biegen auf der gegenüberliegenden Seite des Schwarzenbachs in die asphaltierte Forststraße ein, die nach einem kurzen Steilstück sehr gemächlich durchs Schwarzenbachtal führt. Nachdem die asphaltierte Strecke endet, nimmt die Steigung zu. Nach etwa sieben Kilometern führt uns die Beschilderung nach rechts in eine Forststraße Richtung Krottenalm und Benediktenwand. Diese geht nach einer Weile in einen Karrenweg über und wir sollten das Radl deponieren. Steil geht es weiter bis zur Vorderen Krottenalm, von der aus wir schon einen herrlichen Blick auf den Ostabbruch des Beigensteins und die Achselköpfe genießen können. Über die Alm wandern wir rechtshaltend hinauf zur Hinteren Krottenalm und dann auf dem mehr oder weniger deutlichen Weg Richtung Westen in einen Sattel. Hier halten wir uns hinter dem Weidezaun nach links und gelangen – weglos, immer am Kamm entlang – zum Gipfelkreuz. Ein wunderbares Panorama öffnet sich: Deutlich erkennbar ist der isoliert stehende Guffert mit den anschließenden Unnutzen am Achensee. Dahinter taucht das Rofangebirge auf, gefolgt von Juifen, Zotenjoch und Demeljoch, um dann die gesamte Karwendelkette bis Mittenwald freizugeben.

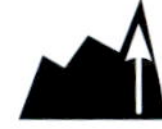

820 Hm

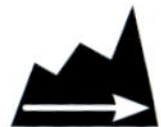

19,8 km

2h15 Beigenstein
3h45 Runde

Orientierung

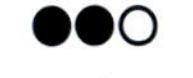

Kondition

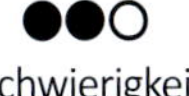

Schwierigkeit

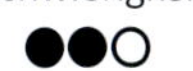

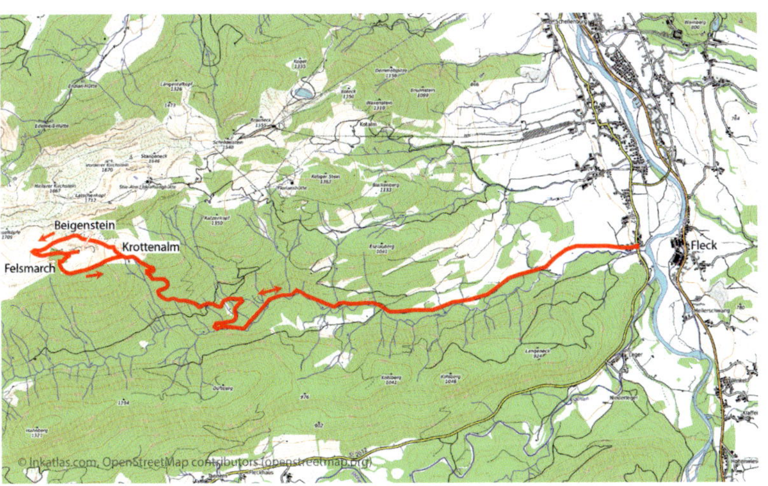

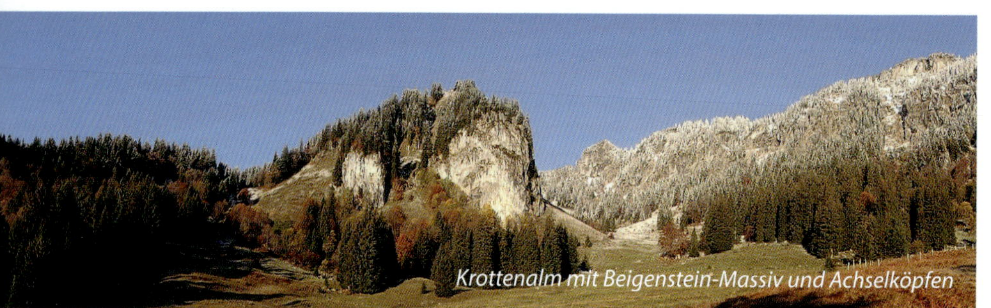
Krottenalm mit Beigenstein-Massiv und Achselköpfen

Der Abstieg kann über den Aufstiegsweg erfolgen, doch hat man noch Zeit und Kraft, lohnt der südseitige Abstieg über die Almwiese bis zu einem Stacheldrahtzaun, hinter dem drei markante Felsnadeln aufragen. Wenn man diese links umrundet, findet man an einem Felsen auf der Rückseite eine alte Grenzmarkierung.

Für eine Rundtour bietet sich nun der weglose Abstieg Richtung Osten bis zur Vorderen Krottenalm an. Eine teils etwas sumpfige Sache, aber dennoch empfehlenswert.

» Tipp

Die Geschichte der Grenzsteine und genaue Standortbeschreibungen finden sich im Buch „Doppelter Abtstab und Hebscheidt – Grenzsteine und Felsmarchen zwischen dem Klostergericht Benediktbeuern und dem Landgericht Tölz" von Jost Gudelius, Schneemann-Verlag 2014.

Grenzsteine und Felsmarchen

Wer heute in den Bergen zwischen Bad Tölz, Benediktbeuern und Sylvensteinsee – genauer auf der Linie zwischen Stallauer Weiher im Norden und Staffelgraben im Süden – unterwegs ist, kann auf historische „Schatzsuche" gehen: Hier sind an verschiedenen Stellen insgesamt neunzehn alte Grenzsteine und Felsmarche aus der Zeit zwischen 1584 bis 1774 zu finden, welche die Grenze zwischen dem Landgericht Tölz und dem Kloster Benediktbeuern markierten. Schon damals wurde das waldreiche Gebirge intensiv genutzt, was zu Streitigkeiten um Jagd-, Weide- und Holzschlagrechte führte. Der Jachenauer Autor und Heimatforscher Jost Gudelius hat die historischen Grenzsteine mit Hilfe alter Beschreibungen gesucht und etliche wiederentdeckt. Auf zwei der hier beschriebenen Touren können auch wir die alten Markierungen entdecken: am südseitigen Gipfelaufbau des Hennenkopfs (Tour 25) und im Almsattel unterhalb des Beigensteins. Die Marchen wurden von Gudelius restauriert, sodass auch Laien die Zeichen unschwer erkennen können. Eingraviert wurden neben den Jahreszahlen „die Wappen beider Herren", also der doppelte Abtstab für das Kloster und ein sogenannter Hebscheidt für das Landgericht Tölz. Im oben abgebildeten Felsmarch auf der Südseite des Beigensteins lassen sich in der oberen Reihe die beiden Wappen, darunter die Jahreszahlen 1584 (mit verwitterter „5") und 1772 gut erkennen.

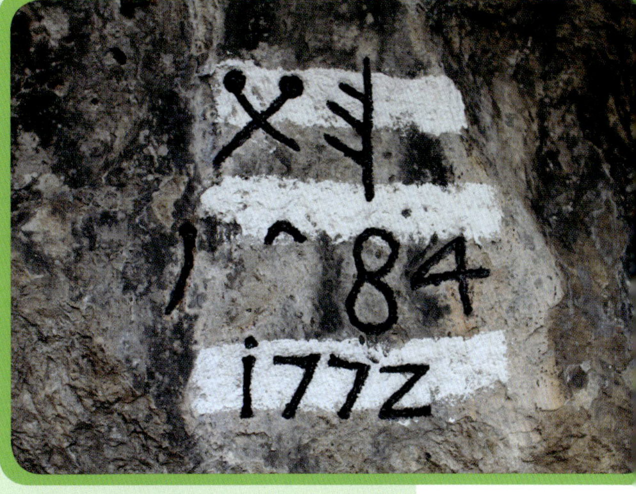

Glaswand

Als wäre der Name Programm: Obwohl nicht gläsern, ist dieser Gipfel schnell übersehen. Dabei bietet er einen herrlichen Ausblick ins Alpenvorland und auf die Benediktenwand.

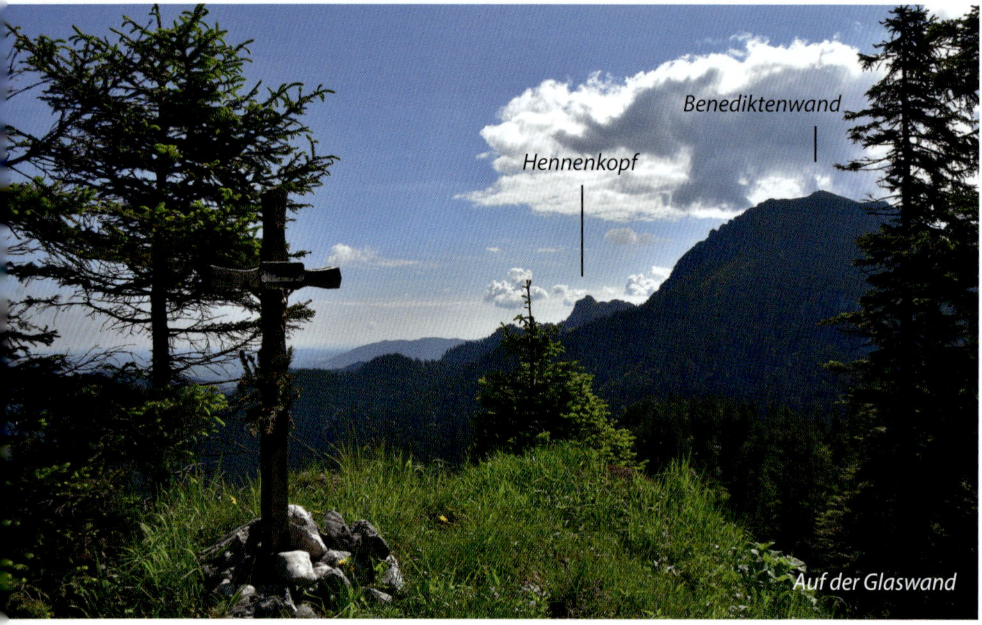

Benediktenwand
Hennenkopf

Auf der Glaswand

Parkplatz:	Von Lenggries Richtung Jachenau, gebührenpflichtiger Parkplatz bei Petern	Höhe: 800 m N 47 37.024′ E 11 29.949′
Gipfel:	Glaswand	Höhe: 1496 m N 47 36.163′ E 11 26.218′
Charakter:	Stille, konditionell fordernde Tour, bei der das Radl im Grunde obligatorisch ist.	
Markierung:	Ausgeschildert bis Glaswandscharte	

Wir starten unsere Rundtour am gebührenpflichtigen Parkplatz bei Petern. Wir folgen für einige hundert Meter der Forststraße und biegen dann bei der nächsten Abzweigung Richtung Benediktenwand rechts ab. Die nächsten etwa drei Kilometer haben es in sich: Steil zieht sich die Forststraße bis zum Langeneck-Sattel empor. An der Kreuzung können wir durchschnaufen und fahren geradeaus leicht bergab.

Die Freude hält aber nicht lange an, und wir müssen wieder kräftiger in die Pedale treten. Der nächste Wegweiser führt uns nach links: Benediktenwand über Glaswandscharte. Auch hier steigt der Forstweg wieder steiler an und endet auf dem Plateau der Tannenalm. Diese liegt etwas unterhalb und kann leicht übersehen werden.

Wir passieren die Wiesenfläche mit weiterem Wegweiser und folgen dem Wanderweg. Vermutlich müssen wir das Radl etwas schieben, doch dafür geht es ohne Höhenverlust unterhalb der Benediktenwand dahin. Früher führte dieser Weg bis zum Abzweig zur Glaswandscharte, doch nun mündet er nach der Hälfte der Strecke in eine Forststraße.

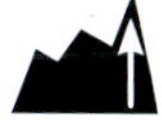

700 Hm

18 km

2h30
Glaswand
4h30
Runde

Orientierung
●●○
Kondition
●●●
Schwierigkeit
●●○

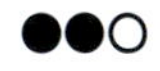

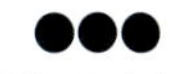

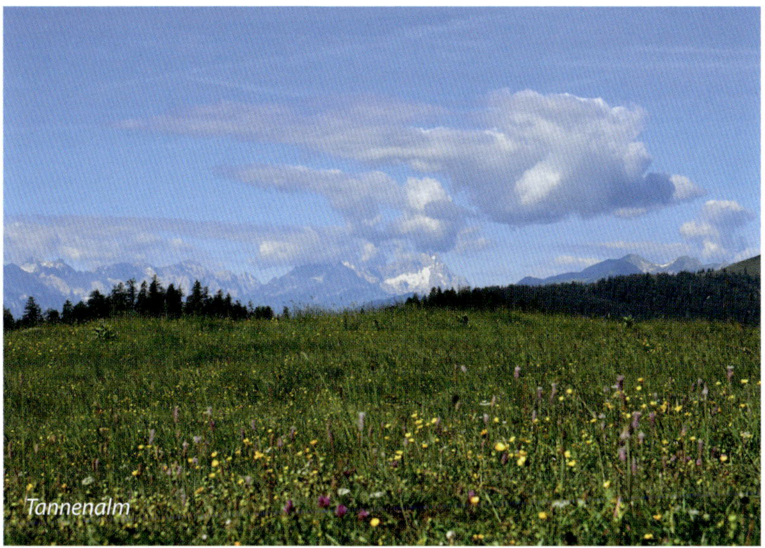

Tannenalm

Wer bis jetzt alles gefahren ist, Hut ab, doch nun muss das Radl abgestellt werden. Die nächsten zehn Minuten steigen wir das letzte markierte Wegstück hinauf bis in die Glaswandscharte. Hier teilt sich der Weg: Benediktenwand oder Benediktbeuern. Doch wenn man genau hinschaut, zweigt auch ein kleiner Pfad nach links ab. Recht unscheinbar führt er zu einem ersten steilen Aufschwung, dessen höchsten Punkt wir links umgehen. Nun geht es durch ein kleines Felschaos, doch wenn man sich immer etwas links vom Grat hält, trifft man auf meist gut erkennbare Wegspuren. Nach einigem Auf und Ab passieren wir ein kleines Kreuz und erreichen den höchsten Punkt der Glaswand. Einsamkeit und Ausblicke ins Alpenvorland sind der Lohn, während sich auf der Benediktenwand Tagesausflügler und die Hüttengäste der Tutzinger Hütte tummeln.

Um die Rundtour abzuschließen, fahren wir mit dem Radl die Forststraße ab dem Radldepot weiter Richtung Jachenau. Teilweise auch wieder etwas ansteigend. Wer die Wegweiser beachtet, gelangt nach etwa 30 Minuten auf die Straße und fährt links Richtung Wegscheid bis zum Parkplatz.

Alternativ können wir auch etwa zwei Kilometer vor der Jachenau – in der Au – den Abzweig nach links durch den Wald nehmen und über eine Forststraße zum Parkplatz radeln.

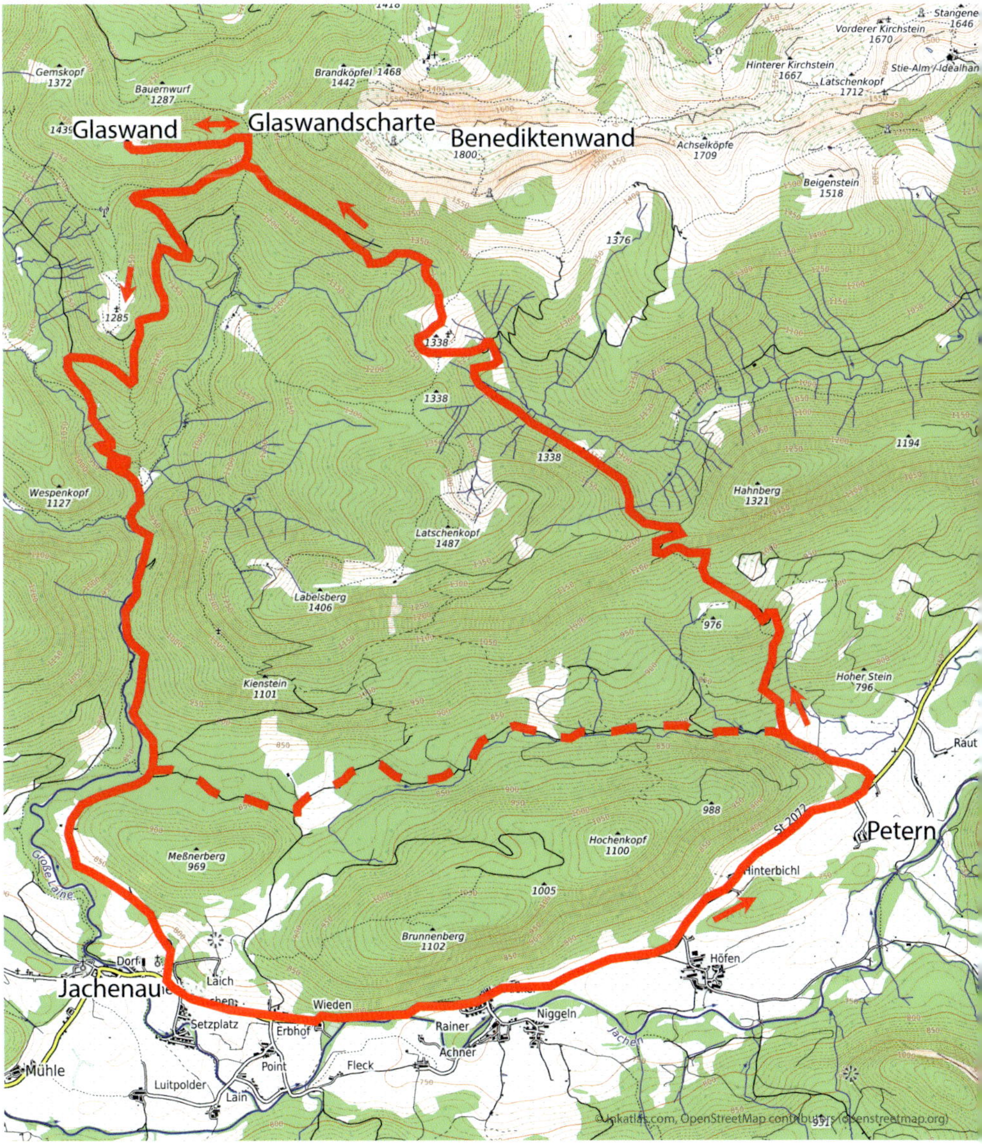

Glaswand
Glaswandscharte
Benediktenwand
Gemskopf 1372
Bauernwurf 1287
Brandköpfel 1468
1442
Vorderer Kirchstein 1670
Hinterer Kirchstein 1667
Latschenkopf 1712
Stangeneck 1646
Stie-Alm / Idealhang
1800
Achselköpfe 1709
Beigenstein 1518
1376
1285
1338
1338
1338
1194
Wespenkopf 1127
Hahnberg 1321
Latschenkopf 1487
Labelsberg 1406
976
Hoher Stein 796
Kienstein 1101
Raut
988
Meßnerberg 969
Hochenkopf 1100
Petern
St 2072
Hinterbichl
1005
Brunnenberg 1102
Große Laine
Dorf
Jachenau
Laich
Höfen
Wieden
Setzplatz
Erbhof
Rainer
Niggeln
Achner
Jachen
Mühle
Point
Fleck
Luitpolder
Lain

33 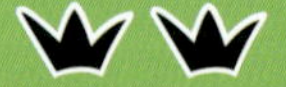

Sonnenspitz & Graseck

Verschwitzt stehen wir oben und unten lädt der hellblaue Kochelsee zum Baden ein. Die Tour sollte man unbedingt in den Morgenstunden eines heißen Sommertags machen. Dann sind die Parkplätze am See noch frei und die Erfrischung ist gratis.

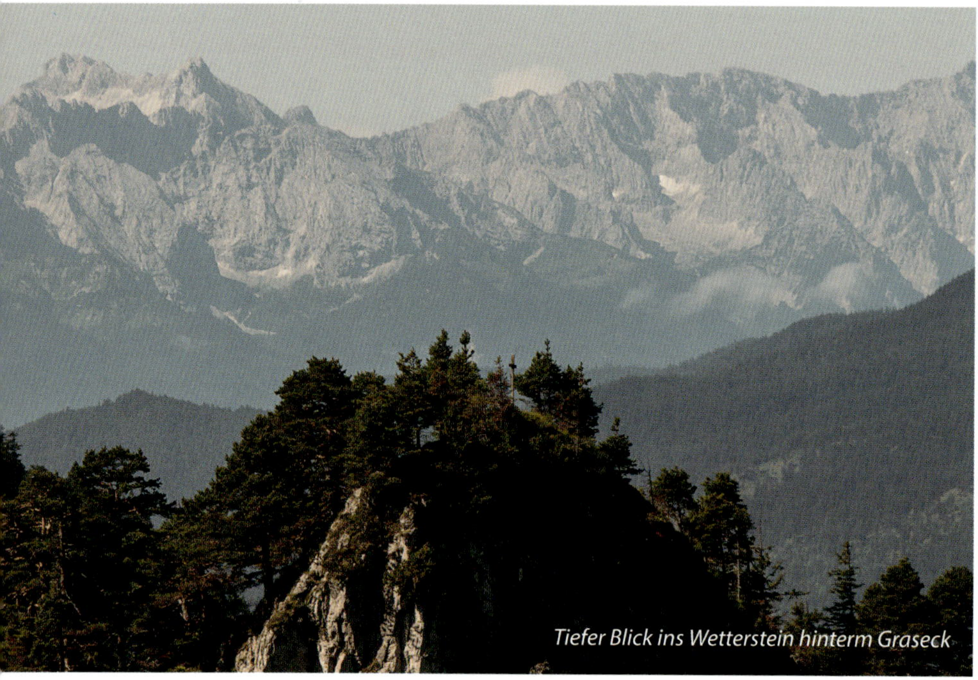

Tiefer Blick ins Wetterstein hinterm Graseck

Am oberen Ende des Firmenparkplatzes fahren wir mit dem Radl auf der rechts abzweigenden Forststraße Richtung Jochberg. Wir passieren eine Schranke und erreichen bald darauf, bei der zweiten nach links führenden Serpentine, einen Holzlagerplatz. Hier könnten wir das Radl deponieren und den dahinter beginnenden Weg, der uns am Kienstein vorbei auf den Sonnenspitz führt, einschlagen.
(Wer zu Fuß unterwegs ist, nimmt den Abzweig zum Kienstein schon

Parkplatz:	Kochelseestraße, Parkplatz gegenüber der Firma Dorst	Höhe: 610 m N 47 38.743' E 11 21.747'
Gipfel:	Sonnenspitz	Höhe: 1269 m N 47 38.363' E 11 22.566'
	Graseck	Höhe: 1240 m N 47 38.176' E 11 22.399'
Charakter:	Zu Fuß oder als Bike & Hike-Tour auch für Kinder geeignet, am Graseck ist jedoch erhöhte Vorsicht geboten.	
Markierung:	Sonnenspitz ausgeschildert, Graseck unmarkiert	

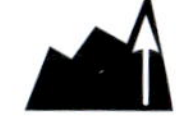

650 Hm

10 km

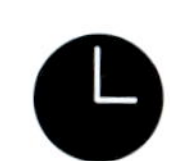

2h
Sonnenspitz
2h30
mit Graseck

Orientierung

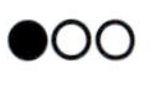

Kondition

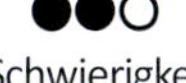

Schwierigkeit ●○○

Graseck:
Schwierigkeit

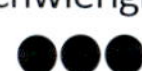

weiter unten, vor der Schranke, siehe Tour 34 Kienstein.)

Wir aber folgen mit dem Radl der Forststraße, bis wir den beschilderten Abzweig über den Weg 453 zum Sonnenspitz erreichen. Dieser quert mit wenig Steigung fahrradtauglich den Berg und trifft dann auf den zuvor beschriebenen Weg. Hier geht es nun beschildert über einen Pfad nach links steil hinauf bis zum Gipfel des Sonnenspitz, wo uns ein Bankerl und ein großartiges Panorama erwarten: Unter uns schimmert das Blau des Kochelsees, ganz links lugt ein Zipfel vom Walchensee hervor. Am Horizont, wie aufgereiht, blicken wir auf Staffelsee, Riegsee, Ammersee, die Osterseen und den Starnberger See.

Von hier lässt sich auch das Gipfelkreuz des Grasecks erkennen. Dieses erreichen wir, indem wir dem Weg weiter am Grat entlang folgen und dabei jegliche Beschilderungen ignorieren. Kurz vor dem Gipfel steigen wir noch einige Meter ab und erreichen nach kurzem Gegenantieg ein Felstürmchen. Hier müsste man einige Meter etwas heikel abklettern. Doch man kann das Türmchen auch rechts umgehen. Ab hier ist es mehr oder weniger ausgesetzt, doch am Gipfel können wir bequem sitzen und die Menschenmassen auf dem Jochberg aus der Ferne beobachten.

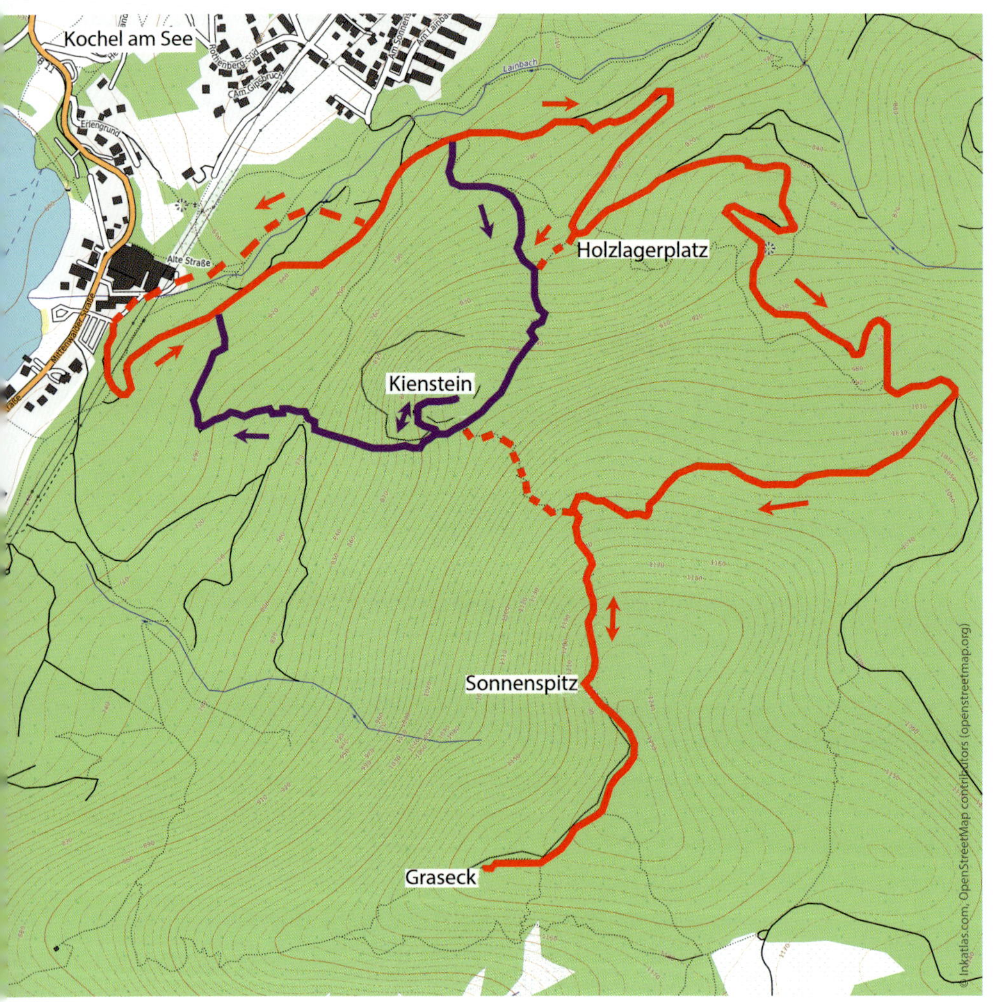
Kochel am See
Holzlagerplatz
Kienstein
Sonnenspitz
Graseck
© Inkatlas.com, OpenStreetMap contributors (openstreetmap.org)

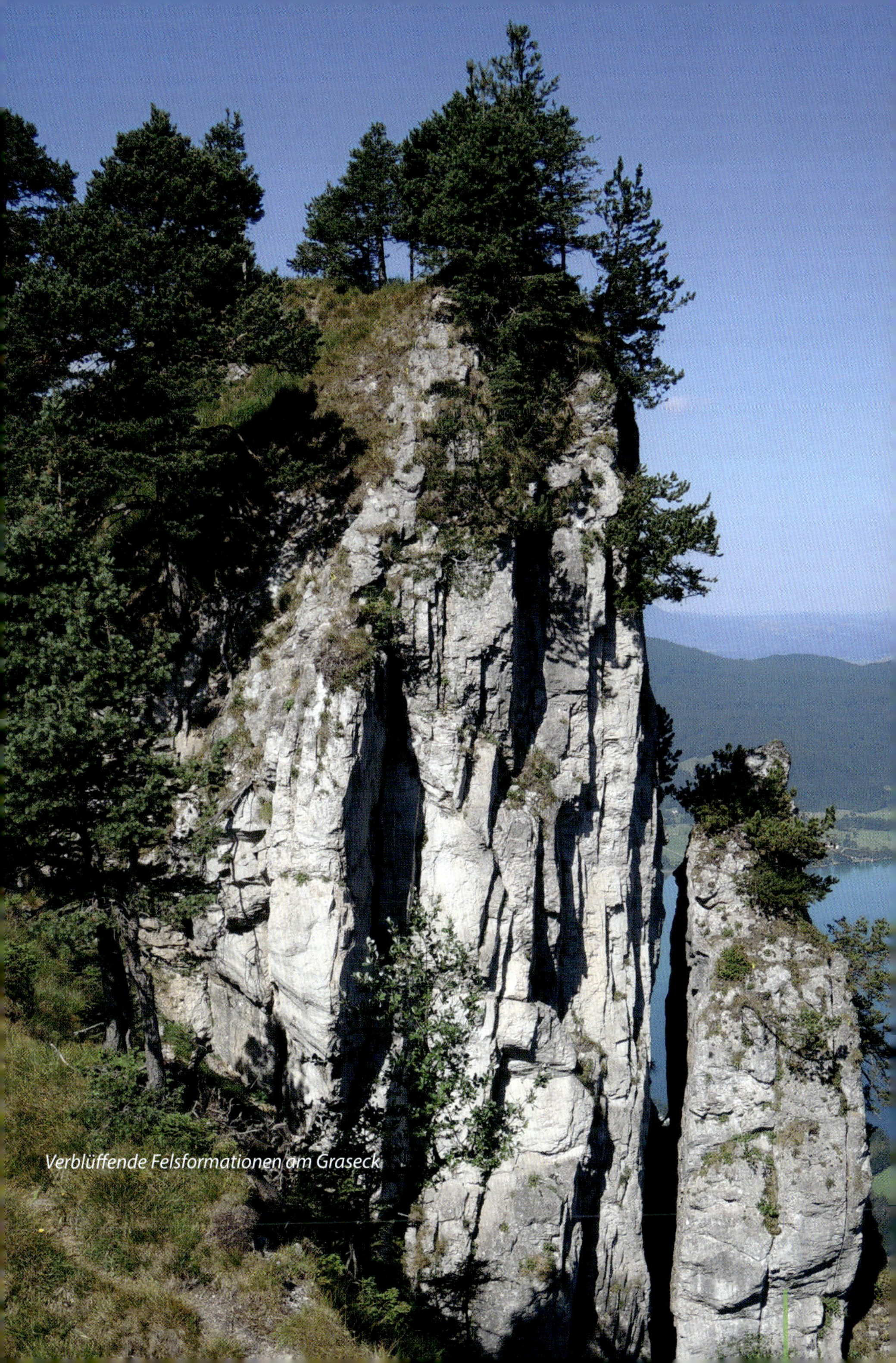

Verblüffende Felsformationen am Graseck

Kienstein

Ein Quickie überm Kochelsee: Der Kienstein ist eher bei Kletterern bekannt, als dass er von Wanderern als Aussichtspunkt besucht wird. Zu Unrecht!

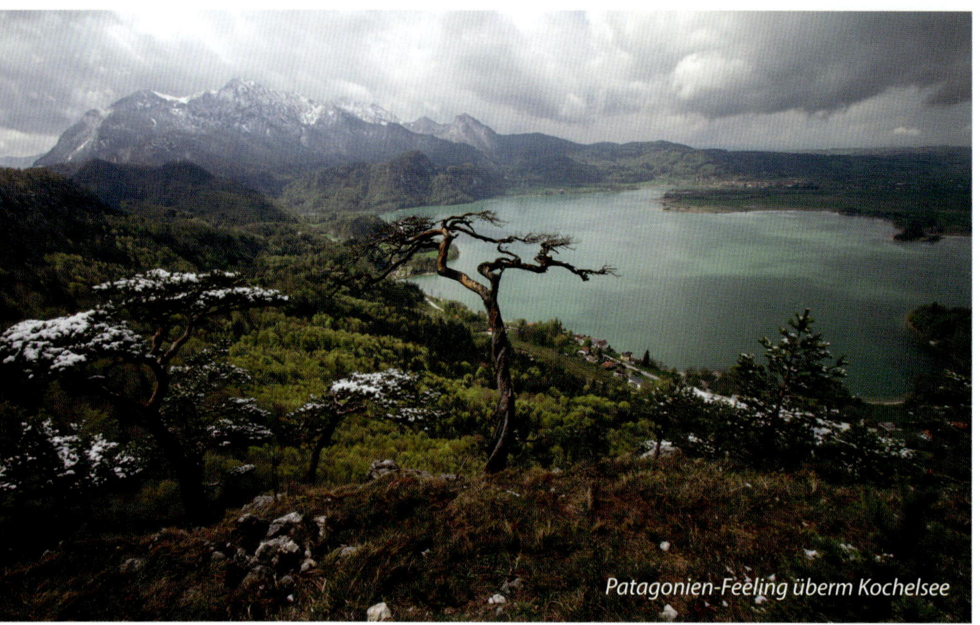

Patagonien-Feeling überm Kochelsee

Parkplatz:	Kochelseestraße, Parkplatz gegenüber der Firma Dorst	Höhe: 610 m N 47 38.743' E 11 21.747'
Gipfel:	Kienstein	Höhe: 968 m N 47 38.661' E 11 22.369'
Charakter:	Überraschend aussichtsreiche Mini-Tour, die aufgrund ihrer Kürze auch mit trittsicheren Kindern gut machbar ist.	
Markierung:	Anfangs ausgeschildert zum Sonnenspitz	

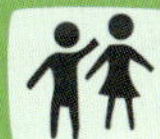

Am oberen Ende des Firmenparkplatzes auf der rechts abzweigenden Forststraße Richtung Jochberg bis kurz vor eine Schranke. Hier zweigt rechts ein Steig ab. Es folgen zwei Verzweigungen, an denen wir uns immer rechts halten. Unser Steig mündet in einen Wanderweg, dem wir wiederum nach rechts folgen. (An den Bäumen befinden sich ein paar verblasste gelb-weiße Markierungen). Bald gelangen wir zu einer großen Felswand, an deren oberen Ende wir den Weg verlassen und über Steigspuren ein paar Meter bis in einen kleinen Sattel steigen. Hier durch die Felsen kurz hinab und gleich rechts auf einer kurzen versicherten Passage bis zu einem grünen Tor. Dahinter erreichen wir auf Pfadspuren eine Hütte und ein paar Schritte weiter ein Bankerl – mit der herrlichsten Aussicht auf den Kochelsee, die man sich nur vorstellen kann!

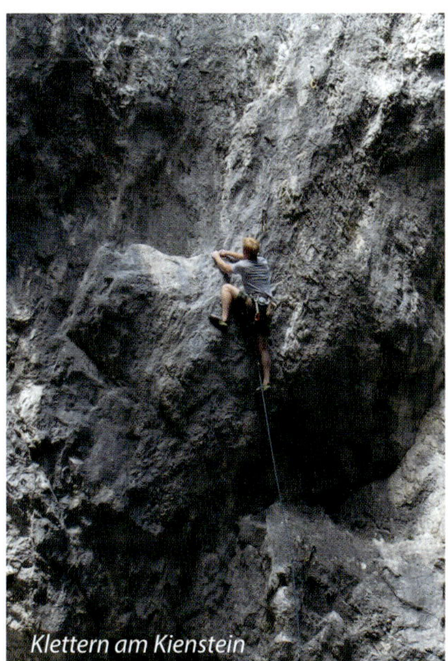
Klettern am Kienstein

Wer noch Lust hat, folgt den Spuren hinter der Hütte nach oben. Nach einem weiteren grünen Tor befindet sich eine Felsspalte. Hier geradeaus weiter zum unscheinbaren Gipfelkreuz. Für den Rückweg steigen wir nach der versicherten Passage nach rechts ab. Der Weg ist recht steil und durch viel losen Schotter nicht zu unterschätzen. Am Ende der Felswand zweigt links ein Pfad ab, der kurze Zeit später auf einen Forstweg trifft. Hier ein paar Schritte nach rechts und dann gleich wieder nach links unten. Der Steig wird bald zum Karrenweg, der uns auf Höhe einer Wasserfassung wieder auf die Forststraße vom Hinweg führt.

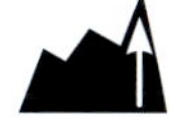
350 Hm

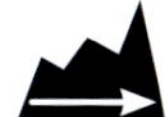
3,8 km

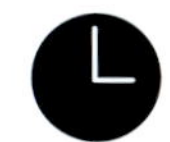
2h Runde

Orientierung ●●○

Kondition ●○○

Schwierigkeit ●●○

» Karte siehe Tour 33/Sonnenspitz & Graseck

Stutzenstein

Der Stutzenstein versteckt sich wie kein anderer Logenplatz. Kein Kreuz, kein spektakulärer Fels und auch kein großer Höhenunterschied, der zu bewältigen ist. Ganz überraschend blicken wir hier auf den Kochelsee und die aus dem Tal nicht erkennbaren Silhouetten von Kienstein und Rötelstein. Das macht Lust auf mehr!

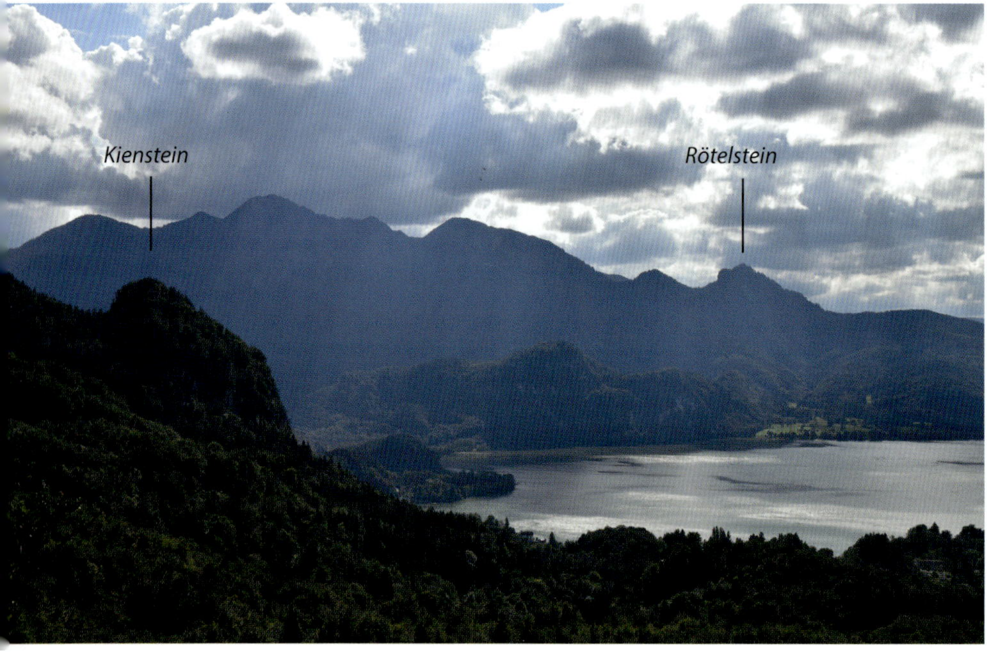

Am oberen Ende des Firmenparkplatzes auf der rechts abzweigenden Forststraße Richtung Jochberg bis zum Abzweig Lainbachfälle. Wir überqueren den Lainbach und folgen dem nach rechts führenden Vogel-Lehrpfad. Dieser führt durch den kühlen Wald am Bach entlang bis zum 30 Meter hohen Lainbachfall. Hier führt der Wanderweg über eine Brücke und verlässt das Tal. Bei einer Kreuzung folgen wir der Beschilderung zur Kohlleite, nun leicht ansteigend durch den Wald. Wir

Parkplatz:	Kochelseestraße, Parkplatz gegenüber der Firma Dorst	Höhe: 610 m N 47 38.743' E 11 21.747'
Gipfel:	Stutzenstein	Höhe: 892 m N 47 39.223' E 11 23.287'
Charakter:	Bis auf den steilen Forstweg fast ein Spaziergang. Der Lainbach macht die Tour für Kinder spannend. Die Kreuzungen sind durch die vielen Wege etwas verwirrend.	
Markierung:	Anfangs ausgeschildert zur Kohlleite	

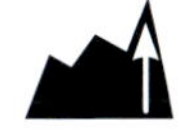

300 Hm

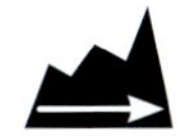

7,2 km

1h30 bis Gipfel
2h30 gesamt

Orientierung
●●○
Kondition
●○○
Schwierigkeit

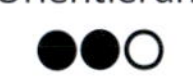

durchqueren den Saulachgraben und erreichen wenig später bei einer Bank eine erneute Kreuzung.

Der beschilderte Wanderweg führt hier geradeaus zur Kohlleite. Wir zweigen aber nach rechts auf einen schlechten Forstweg ab. Dieser führt noch eine Weile eben durch den Wald, um nach einer Linkskurve mit extremer Steigung hinaufzuführen. Doch bald flacht der Weg wieder ab. Bei einer Parkbucht zweigt nun links ein Pfad ab, der uns in zwei Minuten in die Loge führt. Völlig unerwartet blicken wir auf den Kochelsee und die ihn umgebenden Gipfel. Eine nette Brotzeitbank lädt zum Verweilen und Genießen ein.

Für den Abstieg folgen wir dem weiteren Verlauf des Forstwegs. Dieser beschreibt eine Rechtskurve und führt fast ohne Höhenverlust durch den Saulachgraben und etwas später durch einen weiteren Bach. Nun nehmen wir den Forstweg nach rechts hinab. Er folgt dem Bachlauf, quert diesen und führt uns schließlich wieder auf den Wanderweg. Hier halten wir uns links, vorbei am Lainbachfall und bis zur Steinbrücke. Statt über diese zur Forststraße zurückzukehren, können wir auch geradeaus auf dem Wanderweg am Lainbach weitergehen. Wir halten uns immer am Bach und gelangen nach kurzer Zeit wieder zum Fabrikgelände.

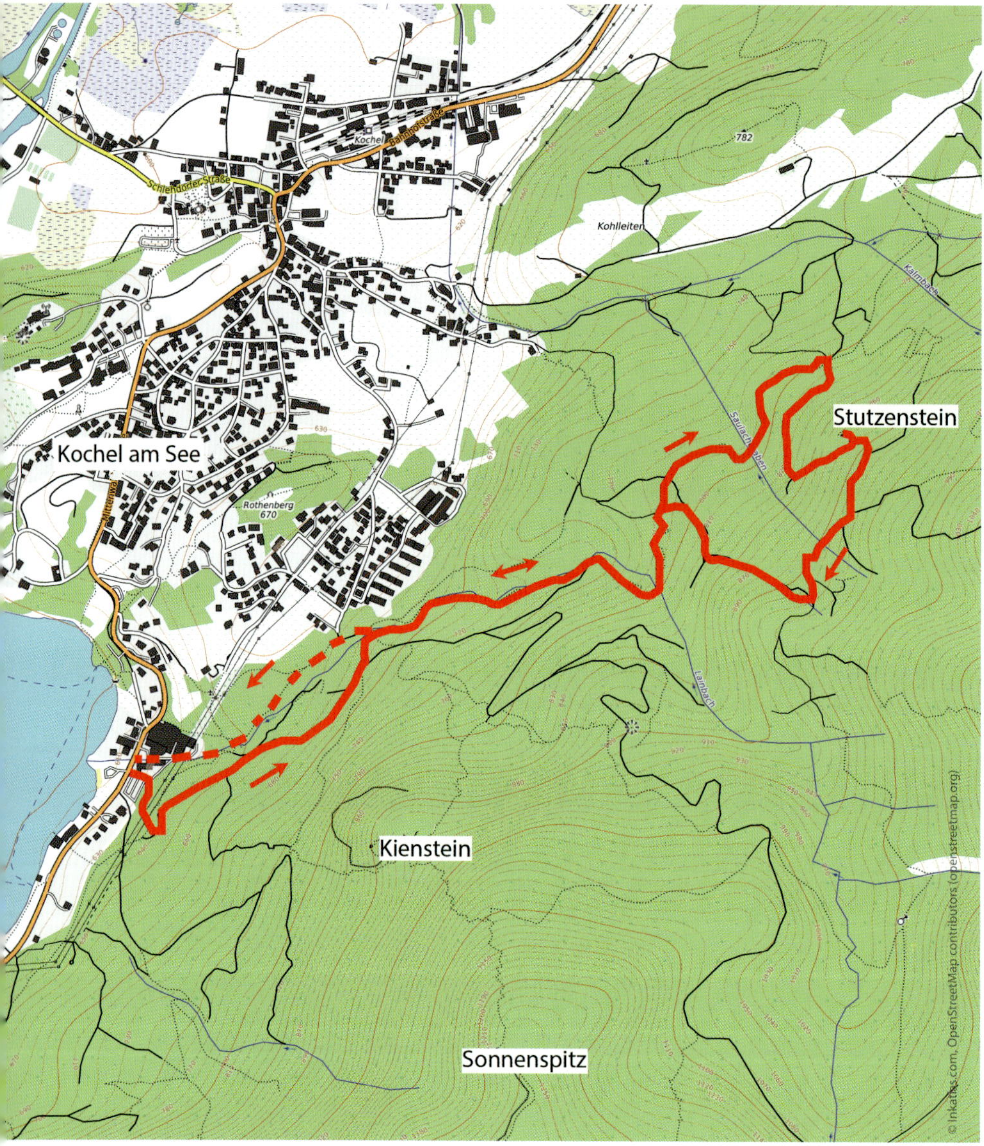

Kochel am See

Stutzenstein

Kienstein

Sonnenspitz

© Inkatlas.com, OpenStreetMap contributors (openstreetmap.org)

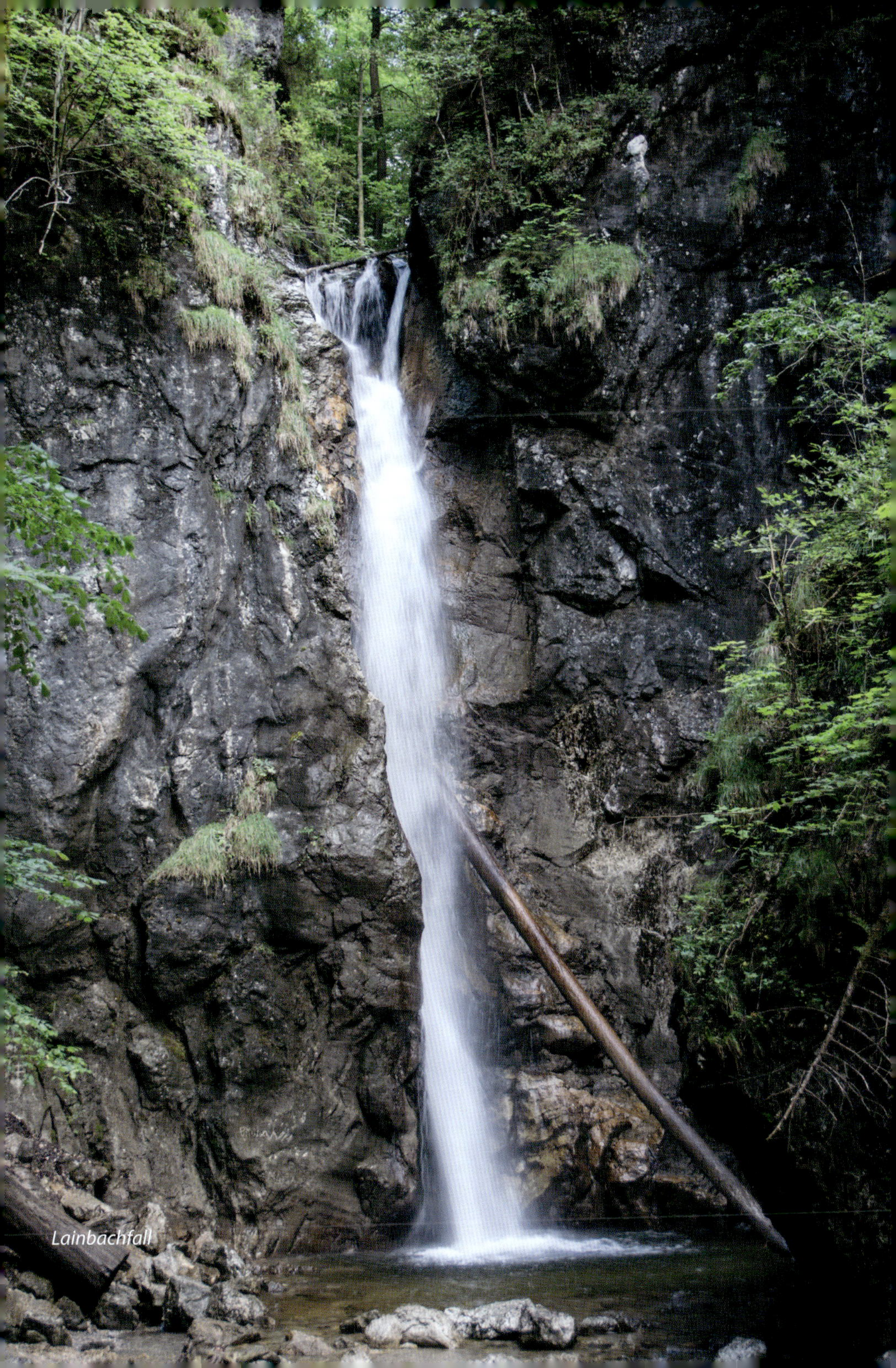
Lainbachfall

36 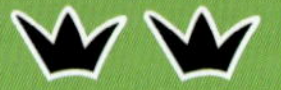 Bayerische Alpen

Rötelstein

Zwischen Bäumen und dem dahinter liegenden Heimgarten versteckt sich der Rötelstein, als wolle er nicht gesehen werden und als Logenplatz nur für Einheimische sein Dasein fristen. Doch dafür wurde der Zustieg zu gut ausgeschildert.

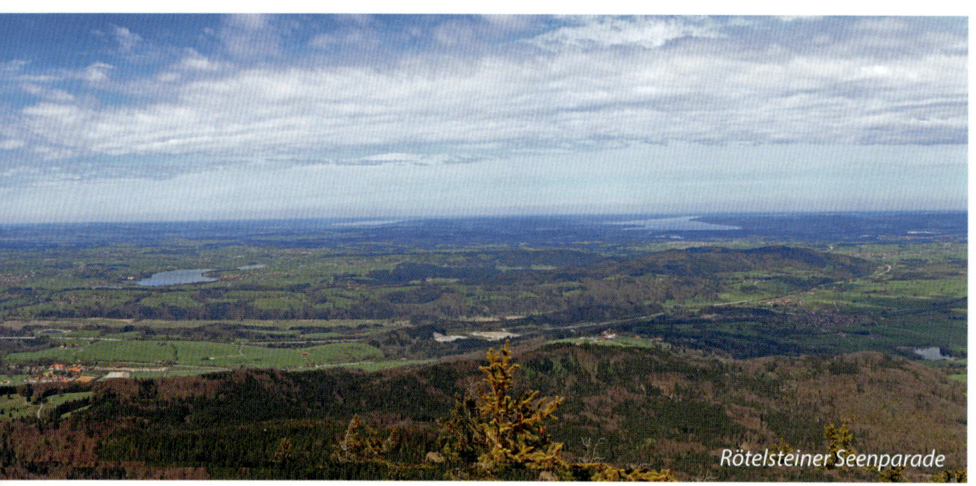

Rötelsteiner Seenparade

Parkplatz:	Schlehdorf (kein ausgewiesener Parkplatz, Parkverbote und Privatgrund beachten)	Höhe: 609 m N 47 39.311' E 11 18.960'
Gipfel:	Rötelstein	Höhe: 1395 m N 47 37.863' E 11 17.101'
Charakter:	Bestens ausgeschilderte Bike & Hike-Tour mit einigen Steilstücken. Natürlich auch zu Fuß machbar, doch dann wird der Aufstieg recht eintönig und lang. Im letzten Abschnitt ist Trittsicherheit nötig. Alternativ ist der Aufstieg auch von Ohlstadt möglich.	
Markierung:	Sehr gut ausgeschildert	

Wir radeln auf der Seestraße/Rauter Straße bis wir eine kleine Brücke überqueren. Danach zweigt rechts eine Forststraße ab und ein grünes Schild weist schon zu unserem Ziel: Rötelstein. Die Forststraße zieht nun mäßig steil über Weiden und durch lichten Wald empor. Wir passieren ein Wasserhäuschen – mit vorerst der letzten Gelegenheit den Gipfel vom Tal aus zu sehen. Nach einigen Abzweigungen folgen wir immer der Beschilderung zum Rötelstein. Nach etwa 50 Minuten erreichen wir die erste nennenswerte Kreuzung, mit gelben Schildern, die keinen Zweifel aufkommen lassen: Rechts zweigt die Forststraße zum Freilichtmuseum Glentleiten und der Kreut Alm ab. Wir aber fahren links bzw. fast geradeaus weiter. Nach fünf Minuten erreichen wir den nach links abzweigenden, ausgeschilderten Wanderweg 444 zum Rötelstein.

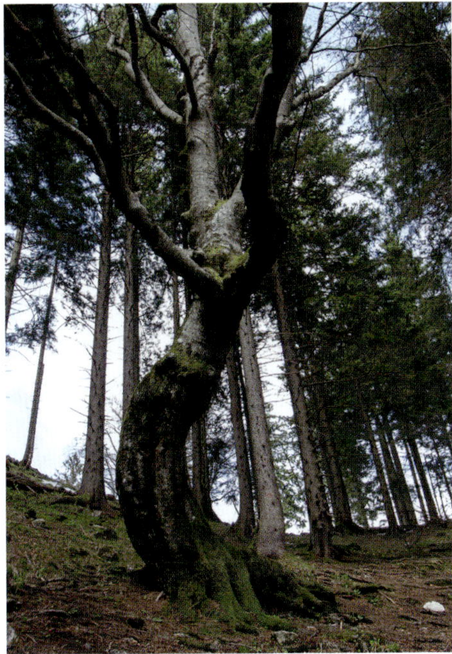

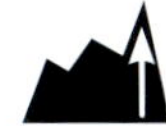

800 Hm

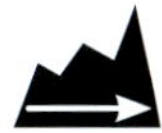

17 km

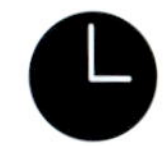

2h30
Rötelstein

Orientierung
●○○
Kondition
●●○
Schwierigkeit
●●○

Wir könnten das Radl jetzt deponieren und den erst steilen, aber später flacher – und schöner werdenden – Fußweg aufsteigen. Doch wir fahren auf der Forststraße weiter. Zuerst mit wenig Steigung und sogar teilweise leicht bergab. Doch das ändert sich schlagartig. Schieben ist keine Schande, auf uns warten vierzig anstrengende Minuten, bis wir die Einmündung des Wanderwegs erreichen. Nun folgen wir noch etwa zehn Minuten der Forststraße, dann zweigt ein gelb ausgeschil-

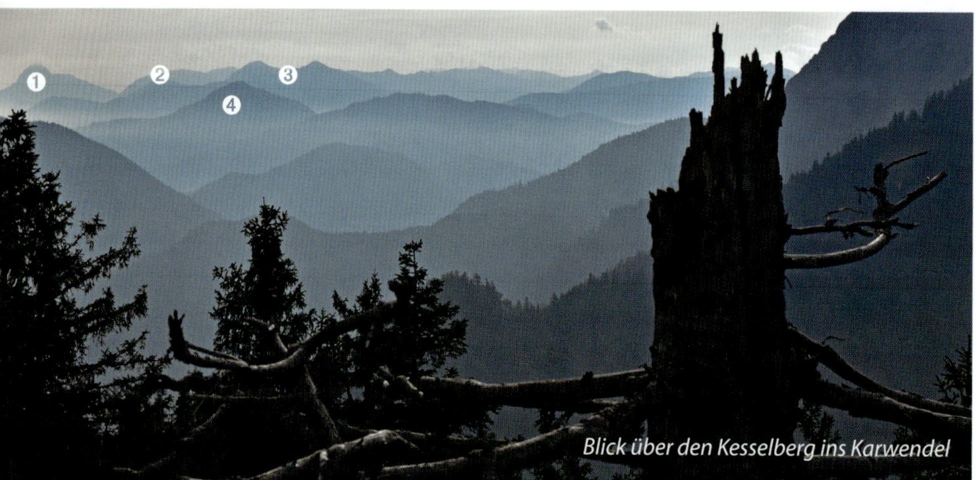

Blick über den Kesselberg ins Karwendel

❶ **Guffert**
❷ **Unnutz**
❸ **Demeljoch und Juifen**
❹ **Staffel**

derter Karrenweg nach links ab. Hier deponieren wir das Radl endgültig und folgen kurz dem Karrenweg, bis uns ein grünes Schild in den Wald führt.

Über Wurzeln geht es zu einem Sattel hinauf, von dem sich die gigantische Aussicht schon langsam erahnen lässt. Nachdem wir den schmalen Steig über den grasigen, felsdurchsetzten Kamm erklommen haben und die Bänke und das Gipfelkreuz mit angebautem Tisch und Standplatz erreichen, wissen wir, wofür wir uns so geplagt haben: Hinter uns thront der Heimgarten, nach Osten blicken wir bis zum Rofan. Vor uns versteckt sich der Kochelsee zwar ein bisserl unter den Bäumen. Doch nach Nordwesten blicken wir weit ins Voralpenland und zählen nicht weniger als sieben Seen!

Der Abstieg folgt der Aufstiegsroute. Oder wir folgen der Forststraße Richtung Glentleiten bis Großweil und fahren über die Straße (etwa 3 km) nach Schlehdorf zurück.

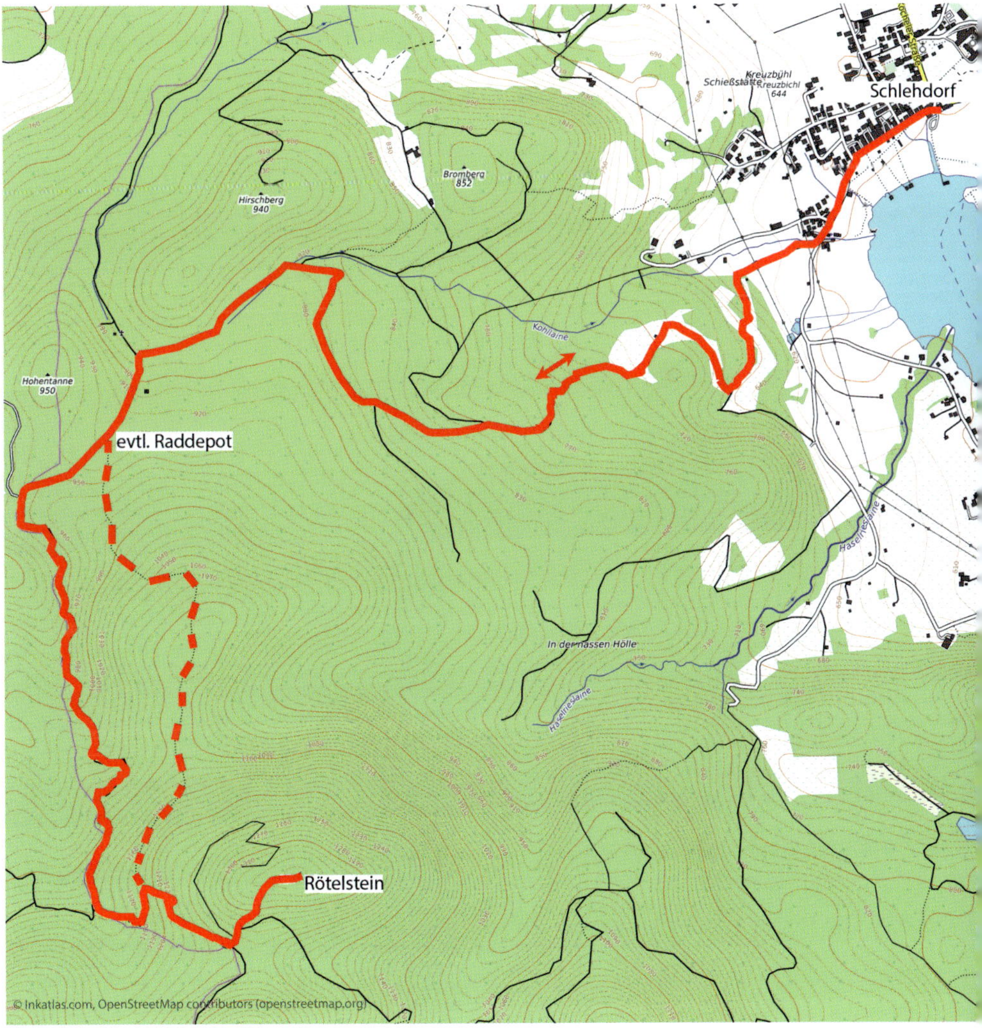

Schlehdorf

Kreuzbühl

Schießstätte

Kreuzbichl 644

Bromberg 852

Hirschberg 940

Hohentanne 950

Kohllaine

evtl. Raddepot

In der nassen Hölle

Haselneslaine

Rötelstein

Großer Illing

Diese Tour bietet nicht nur Panorama: Im Tal auf einem Felsvorsprung können wir noch die Veste Schaumburg als älteste Höhenburg des Loisachtals entdecken. Zumindest führt ein schmaler Weg über eine steile Steintreppe hinauf zu Teilen des Fundaments der Ringmauer und des Kellers in einer natürlichen Kluft.

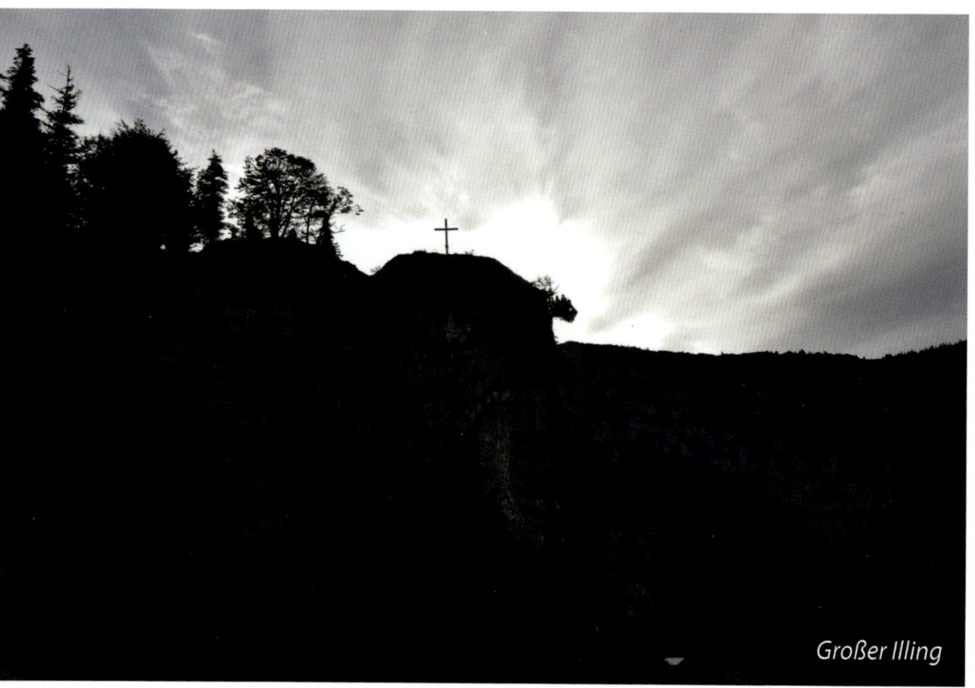

Großer Illing

Vom Parkplatz folgen wir der Forststraße Richtung Heimgarten. Diese steigt abwechselnd mal steiler mal flacher an. An einer Kreuzung folgen wir dem Wegweiser Heimgarten über Kaseralm nach rechts. Nach einer auffallenden Linkskurve mit einem größeren Felsen auf der rechten Seite fällt die Forststraße etwas ab. Kurz nachdem sie wieder ansteigt, mündet von links ein kleiner Pfad ein. Hier könnten wir für den Rund-

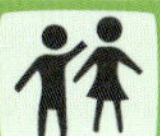 

Parkplatz:	Ohlstadt, Parkplatz 1 oder 2	Höhe: 697 m N 47 37.786' E 11 14.222'
Gipfel:	Großer Illing	Höhe: 1313 m N 47 37.449' E 11 15.850'
Charakter:	Viel Bike- und etwas Hike-Tour. Oder für Nichtradler relativ viel Forststraße. Die Wegfindung ist weniger kniffelig, als man meinen könnte. Mit Kindern empfehlenswert ist die Veste Schaumburg.	
Markierung:	Heimgarten ausgeschildert, danach nur alte Markierungen bzw. Steigspuren	

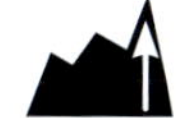

650 Hm

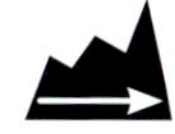

11 km

3h Großer Illing

Orientierung

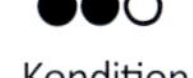

Kondition

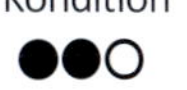

Schwierigkeit

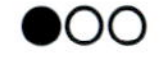

weg das Radl deponieren (Raddepot 1), doch die Stelle ist schnell übersehen. So radeln wir weiter, bis die Forststraße den Wanderweg kreuzt (Raddepot 2). Für den Rundweg nutzen wir nun den Wanderweg, ansonsten radeln wir noch weiter, bis wir nach einer Weile wieder auf den Wanderweg treffen (Raddepot 3). Hier stellen wir das Radl endgültig ab und wandern den Forstweg Richtung Kaseralm. Schon nach wenigen Metern führt ein recht guter Pfad nach links in den Wald. Vereinzelt gibt es rote oder gelbe Punkte an den Bäumen, manche wurden auch schwarz übermalt. Vielleicht ein letzter Versuch den Gipfel als Geheimtipp zu verstecken? Doch wir sind zielsicher unterwegs. Der Pfad führt unterhalb des Gipfelaufbaus mit etwas Abstand zur Felswand entlang und schlängelt sich dann in einem steilen, von vereinzelten Bäumen bestandenen Wiesenhang in Serpentinen empor bis auf den Grat. Hier folgen wir dem Pfad linkshaltend direkt bis auf das Gipfelplateau.

In östlicher Richtung gibt das Panorama nichts her, doch im Westen tauchen die großartige Kulisse der Ammergauer Berge und das Alpenvorland auf. Auch der Westrücken des Illings – unser Abstieg für die Reibn – lässt sich von hier schon einsehen.

Für den Rundweg steigen wir vom Gipfelplateau in westlicher Richtung ab und folgen dem Pfad nach links. Nach etwa 20 Minuten zweigt relativ unscheinbar vom Grat ein steiler Steig in Serpentinen ab. Auf Markierungen sollte man sich nicht verlassen: Hier wurde Holz gefällt und demzufolge Grenzmarkierungen in Form von Pflöcken oder farbigen Punkten an Bäumen angebracht. Dieser Steig bringt uns nun auf die Forststraße zum Raddepot 1. Um zum Raddepot 2 zu gelangen, folgen wir der Forststraße ein kurzes Stück nach links.

Veste Schaumburg

Auf einem Felsen südöstlich von Ohlstadt erhob sich viele Jahrhunderte die Veste Schaumburg (auch Schauenburg). Sie gilt als älteste Höhenburg des Loisachtals und wurde urkundlich erstmals im Jahr 1096 als Besitz des Rudolf von Owelstadt erwähnt. 1493 kaufte das Kloster Schlehdorf den Herrschaftsbezirk um die Schaumburg und übte bis 1803 die niedere Gerichtsbarkeit aus. Während der Klosterherrschaft verfiel die Burg, sodass sich ihre Existenz heute nurmehr erahnen lässt. Trotzdem lohnt sich ein Abstecher, denn es bietet sich ein grandioser Ausblick auf Ohlstadt und das Murnauer Moos sowie zum Staffel- und Riegsee. Außerdem gibt es an den südseitigen Felsen einen kleinen Klettergarten.

Quelle: www.ohlstadt.de

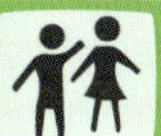

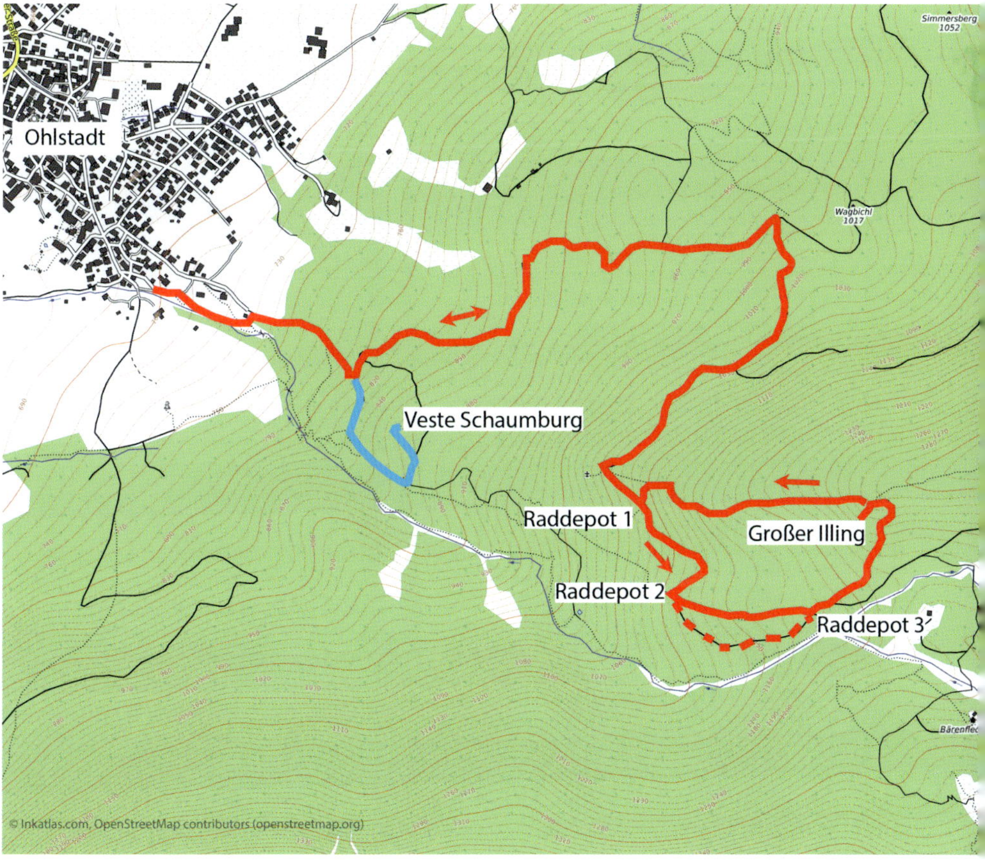

Simmersberg 1052

Ohlstadt

Wagbichl 1017

Veste Schaumburg

Raddepot 1

Großer Illing

Raddepot 2

Raddepot 3

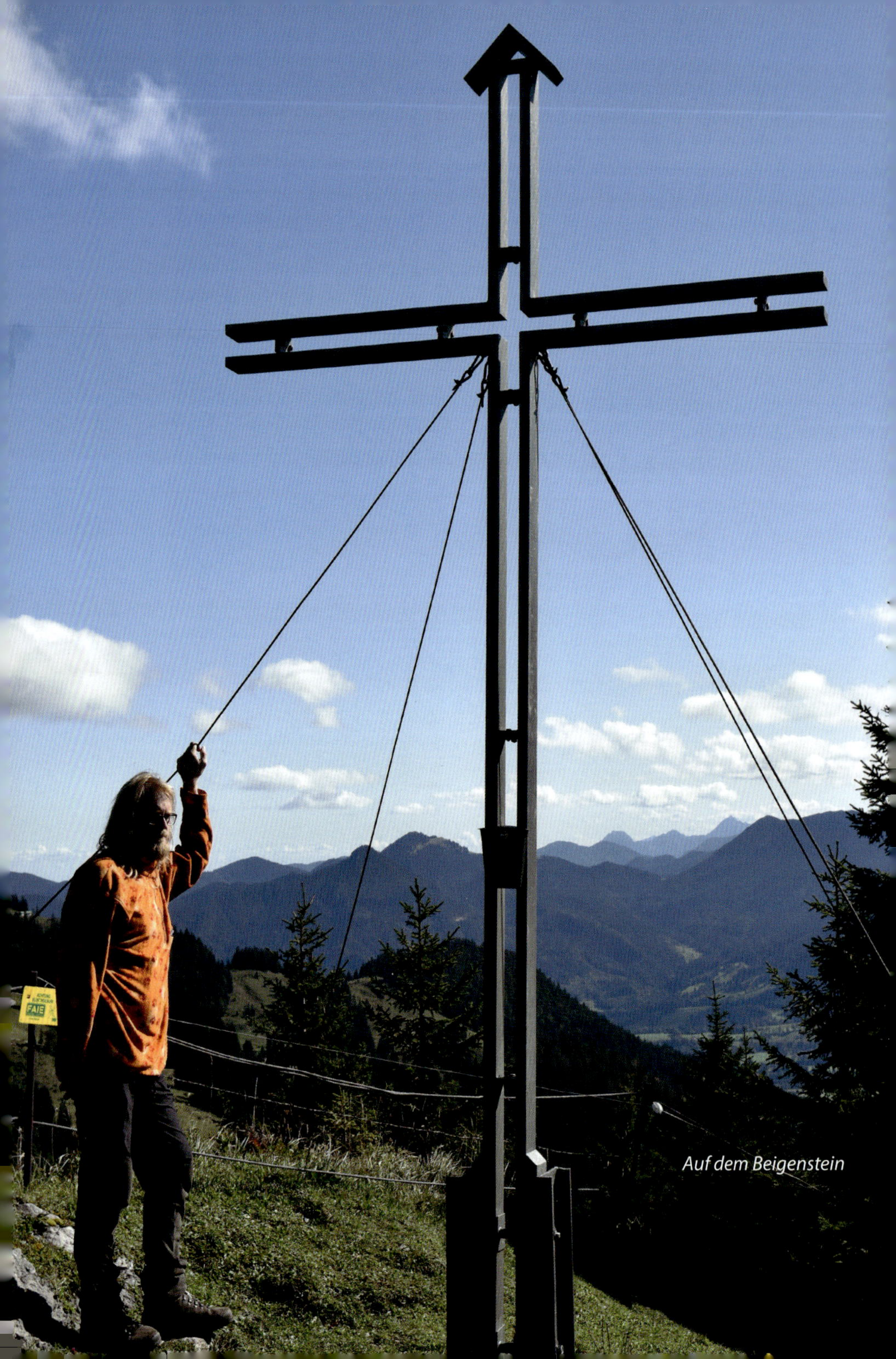

Auf dem Beigenstein

Das Ende der Geheimtipps?

In einem der Gipfelbücher war zu lesen: „Bitte veröffentlicht die Tour nicht im Internet." Das macht natürlich nachdenklich. Muss alles veröffentlicht werden? Müssen alle Gipfel für jedermann beschrieben sein? Und: Haben Einheimische Anrecht auf geheime Plätze?
Wie soll man dazu stehen? Gerade im Bereich der Ballungsräume wie München werden die Berge von Ausflüglern stark frequentiert. Parkplätze, Berghütten und Gipfel sind überfüllt. Überall warten Sommerrodelbahnen, Klettersteige, Hochseilgärten, Bike-Parks und sonstige Attraktionen auf die Besucher der Alpen. Der Verkehr staut sich bei schönem Wetter in Bad Reichenhall genauso wie im Inntal, um den Tegernsee herum oder im Isartal. Da wäre doch ein geheimer Ort für den Einheimischen ein Segen.
Aber leben nicht auch die Einheimischen von den Ausflüglern und vom Tourismus? Seilbahnen, Gasthäuser, Tankstellen, Sportgeschäfte, Supermärkte, Bäcker, Metzger bis hin zum Handwerker, der jedes Jahr die Unterkünfte, Gaststuben und Anlagen herrichtet, Schäden beseitigt und alles gemütlich macht. Auch die Pendler, die zum Arbeiten in die Ballungsräume fahren, profitieren wohl davon. Ohne die Ausflügler und den Tourismus müssten noch mehr Einheimische pendeln und um die Arbeitsplätze in den Ballungsräumen konkurrieren.
Wir verstehen die Zusammenhänge und versuchen es neutral zu sehen. Obwohl es uns auch oft nervt. Doch nur im Isartal sind wir keine Ausflügler. Sonst überall. Damit müssen wir wohl leben. Mit den vielen Menschen und den damit verbunden vielen Informationen im Internet. Und obwohl man fast jeden Gipfel und jede Tour im Internet findet, ist man an den „Geheimtipps" doch fast immer alleine. Die meisten Wanderer suchen nur das einfache Bergziel, die gemütliche Hütte, den Aufstieg mit der Seilbahn und Erholung ohne große Mühen.
„Abseits" bleibt da noch viel Platz.
Das Buch wird an der Situation nichts ändern.

Quellen & Verweise

Tour Rabenstein/ S. 37

Kloster Maria Eck: http://www.kloster-mariaeck.de

Heilige Quellen/ S. 74

Steinbacher, Dorothea: „Heilige Quellen in Oberbayern", AT Verlag, Aarau und München, 2014

Tour Maiwand/ S.82

Ruine Falkenstein: http://www.sagen.at/texte/sagen/deutschland/bayern/inntal/ruine_falkenstein.html

Tour Lechnerkopf & Hochsalwand/ S.91

Sankt Margarethen: https://www.chiemsee-alpenland.de/Media/Sehenswuerdigkeiten-Ausflugsziele/Kirche-St.-Margaretha

Tour Ankelspitz Reibn/ S.104

Bockerlbahn: http://www.fischhausen-neuhaus.de/bockerl/bockerlbahn.htm

Tour Leonhardstein/ S. 114

Wilderer Lampl: http://www.tegernseer-tal-verlag.de/content/hefte/150/leseprobe_der_lampl-sprung_in_weiss.htm

Tour Unterm Geierstein/ S.124

Einsiedel vom Gei(g)erstein: http://www.sagen.at/texte/sagen/deutschland/bayern/isarwinkel/geigerstein.html

Tour Hennenkopf/ S.140

Konrad Kürzinger: Die Steinböcke an der Benediktenwand
– Was Sie schon immer über diese königlichen Tiere wissen wollten –
http://www.dav-tutzinger-huette.de/files/Steinboecke_Benediktenwand.pdf

Tour Beigenstein/ S.153
Gudelius, Jost: „Doppelter Abtstab und Hebscheidt – Grenzsteine und Felsmarchen zwischen dem Klostergericht Benediktbeuern und dem Landgericht Tölz“, Schneemann-Verlag, Jachenau, 2014.

Tour Großer Illing/ S.174
Veste Schaumburg: http://ohlstadt.de/de/geschichte.html

Claudia Brüchert

Fachbezogene Mathematik für PTA